이공계생을 위한
파이썬 프로그래밍

이공계생을 위한 파이썬 프로그래밍

초판 1쇄 2023년 3월 22일

지은이 김호숙 정현우
발행인 최홍석

발행처 (주)프리렉
출판신고 2000년 3월 7일 제 13-634호
주소 경기도 부천시 길주로 77번길 19 세진프라자 201호
전화 032-326-7282(代) **팩스** 032-326-5866
URL www.freelec.co.kr

편   집 강신원
표지 디자인 황인옥
본문 디자인 박경옥

ISBN 978-89-6540-352-4

이 책자는 과학기술정보통신부의 지원을 받아 수행된 결과물입니다.

이공계생을 위한 —

파이썬
프로그래밍

**수·과학
문제 해결력과
컴퓨팅 사고를
탄탄하게**

김호숙
정현우

지음

프리렉

머리글

이 책은 처음 프로그래밍을 시작하는 학생들을 대상으로 한 파이썬 프로그래밍 입문서로, 수과학적인 분야에 흥미와 역량을 갖고 있는 이공계 학생들이 컴퓨터 과학 분야에서 탄탄한 기본기를 쌓을 수 있도록 구성되었다.

영어를 배우는 목적이 영문학을 전공하기 위한 것이 아닌 것처럼, 이제 프로그래밍 능력은 컴퓨터 과학을 전공하는 사람들에게만 요구되는 기술이 아니다. 사실 프로그래밍을 모르는 사람들도 다양한 프로그램이나 인터넷 등을 현실에서 매일 사용하지만, 프로그램을 사용하는 것과 프로그래밍을 직접 하는 것은 전혀 다른 차원의 이야기다. 프로그래밍 능력은 여러분이 향후 어떤 학문을 전공하더라도 꼭 필요한 강력한 도구가 될 것이다. 특히 컴퓨터를 이용하여 수과학 및 공학적 문제를 해결하는 것이 매우 일반적인 최근의 연구 환경하에서 이공계 학생들에게 있어서 프로그래밍 능력은 마치 글을 읽고 이해하는 독해력과 같이 핵심 능력으로 요구될 것이다.

여기서 파이썬 프로그래밍을 배운다는 것은, 파이썬 프로그래밍 언어의 문법을 배우는 것에 국한되지 않는다. 우리가 프로그래밍을 배우는 목적은 풀어야 할 문제를 컴퓨터를 이용하여 해결하려 할 때 필요한 정보들이 무엇인지 분석할 수 있고, 논리적 알고리즘을 적용하여 해결 방법을 설계할 줄 알며, 최종적으로 프로그래밍 언어를 통해 구현하는 전 과정을 통해 통합적인 문제 해결력을 키우기 위함이다.

이 책에서는 최근 가장 많이 사용되는 강력하면서도 배우기 쉬운 언어인 파이썬(Python) 프로그래밍 언어를 다루고 있다. 수년간 학생들에게 실제 수업을 한 경험을 바탕으로 파이썬의 핵심 문법을 배울 때 필요한 요소들을 선별하였고, 이를 단계적으로 구조화한 후 유기적인 연결을 통해 반복적으로 학습할 수 있도록 구성하였다. 이러한 반복적인 학습 과정을 통해 마치 나선형 계단과 같이 학생들의 이해도가 단계별로 올라가면서 확장될 수 있을 것이다.

이 책을 통해서 제공되는 다양한 코드와 연습문제의 템플릿은 1장의 환경 설정에서 설명한 대로 인터넷으로 제공한다. 반드시 직접 코드를 작성해 가면서 공부하도록 하자. 스스로 많은 오류를 겪으며 이를 해결해 가는 과정에서 여러분의 프로그래밍 실력이 향상될 수 있을 것이다.

이 책에는 이전의 C++, Java, Python으로 이어지는 수많은 프로그래밍 수업에서 사용된 다양한 예제들이 녹아 있다. 프로그래밍 언어의 종류에 따라 사용하는 문법은 조금씩 다르지만 다양한 언어를 관통하는 기본 구조는 동일하며, 무엇보다도 다양한 자료구조를 이용한 알고리즘은 프로그래밍 언어와 무관하게 적용할 수 있기 때문이다. 바꿔 말하면 여러분이 파이썬 프로그래밍을 잘 할 수 있다면 향후 어떤 프로그래밍 언어를 새로 배우게 되더라도 빠르고 쉽게 익힐 수 있다는 뜻이다. 처음 프로그래밍을 시작하지만 기초부터 탄탄하게 실력을 키워가는 데 이 책이 도움이 되기 바란다.

이 책의 구성과 진도표 예시

우리가 원하는 요리를 만들기 위해서는 우선 기본적인 식재료를 준비하고 이를 요리 레시피에 따라 정해진 양과 순서, 방법과 시간 등을 지키면서 작업한다. 마찬가지로 우리가 만나는 다양한 문제들을 컴퓨터 프로그램을 통해 해결하려면 컴퓨터가 이해할 수 있는 방식으로 표현해야 하고, 이를 위해서는 마치 요리에서 식재료 준비가 필요한 것과 같이 파이썬 프로그래밍을 구성하는 기본적인 문법과 자료구조에 대한 이해가 기본적으로 선행되어야 한다.

그림 요리와 프로그래밍의 단계 비교

이 책은 파이썬을 이용하여 프로그래밍의 탄탄한 기초를 쌓을 수 있도록 다음과 같이 구성되었다. 첫째, 값과 변수, 표현식, 함수 등에 대한 개념과 이를 파이썬에서 표현하는 방법에 대해 배운다. 또한 조건에 따라 서로 다른 문장을 수행하는 if-else 구문을 이용한 조건문에 대해 알아보고, for 구문과 while 구문을 이용한 반복문을 배운다. 이어서 파이썬에서 제공하는 기본 리스트, 문자열, 파일에 대해 이해하고, 사용자 스스로 클래스를 정의할 수 있는 방법에 대해서 배운다. 그리고 마지막으로 고급 자료구조인 튜플, 딕셔너리, 집합에 대해 소개한다.

둘째, 각각의 자료형을 배울 때는 프로그래밍에서 많이 사용되는 중요한 알고리즘들을 익힐 수 있도록 다양한 예제를 제공한다. 이때 알고리즘이란 요리에서의 레시피와 같이 어떤 문제를 해결하는 단계적 절차라고 생각할 수 있다.

기본적인 파이썬의 문법을 익힌 후에는 이를 실제 문제에 적용하는 방법에 대해 연습할 수 있도록 파이썬의 터틀 그래픽스를 활용한 간단한 게임 만들기와 3차원 공간상의 물체를 프로그램에서 다루는 방법에 대한 응용 문제를 제공한다. 응용 문제는 팀프로젝트 과제로 수행하기에 적합하다. 즉, 주어진 문제를 분석하고, 적절한 자료구조를 적용하고, 협업을 통해서 해결하는 과정을 통해 프로그래밍 수업의 목적인 문제 해결력을 향상시키는 경험을 할 수 있을 것이다.

이 책은 주제에 따라 총 17개의 장과 2개의 응용 부분으로 구성되었으며, 한 주에 3시간씩 16주의 일반적인 강의를 계획하는 경우 다음과 같이 수업을 설계할 수 있다.

수업 진도표 예시

주차	내용	주차	내용
1주차	1장 파이썬 시작하기	9주차	10장 다양한 리스트의 활용
	2장 값, 변수, 표현식	10주차	11장 문자열
2주차	3장 함수	11주차	12장 파일 입출력
3주차	4장 조건문	12주차	13장 다차원 리스트
4주차	5장 부울 함수	13주차	14장 클래스와 객체
5주차	6장 for 반복문	14주차	15장 튜플
6주차	7장 리스트	15주차	16장 딕셔너리
7주차	8장 for 반복문을 활용한 알고리즘		17장 집합
	9장 while 반복문	16주차	기말고사
8주차	중간고사		

차 례

파이썬 시작하기

 학습목표

- 프로그램이 무엇인지 설명할 수 있다.

- 파이썬의 역사와 특징을 이해한다.

- 파이썬 디자인의 핵심 철학을 검색해 보고 그 의미를 이해할 수 있다.

- 파이썬과 통합 개발 환경을 내려받아 설치할 수 있다.

- 교재의 강의 코드와 연습문제 템플릿을 내려받아 수업 환경을 구축할 수 있다.

- 파이썬 코드의 두 가지 실행 방법에 대해 이해하고 수행할 수 있다.

- 파이썬 프로그램을 생성하고 저장할 수 있다.

- print() 함수의 사용법을 이해한다.

- 주석의 개념과 사용법을 이해하고 적절한 주석을 작성할 수 있다.

프로그램이란?

● **프로그램, 프로그래밍, 프로그래머, 프로그래밍 언어**

요즈음은 어디서나 스마트폰과 컴퓨터를 사용하고, 심지어 텔레비전과 냉장고에서도 인터넷이 연결되는 세상이라 '프로그램'(program)은 너무나도 익숙한 단어가 되었다. 아침에 일어나자 마자 살펴보는 카톡은 앱 프로그램의 하나이고 각종 뉴스 사이트나 검색 사이트는 웹 프로그램의 하나다. 또한 예약된 시간에 맞춰 아침밥을 지어주는 밥솥과 자동 청소기에도 프로그램이 포함되어 있다. 이렇듯 익숙한 프로그램이란 단어의 정의를 사전에서 찾아보면 "어떤 문제를 해결하기 위하여 그 처리 방법과 순서를 기술하여 컴퓨터에 주어지는 일련의 명령문 집합체"라고 기술되어 있다. 즉, "내가 원하는 일을 컴퓨터를 이용하여 수행하기 위해, 컴퓨터가 이해할 수 있는 형태의 언어로 단계별로 적어 놓은 작업 지시서" 정도로 생각할 수 있다. 그리고 이러한 프로그램을 만드는 과정을 '프로그래밍'(programming)이라 하고, 프로그램을 만드는 사람을 '프로그래머'(programmer)라 한다.

세상에 한국어, 영어, 스페인어 등 다양한 언어가 존재하는 것처럼 컴퓨터가 알아들을 수 있는 언어인 프로그래밍 언어(programming language) 역시 다양한 목적을 가지고 개발되어 있다. 아마 지금 이 순간에도 새로운 프로그래밍 언어가 개발되고 있을 것이다. 그 가운데 우리는 파이썬이라는 프로그래밍 언어를 이용하여 컴퓨터 과학의 세계에 첫발을 들여 놓으려 한다.

1.2 파이썬의 역사와 특징

● **파이썬의 탄생과 뱀 모양 로고**

파이썬(python)은 1990년 네덜란드의 귀도 반 로섬(Guido van Rossum)이 개발한 프로그래밍 언어다. 파이썬은 그리스 신화에 나오는 커다란 뱀인 피톤(python)과도 이름이 같으며 파이썬의 로고 역시 두 마리 뱀의 모양이다.

그림 1-1 귀도 반 로섬 (출처: twitter_Guido van Rossum)　　그림 1-2 파이썬 공식 로고 (https://www.python.org/community/logos/)

● **프로그래밍 언어 인기도 1위의 파이썬**

현재 사용되는 다양한 프로그래밍 언어의 인기도를 측정하는 순위인 TIOBE 인덱스의 2023년도 2월 결과를 보면 전통적으로 강세를 보인 C, C++과 Java를 누르고 Python이 1등을 차지하고 있는 것을 볼 수 있다(이 네 가지 프로그래밍 언어는 늘 엎치락뒤치락하는 결과를 보여준다).

Feb 2023	Feb 2022	Change	Programming Language	Ratings	Change
1	1		Python	15.49%	+0.16%
2	2		C	15.39%	+1.31%
3	4	^	C++	13.94%	+5.93%
4	3	v	Java	13.21%	+1.07%

그림 1-3 TIOBE 인덱스 2023 (https://www.tiobe.com/tiobe-index/)

● 배우기 쉽고, 표현이 간결하며, 이해하기 직관적인 언어

파이썬이 어떤 특징을 갖고 있어서 이렇게 인기 있는 프로그래밍 언어가 되었을까? 파이썬 프로그래밍 언어는 사람이 쓰는 언어와 매우 비슷하게 표현되어 있어서(물론 영어로) **배우기 쉽고, 표현이 간결하며, 이해하기에 직관적**이다. 그래서 컴퓨터를 처음 배우는 학생들에게 접근하기 쉬운 언어로 평가되며 많은 대학에서 컴퓨터 입문 교과목의 프로그래밍 언어로 선택되고 있다. 또한 인터넷상에서 자료를 제공하는 웹 프로그래밍과 데이터베이스 프로그래밍, 데이터 분석 등을 쉽게 할 수 있도록 다양한 모듈을 제공하고 있다. 특히 최근 많은 관심을 받고 있는 딥 러닝(Deep Learning)과 머신 러닝(Machine Learning)과 같은 응용 분야에서 주요 언어로 사용되고 있다.

1.3 파이썬 디자인의 핵심 철학

● The Zen of Python

먼저 파이썬이란 언어를 이해하기 위해서 파이썬을 디자인한 사람들이 중요하게 생각한 핵심 철학을 몇 가지 살펴보자. (https://ko.wikipedia.org/wiki/파이썬)

> "아름다운 게 추한 것보다 낫다." (Beautiful is better than ugly)
>
> "명시적인 것이 암시적인 것보다 낫다." (Explicit is better than implicit)
>
> "단순함이 복잡함보다 낫다." (Simple is better than complex)
>
> "복잡함이 난해한 것보다 낫다." (Complex is better than complicated)
>
> "가독성은 중요하다." (Readability counts)

이밖에도 "The Zen of Python"으로 검색하면 전체 목록을 볼 수 있다. (참고로 파이썬을 설치한 후 파이썬 셀에서 >>> `import this`를 입력하면 "The Zen of Python"의 전체 목록을 볼 수 있다.)

이 목록 가운데 특별히 여러분의 마음에 드는 것이 있는가? 물론 다른 사람이 어떻게 파이썬을 생각하는가 보다 훨씬 더 중요한 것은 여러분이 파이썬이란 언어를 익히고 이를 이용하여 원하는 작업을 하면서 느끼게 되는, 여러분 만의 파이썬 언어의 특징일 것이다. 공식적으로 인정된 파이썬의 핵심 철학은 아니지만 저자가 개인적으로 파이썬을 가르치면서 느꼈던 파이썬 언어의 특징은, "모든 것을 허용하지만 그 책임은 온전히 프로그래머 몫이다."라는 것이다.

여러분도 배워보면 느낄 수 있겠지만 파이썬 언어는 프로그래머에게 마치 잔소리 없는 자유 방임형 상사와 같은 태도를 보인다. 다른 프로그래밍 언어에서는 반드시 지켜야 하는 규칙과 제약이 많은 반면, 파이썬에서는 프로그래머에게 '이것은 이렇게 해라. 이것은 안된다.'와 같이 무엇인가를 제약하는 경우를 최소화하고 있다. 그래서 프로그래머가 폭넓은 표현의 자유를 갖는 장점이 있지만, 그만큼 더 세심하게 주의해야 하고 오류가 발생할 때 오류의 원인을 발견하기 어려운 단점도 갖고 있다. 앞으로 여러분이 파이썬을 배워가면서 여기서 소개한 언어의 특징을 체험하는 기쁨을 누려보는 동시에, 여러분도 여러분 나름대로 파이썬 언어의 특징을 규정해 보기 바란다.

1.4 프로그래밍 환경 설정하기

이번 절에서는 여러분 컴퓨터에 파이썬 프로그래밍 환경을 설정하는 과정을 소개한다. 이 책에서는 윈도우 환경을 기본으로 가정하며, 파이썬을 설치한 후 기본적으로 포함된 파이썬 통합 개발 환경인 IDLE(Integrated DeveLopment Environment)를 이용하여 프로그램을 작성하고 수행하는 방법에 대해 소개한다.

파이썬 공식 다운로드 사이트(https://www.python.org/downloads/)에서 최신 파이썬 버전을 자신의 컴퓨터 OS(Operating System)에 맞추어 내려받는다. 여기서는 64bit 윈도우(Windows) 환경에 맞는 최신 버전인 Python3.11 버전을 기준으로 설치를 진행한다(python-3.11.1-

amd64).

● 파이썬 프로그램 내려받기 및 설치하기

내려받은 설치 파일을 더블 클릭하면 그림 1-4와 같은 초기 화면이 나온다. 초기 화면의 기본 설정대로 [Install Now]를 눌러 설치를 진행하면 아래쪽과 같이 C:\User\user\AppData\ Local\Programs\Python\Python311 디렉터리를 생성하면서 파이썬을 설치하게 된다. 그러 나 이렇게 진행하면 나중에 파이썬에 다른 라이브러리를 추가하는 등의 작업을 위해 파이썬 디렉터리를 찾을 때 저장된 위치를 기억하기 어려울 수 있다. 따라서 그림의 아래쪽에 있는 [Customize installation]을 선택하여 파이썬 설치 위치를 변경하도록 한다. 또한 맨 아래에 있는 [Add python.exe to PATH]를 선택하여 향후 어떤 디렉터리에서도 파이썬을 실행할 수 있도록 해준다.

그림 1-4 Python 설치

[Customize installation]을 선택하면 그림 1-5와 같은 **Optional Features** 화면이 나온다. 기 본 설정대로 두고 다시 [Next] 버튼을 누르면 **Advanced Options** 화면이 나온다. 이때 [Install for all users] 체크박스를 선택하면 설치 위치가 C:\Program Files\Python311로 변경된다. 이 위치에 파이썬이 설치되도록 하고, 맨 아래의 [Install] 버튼을 누른다.

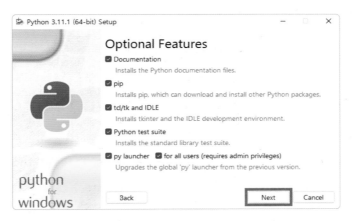

그림 1-5 Python 설치(계속)

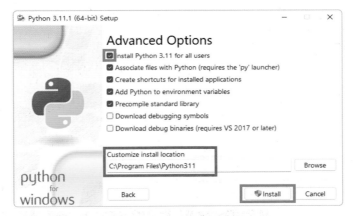

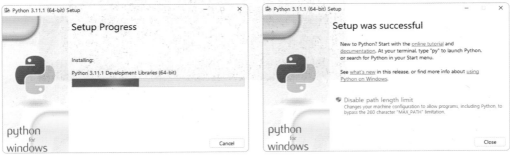

그림 1-6 Python 설치(계속)

설치가 끝나면 그림 1-6과 같이 **Setup was successful** 메시지가 나온다.

1.5 프로그램 실행하기

● **파이썬 프로그램 실행**

파이썬이 제대로 설치되었는지 확인하기 위해서 **C:\Program Files\Python311** 폴더로 이동
하여 포함된 파일 가운데 **python**이라는 응용 프로그램을 더블 클릭하여 실행해 보자. 그림
1-7과 같이 검은 화면에 Python 3.11.1 버전이 실행되었다는 메시지가 뜨고 '**>>>**' 프롬프트가
뜨면 파이썬이 실행된 것이다. 먼저 가장 간단한 파이썬 프로그램인 출력문을 수행해 보자.

```
>>> print("Hello")
```

이렇게 입력하고 [Enter] 키를 눌렀을 때 **Hello**가 출력되면 성공적으로 파이썬 설치가 완
료된 것이다.

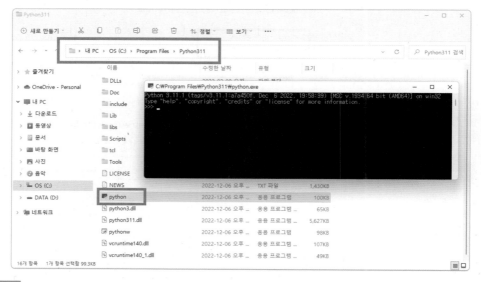

그림 1-7 설치 후 실행

● 파이썬 통합 개발 환경

기본적으로 파이썬 프로그램을 설치하면 간단한 통합 개발 환경(IDLE)이 같이 포함되어 있다. IDLE는 프로그래머가 코드의 생성, 저장, 수행 등을 하나의 환경 내에서 편리하게 수행할 수 있도록 제공해주는 도구다. IDLE를 이용하여 간단한 프로그램을 작성하고, 수행하는 예를 살펴보자.

● 기본 실행 환경인 대화형 셸에서 바로 실행하기

먼저 그림 1-8과 같이 윈도우의 [시작] 버튼을 누르고 [모든 앱] 버튼을 누른 후, 알파벳 P로 시작하는 앱들이 있는 위치까지 내려가면 새로 설치된 [Python 3.11] 폴더가 있다. [Python 3.11]에서 [IDLE (Python 3.11 64-bit)]를 선택하면 IDLE가 시작되면서 프롬프트(prompt)인 >>> 옆에 커서(cursor)가 깜빡이는 것을 볼 수 있다. 프롬프트 '>>>'의 의미는 현재 환경이 코드를 입력하면 곧바로 실행 결과를

> **용어** **프롬프트**(prompt)와 **커서**(cursor)
>
> 프롬프트는 컴퓨터 명령어 모드(윈도우의 cmd)나 대화형 셸 등에서 "사용자로부터 명령어를 받을 준비가 되어 있다."라는 의미, 즉 대기 모드를 표현하는 기호로 파이썬 셸의 경우 '>>>' 로 표시된다. 커서는 키보드의 입력 위치를 가리키는 곳으로 깜박 깜빡거리는 _나 | 모양으로 표시된다.

볼 수 있는 명령어 라인을 기반으로 한 실행 환경이라는 의미이며 "대화형 셸"(interactive shell)이라고도 한다. 이 책에서 소스코드에 '>>>' 가 표시된 경우는 셸에서 작업하는 경우라고 생각하면 된다.

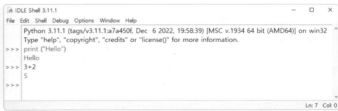

그림 1-8 파이썬 대화형 셸 환경

● 파일로 저장하기

코드의 양이 많아지고 복잡해지면 프로그램을 여러 번 수정하는 과정이 필요하다. 이런 경우에는 파이썬 프로그램을 파일에 저장하고, 이후에 저장된 파일을 읽어와서 수행할 수 있어야 한다. 그림 1-9는 IDLE를 이용하여 파이썬 프로그램을 저장하고 수행하는 모습이다. 먼저 IDLE에서 [File] → [New File]을 선택하면 메모장과 같은 창이 열리는데 이를 "스크립트 모드"라고 한다. 여기에 코드를 입력한 후 [File] → [Save]를 선택하고 초기에 "untitled"라고 설정된 파일 이름을 "test1.py"로 변경하여 저장한다(파일 이름을 test1로 입력하면 파일 형식이 Python files이므로 자동으로 .py 확장자로 저장된다).

그림 1-9 파일 저장하기

여러분이 작성한 코드는 항상 같은 디렉터리에 저장되도록 하는 것이 좋다. 이를 위해 작성한 프로그램 코드를 저장할 디렉터리를 미리 생성해 둔다. 이 책에서는 D:/PythonCode/myCode라는 디렉터리를 생성한 후, 그곳에 작성된 파이썬 코드들을 저장하였다. 이때 디렉터리 이름에는 한글이 포함되지 않도록 주의한다.

● **저장된 파일을 open하여 수행하기**

이번에는 저장된 파일을 다시 IDLE에서 열어서 수행하는 과정을 살펴보자. IDLE에서 [File] → [Open]을 선택하고 앞에서 저장한 파일을 스크립트 모드로 다시 읽어온 후, [Run] → [Run Module]을 실행한다. 그러면 결과가 그림 1-10과 같이 IDLE 셸에 표시된다.

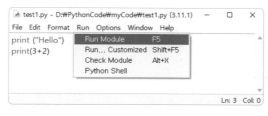

그림 1-10 프로그램 실행

● **다양한 파이썬 IDLE**

파이썬 프로그래밍을 지원하는 다양한 IDLE가 있는데 대표적인 것으로 파이참(Pycharm), 비주얼 스튜디오 코드(Visual Studio Code), Wing IDE 등이 있다. 여러 사람이 함께 작업하는 환경을 설정하거나, 코드에서 오류를 찾기 위한 디버깅 작업 등의 다양한 도구들이 포함되어 있으므로 자신에게 맞는 통합 개발 환경을 하나 선택하여 익숙해지는 것을 추천한다. 통합 개발 환경의 설치와 관련된 설명은 이 책의 자료실을 참고하기 바란다.

그림 1-11 다양한 IDLE

파이참 다운로드: https://www.jetbrains.com/ko-kr/pycharm/download

비주얼 스튜디오 코드 다운로드: https://code.visualstudio.com/Download

Wing IDE 다운로드: https://wingware.com/downloads/wing-101

1.6 코드 템플릿 내려받기

● **자료실에서 템플릿 내려받기**

이 책에 소개된 강의용 코드와 연습문제를 위한 템플릿 코드는 모두 Chapter별로 자료실에 정리되어 있다. 먼저 파이썬 프로그래밍 환경을 설정한 후, 다음 주소에서 코드들을 내려받아 하나하나 직접 코딩을 수행해 가면서 공부하자. 눈으로 보는것과 손으로 직접 타이핑하면서 이해하는 것은 하늘과 땅 차이다.

프리렉 도서 자료실: https://freelec.co.kr/datacenter/

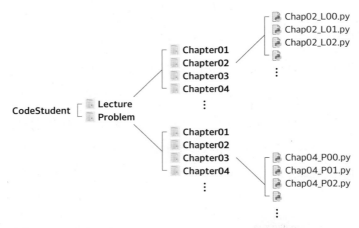

그림 1-12 이 책의 코드와 연습문제 템플릿 코드 디렉터리

이 책에 나와 있는 코드들은 모두 [Lecutre] 디렉터리에 포함되어 있고, 코드 번호가 붙은 코드의 경우에는 오른편에 코드의 파일 이름이 표시되어 있다. 예를 들어 코드 1-1은 CodeStudent\Lecture\Chapter01\Chap01_L01.py라는 파일 이름으로 저장되어 있다.

📁 **코드 1-1**: 문자열 출력　　　　　　　　　　　　　　　　　　　Chap01_L01.py

```
01    print ("Hello, world!")
```

```
Hello, world!
```

이 책의 코드를 내려받아 실행해 보는 것만으로도 개념을 이해하는 데 도움이 되지만, 모든 코드를 스스로 작성하고 해당 결과를 확인하면서 만약 오류가 발생하는 경우 직접 해결해 보는 것이야말로 프로그래밍 실력 향상을 위해 제일 좋은 방법이다.

1.7 파이썬 출력 함수 print()

● **세상에서 제일 유명한 프로그램 HelloWorld**

자, 드디어 환경 설정이 끝났으니 이제 정말 파이썬 프로그램을 작성해 보도록 하자. 제일 먼저 작성할 프로그램은 뭐니뭐니 해도 세상에서 제일 유명한 프로그램인 "HelloWorld.py"이다. 무슨 말인가? 하면 보통 어떤 프로그래밍 언어를 배우기 시작할 때 항상 맨 처음 작성하는 프로그램은 해당 프로그래밍 언어로 "Hello World"를 스크린에 출력하는 것이다. 그러니 우리도 파이썬으로 "Hello World"를 출력하는 것으로 첫 프로그램을 작성해 보자.

```
01    print ("Hello, world!")
```

```
Hello, world!
```

참으로 간단하다! 프로그래밍 문법을 몰라도 한눈에 무엇을 하려는 것인지 이해할 수 있다. 바로 이런 간결한 표현력이 파이썬의 큰 장점 중 하나다.

● 파이썬이라고 알려주는 확장자 .py

모든 파이썬 프로그램은 파일 이름 뒤에 **확장자**(온점 **.** 뒤에 붙는 글자)로 **py**가 붙는다. 즉 **Chap01_L01.py**에서 **Chap01_L01**은 파이썬 프로그램 이름이고 **.py**는 이 파일이 파이썬 프로그램이라는 표시다. 마치 **xxx.hwp**는 아래 한글 파일이고, **xxx.docx**는 워드 파일인 것처럼 확장자를 이용하여 파일의 종류를 구분한다.

드디어 파이썬에서 맨 처음 등장하는 명령어가 나왔다. **print()**는 표준 출력 장치로(대부분 스크린으로) 괄호 안의 내용을 출력하라는 함수다.

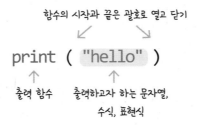

그림 1-13 파이썬 출력 함수 print()

프로그램을 수행하면 코드 1-1의 실행 결과와 같이 Hello, world!가 출력되는 것을 확인할 수 있다.

● C, Java, Python 한눈에 비교하기

여기서 잠시 파이썬이 얼마나 직관적이고 배우기 쉬운 언어인지 다른 프로그래밍 언어와 비교해 보자. 파이썬과 더불어 가장 널리 사용되는 언어인 C와 Java로 "Hello, world!"를 출력하는 프로그램은 다음과 같다.

<table>
<tr><td>[C 언어: helloWorld.c]</td><td>[Java 언어: HelloWorld.java]</td></tr>
</table>

```c
#include <stdio.h>

void main()
{
    printf("Hello, world!");
}
```

```java
public class HelloWorld {
    public static void main(String[ ] args) {
        System.out.println("Hello World");
    }
}
```

정확한 의미는 알 수 없어도 일단 파이썬 프로그램에 비해서 어마어마하게 복잡해 보인다. 사실 사용된 각각의 단어들도 모두 문법적인 의미들이 포함되어 있고, 프로그램 파일 이름에도 규칙이 적용되어 있다. 그러나 겁먹지 말자. 파이썬은 이렇게 복잡하지 않고 코드 1-1과 같이 딱 한 줄이면 된다. 이처럼 우리가 다룰 파이썬 언어는 최대한 형식적인 것을 덜어내고 사용자가 이해하기 쉽도록 만들어졌다. 그래서 처음 프로그래밍을 접하는 학생들에게 언어 자체의 문법적인 규칙에 신경을 쓰기보다는 문제 자체에 더 많이 집중할 수 있게 해주는 장점을 갖고 있다. 몇 가지 예를 더 살펴보자.

📁 **코드 1-2**: 수식 결과를 변수에 저장   Chap01_L02.py

```python
01    a = (1 + 2 + 3 + 4) / 2
02    b = (a - 1) * 2
03    c = a + b
04    print (a)
05    print (b, c)
```

```
5.0
8.0 13.0
```

우리가 수학에서 생각했던 것과 비슷한 결과를 볼 수 있다. 앞의 코드에서 /는 나누기 연산자(operator)를 의미하며 *는 곱하기 연산자를 의미한다. 또한 a, b, c 등은 계산의 중간 결과를 기억하는 장소로 변수(variable)라 한다. 파이썬에서 사용하는 변수와 연산 기호에 대해서는 나중에 좀 더 자세히 알아보자.

1.8 주석

● **가독성이 좋은 프로그램이 좋은 프로그램**

이번 장을 마무리하기 전에 프로그램을 작성할 때 고려해야 할 주석(comment)에 대해 알아보자. **프로그래밍**(programming)은 사람이 하고 싶은 일을 컴퓨터가 대신 수행할 수 있도록 하기 위해 컴퓨터가 이해할 수 있는 형태인 프로그래밍 언어(여기서는 파이썬)의 문법에 맞춰서 명령문을 작성하는 것이다.

프로그램은 컴퓨터가 잘 이해할 수 있도록 작성하는 것도 중요하지만 이와 더불어 사람이 읽을 때도 이해하기 쉽도록 작성해야 한다. 왜냐하면 여러분이 프로그램을 작성할 때 어떤 의도로 변수를 사용하고 알고리즘을 작성했는지를 여러분 외에 다른 사람이 읽을 때도 이해할 수 있어야 하기 때문이다. 사람이 읽고 이해하기 쉬운 프로그램을 **가독성**(readability)이 좋다고 한다. 보통 현업에서 한 프로그래머가 작성한 대부분의 프로그램은 시간이 지난 후 다른 프로그래머에 의해 수정되는 일이 매우 빈번하기 때문에 가독성이 좋은 것은 우수한 프로그램의 중요한 요소다.

● 사람이 읽고 이해하는 데 도움을 주는 주석

가독성이 좋은 프로그램을 작성하기 위한 한 가지 방법이 바로 적절한 주석 달기다. 주석은 말 그대로 프로그램을 읽는 사람을 위한 코드의 한 부분이다. 즉, 컴퓨터는 이해할 필요가 없지만 이 프로그램을 읽는 사람들에게 전달하고 싶은 내용을 프로그램 안에 포함시켜 두는 것이다. 파이썬에서는 보통 두 가지 방법으로 주석을 처리한다.

● #으로 한 줄 주석 만들기

#(샵 또는 해시) 기호는 한 줄 주석 기호다. 즉 프로그램을 읽다가 # 문자를 만나면 컴퓨터는 그 뒤부터 해당 줄 끝까지는 주석으로 생각하고 더 이상 고려하지 않는다.

● """로 여러 줄 주석 만들기

만약 여러 줄에 걸쳐서 좀 상세히 주석을 작성하고 싶은 경우에는, 매 줄 앞에 #을 붙일 수도 있지만 다른 방법으로 """주석""", 즉 큰따옴표 3개를 연속으로 붙여서 여러 줄 주석을 작성할 수 있다. 세 개의 연속적인 큰따옴표 대신 세 개의 연속적인 작은따옴표('''주석''')로도 여러 줄 주석을 작성할 수 있다. 다음의 코드 1-3은 한 줄 주석과 여러 줄 주석이 포함된 프로그램의 예다.

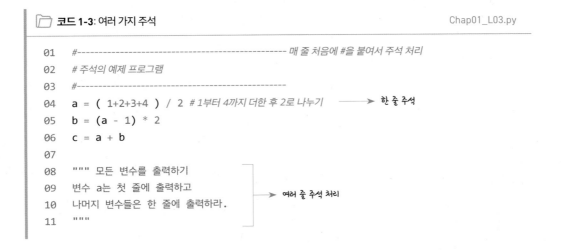

📁 **코드 1-3**: 여러 가지 주석   Chap01_L03.py

```
01    #-------------------------------------------- 매 줄 처음에 #을 붙여서 주석 처리
02    # 주석의 예제 프로그램
03    #--------------------------------------------
04    a = ( 1+2+3+4 ) / 2  # 1부터 4까지 더한 후 2로 나누기      ➤ 한 줄 주석
05    b = (a - 1) * 2
06    c = a + b
07
08    """ 모든 변수를 출력하기
09    변수 a는 첫 줄에 출력하고                                 ➤ 여러 줄 주석 처리
10    나머지 변수들은 한 줄에 출력하라.
11    """
```

```
12
13    print (a)
14    print (b, c)
```

```
5.0          ─────────────▶  주석 여부는 프로그램의 실행 결과와는 상관없다!
8.0 13.0
```

 아하, 그렇군요 1   **파이썬의 한글 처리**

간혹 주석에 한글을 사용하려 할 때 한글 인코딩(encoding)이 맞지 않아 한글이 깨지는 경우가 발생한다. 사실 파이썬은 유니코드를 사용하므로 2bytes를 사용하는 한글이 지원되는 것이 정상인데 어째서 문제가 생기는 것일까? 이는 한글 인코딩에 여러 가지 기준이 있기 때문이다.

인코딩이란 정보를 다른 형식으로 변환하여 저장하는 것으로 한글을 저장할 때는 'utf-8'과 'cp949' 두 가지 종류의 인코딩 방법이 주로 사용된다. 'cp949'는 윈도우에서 한글을 지원하기 위해 사용하는 한글 통합 완성형 코드이고, 'utf-8'은 유니코드를 인코딩한 형태로서 파이썬에서 한글 인코딩은 주로 'utf-8'을 사용한다. 그래서 'cp949'로 인코딩된 문서를 'utf-8'로 읽으려 할 때 오류가 발생하는 것이다. 이럴 때는 간단한 해결책으로 파이썬 코드의 첫 줄에 다음과 같이 명시해주면 된다.

```
# -*- coding:utf-8 -*-
```

 **핵심 노트**

✱ 프로그램: 어떤 문제를 해결하기 위해 처리 방법과 순서를 기술한 명령문 집합체

✱ 파이썬 특징: 배우기 쉽고, 표현이 간결, 이해하기 직관적, 다양한 모듈을 제공, 머신 러닝 응용에 주요 언어

✱ 파이썬 통합 개발 환경(IDLE): 코드의 생성, 저장, 수행 등을 하나의 환경 내에서 편리하게 수행할 수 있도록 제공해주는 도구

✱ >>> 프롬프트: 대화형 셸은 바로바로 결과가 나옴

✱ 파이썬 확장자: .py

✱ 파이썬 출력 함수 print()

함수의 시작과 끝은 괄호로 열고 닫기

$$\text{print ("hello")}$$

출력 함수   출력하고자 하는 문자열, 수식, 표현식

✱ 사칙연산자: + - * /

✱ 주석(Comment): 컴퓨터는 무시 / 사람이 이해하라고 기록

- # 한 줄 주석

- ''''' 여러 줄 주석 '''''

chapter 2

값, 변수, 표현식

 학습목표

● 정수형, 실수형, 문자열 자료형의 특징을 이해하고 구분할 수 있다.

● 여러 가지 방법으로 파이썬의 문자열을 생성할 수 있다.

● 변수의 개념을 이해하고 규칙에 맞는 변수 이름을 생성할 수 있다.

● 대입 연산자의 의미를 이해하고 다중 대입 구문을 사용할 수 있다.

● 산술 연산자의 종류와 의미를 설명할 수 있다.

● 산술 연산자 우선순위를 이해하고 적용할 수 있다.

● 자료형 변환 함수를 적용하여 객체의 자료형을 변환할 수 있다.

● input() 함수를 이용하여 사용자로부터 입력값을 받을 수 있다.

● 프로그래밍의 목적은 포괄적 의미의 계산하기

컴퓨터(computer)란 용어의 뿌리인 단어 'compute'의 뜻은 '계산하다'이다. 그러므로 파이썬을 비롯한 프로그래밍 언어의 목적이 계산(computation)이라는 것은 어쩌면 당연한 일이다. 물론 여기서 말하는 계산이란 우리가 수학 시간에 배운 단순한 사칙연산에 국한된 것이 아니라, 기계의 제어나 자동 정리 증명(Automated Theorem Proving, 수학적 정리들을 컴퓨터 프로그램을 통해 형식적으로 증명하는 것)까지 포함하는 포괄적인 의미다. 이번 장에서는 이러한 계산에 필요한 기본적인 요소인 값(value), 변수(variable), 표현식(expression)과 자료형(data type)에 대해 소개한다. 파이썬의 계산식은 수학에서 사람이 계산하는 과정에 사용하는 자연어와 매우 비슷한 형태를 보인다.

시작하기 전에 먼저 초등학교 수학 문제를 하나 풀어보자.

> 길동이는 1000원짜리 사과 3개와 2000원짜리 배 5개를 샀다. 길동이가 지불할 전체 가격은 얼마인가?

이를 식으로 나타내면 대략 다음과 같을 것이다.

> 사과값 = 1000 × 3
> 배값　 = 2000 × 5
> 전체 비용 = 사과값 + 배값
> 전체 비용을 기록하라.

이 과정을 파이썬으로 표현하면 다음과 같다.

```python
apple = 1000 * 3
pear = 2000 * 5
total = apple + pear
print (total)
```

두 가지 표현이 굉장히 비슷하다는 것을 느낄 수 있다.

파이썬에서 사과값, 배값과 같은 어떤 값을 저장할 때, 대입(assignment) 연산자 '=' 왼쪽에 위치한 apple, pear, total 등을 **변수**라 한다. 그리고 apple+pear와 같이 값과 변수 등이 연산자로 연결된 것을 **표현식**(expression)이라 한다. 이번 장에서는 키보드를 통해 입력받은 숫자나 문자 등의 값을 변수에 저장하고, 이를 이용하여 표현식을 수행한 후, 그 결과를 화면에 출력하는 방법에 대해 자세히 살펴본다.

2.1 값과 자료형

● **프로그램에서 처리하는 데이터를 부르는 이름 - 값**

값과 변수는 프로그램을 이루는 가장 기본적인 요소로 데이터를 표현하고 저장하는 역할을 한다. 프로그램의 기본 역할은 계산, 즉 데이터를 적절하게 조작하는 일련의 과정이다. 프로그램에서 이러한 데이터를 **값**(value)이라 하고, 하나의 값은 한 가지 종류의 **자료형**(data type)에 속한다. 파이썬에서 이러한 자료형의 종류는 매우 다양한데 그중에 먼저 숫자와 문자 자료형에 대해 살펴본다.

표 2-1 자료형의 종류 I

자료형	의미	값의 예
int	정수(Integer)	11, 0, -324
float	실수(Floating point)	3.14149, 1.234E-8
str	문자열 (String)	'abc', "abc", "123456", "--*--"

● **숫자를 나타내는 자료형 - 정수와 실수**

정수는 0, 양의 정수, 음의 정수를 포함하며, 실수는 3.141592처럼 소수점 이하의 값을 포함하는 숫자를 표현한다. 그러나 수학에서 다루는 엄밀한 의미의 실수는 컴퓨터로 표현하지 못하는 경우가 많아서 대부분 근삿값으로 나타내게 된다. 실수를 나타낼 때 1.234E-8과 같은 표현은 지수식 표현 방식으로 1.234×10^{-8}을 의미한다.

● 문자를 나타내는 자료형 - 문자열

문자열은 따옴표로 둘러싸인 값으로 따옴표 안의 내용이 문자든 숫자든 관계없이 모두 문자열 자료형이 된다. 즉, "123"은 정수가 아니고 문자열이므로 "123"+1은 틀린 표현이다. 파이썬에서 데이터를 문자열로 만들어 주는 따옴표에는 작은따옴표(')와 큰따옴표(")가 있고, 두가지 모두 사용할 수 있다. 즉, 'abc'와 "abc"는 동일한 문자열이다. 그러나 'abc"나 "abc'와 같이 두 가지 따옴표를 혼합하여 사용할 수는 없다.

 아하, 그렇군요 2　　**파이썬의 여러 가지 문자열**

파이썬에서 문자열을 만드는 방법은 큰따옴표(" "), 작은따옴표(' ')로 둘러싸는 것 외에도 3개의 연속되는 큰따옴표(""" """)로 둘러싸거나 3개의 연속되는 작은따옴표(''' ''')로 둘러싸는 등 네 가지 방법이 가능하다. 이는 문자열 안에 큰따옴표나 작은따옴표 자체가 문자로 포함된 경우를 표현할 때 매우 편리하게 사용할 수 있다. 예를 들어 다음과 같은 명령을 수행해 보자.

```
>>> a = "I love Tom's song"
>>> print (a)
```

그러면 I love Tom's song이 출력된다. 즉, 이때 Tom's의 작은따옴표(')는 문자열을 만드는 역할이 아니라 표현될 문자로 취급되어 출력되는 것이다.

마찬가지로 큰따옴표를 문자로 표현하고 싶은 경우에는 작은따옴표를 이용하여 문자열을 만들면 된다.

```
>>> b = ' He said "I miss my hometown" '
>>> print (b)
He said "I miss my hometown"          ──→ 출력 결과 ①
>>> b
' He said "I miss my hometown" '      ──→ 출력 결과 ②
```

파이썬 대화창(Python Shell)에서 **print( )** 함수를 이용하여 문자열을 출력하는 경우에는 출력 결과 ①과 같이 문자열임을 나타내는 따옴표는 생략되어 출력된다(물론 문자열 내에 포함된 따옴표는 출력된다). 그러나 변수 이름만을 입력하고 [Enter] 키를 누르면 출력 결과 ②와 같이 변수의 자료형이 문자열임을 표시하는 따옴표를 포함한 결과를 볼 수 있다.

줄바꿈이 포함된 여러 줄의 문장을 하나의 문자열로 표현하고 싶은 경우에는 여러 줄 주석에서 사용한 것과 같이 세 개의 연속되는 큰따옴표(""" """) 혹은 연속되는 작은따옴표(''' ''')로 둘러싸면 된다.

```
>>> c = """Python is easy.
... I like Python!!"""              → 이 경우 줄바꿈을 포함한 두 줄짜리 문자열이 c에 대입됨
>>> print (c)
Python is easy.                     → 이 경우 출력 결과에서도 줄바꿈이 일어난다
I like Python!!
```

2.2 변수

● 컴퓨터 메모리 안에 저장된 데이터 값을 가리키는 객체 - 변수

파이썬에서 변수(variable)란 컴퓨터 메모리 안에 저장된 데이터를 가리키는 객체다. 컴퓨터의 데이터는 메모리 공간상의 특정 위치(주소)에 저장되는데, 보통 이런 주소는 0x31FA07과 같이 16진수로 표현된다. 이런 주솟값은 사람이 기억하기 어렵다. 그래서 주솟값 대신 변수 이름을 사용하여 프로그램 내에서 사람이 접근하기 쉽도록 해준다. 앞의 예 apple=1000*3에서 apple이 바로 1000*3의 결괏값인 3000을 가리키는 변수다.

2.3 대입

● 변수에 값을 지정하는 대입 연산자 '='

프로그래밍 언어에서 대입은 **변수=값**의 형태, 즉 대입(assignment)을 위한 '=' 기호의 왼쪽에는

변수, 오른쪽에는 값이 오는 형태로 사용되거나 total=apple+pear와 같이 다른 변수(여기서는 total)의 값을 설정하기 위해 이미 값이 저장된 변수(apple과 pear)의 값을 읽어 계산한 후 그 결과를 = 왼쪽 변수에 대입하는 형태로 사용된다. 프로그램에서 이와 같은 대입 문장은 항상 대입 연산자인 =의 오른쪽 부분을 먼저 계산한 후에, 그 결과를 왼쪽 변수에 대입하는 순서로 해석된다.

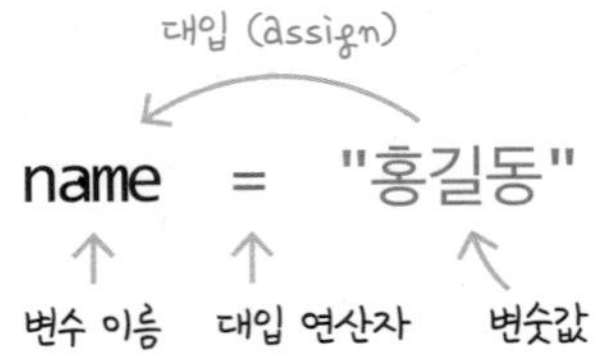

그림 2-1 변수에 값 대입

파이썬의 변수에는 다양한 자료형의 값을 대입할 수 있다. 예를 들어 a="Python"이란 문장은 a라는 변수가 문자열 값 "Python"을 가리키게 하고, print(a)를 수행하면 문자열 "Python"이 출력된다. 마찬가지로 a=34567이란 문장은 a라는 변수가 정숫값 34567을 가리키게 하고, print(a)를 수행하면 정수 34567이 출력된다.

그러나 10=x와 같이 "값=변수" 형태의 문장은 오류가 발생한다. 항상 왼쪽 변수에 오른쪽의 값을 대입하는 "변수=값"의 형태로 작성해야 한다.

파이썬에서 변수는 **값을 가리킨다(reference)**고 했다. 그러므로 프로그램 안에서 한번 값이 결정된 변수라도 다른 대입 문장에 의해서 이전과 다른 값을 가리키도록 변경될 수 있다.

```
x = 1
print (x)  # 결과는 1이 출력된다
x = x + 1  # 이 문장은 = 기호 오른쪽의 x+1이 먼저 계산되고, 그 결괏값인 2가 x라는 변수에 다시 대입된다
print (x)  # 이때 x의 값은 2가 출력된다
```

앞의 코드에서 x=x+1의 문장을 처음 볼 때 조금 당황스러울 수도 있다. '=' 기호의 수학적 의미는 왼쪽과 오른쪽이 같다는 것인데 어떻게 x와 x+1이 같을 수 있지? 하는 생각이 들 수 있

지만, 파이썬을 비롯한 많은 프로그래밍 언어에서 '=' 기호는 **같다**는 뜻이 아니고 오른쪽의 표현식을 계산해서 그 결과를 왼쪽에 위치한 변수에 **대입**한다는 의미를 갖는다. 대입 연산자의 새로운 의미에 익숙해지도록 하자.

2.4 다중 대입

● 여러 개의 변수에 한꺼번에 값을 대입하는 다중 대입(multiple assignment)

파이썬에서는 여러 개의 변수에 한꺼번에 값들을 대입할 수 있는 편리한 다중 대입 구문을 제공한다. 예를 들어 살펴보자.

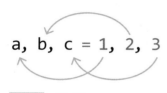

그림 2-2 다중 대입

그림 2-2는 a=1, b=2, c=3과 동일한 결과를 생성한다. 다중 대입 구문의 강력한 힘을 보여주는 예는 바로 두 변수의 값을 서로 교환(swapping)하는 경우다. 두 변수 a와 b의 값을 서로 교환하기 위해 다음과 같은 코드를 수행한다고 가정해 보자.

```
a = 2
b = 3
a = b        # 이 문장에서 a의 값은 3으로 변경됨
b = a        # 그래서 b에 a 값을 넣을 때는 기존의 2는 이미 사라지고 3이 대입됨
print (a, b)
```

앞선 코드의 결과는 무엇일까? a, b 값이 서로 바뀌어 3 2가 나오기를 기대하지만 결과는 3 3이 나온다. 왜냐하면 a=b 문장을 수행할 때 a의 값은 3으로 변경되어 b=a를 수행할 때는 기존의 2는 이미 사라지고 a가 가리키는 값인 3이 b에 대입되기 때문이다. 그래서 다른 프로그

래밍 언어에서 두 변수의 값을 서로 교환할 때는 다음 코드와 같이 다른 보조 변수(temp) 하나를 추가로 사용하여 기존 값을 저장하는 방법을 사용한다.

```
a = 2
b = 3
temp = a      # a의 값을 temp 변수에 저장한 후
a = b         # a의 값을 3으로 변경함
b = temp      # b에는 a가 아닌 기존 a 값을 저장해 둔 temp 값을 대입함
print (a, b)  # 결과는 3 2로 두 값이 서로 바뀐 것을 볼 수 있음
```

그러나 파이썬에서는 다중 대입이 가능하므로 앞의 코드를 다음과 같이 간단하게 처리할 수 있다.

```
a, b = 2, 3   # a = 2, b = 3과 동일한 대입이 이루어짐
a, b = b, a   # 대입 기호 오른쪽의 b와 a 값이 = 기호 왼편의 두 변수 a와 b로 대입됨
print (a, b)  # 결과는 3 2로 두 값이 서로 바뀐 것을 볼 수 있음
```

다중 대입은 세 개 이상의 변수에도 적용 가능하고, 대입 기호 오른쪽에 수식이 나올 수도 있다. 그러나 대입 기호 양쪽의 항목 수는 항상 동일해야 하고, 대입 기호 왼쪽에는 반드시 변수만 올 수 있다. 문장이 해석되는 순서는 대입 기호 오른쪽의 모든 값이 먼저 계산된 후, 그 결과를 대입 기호 왼쪽의 변수로 일대일로 하나씩 대입하게 된다.

```
x,y,z,p,q = 1,2,3,4,5
x, y, z = y, z, x
p, q = p*q, p-q-1
print (x,y,z)  # 2 3 1
print(p,q)     # 20 -2
```

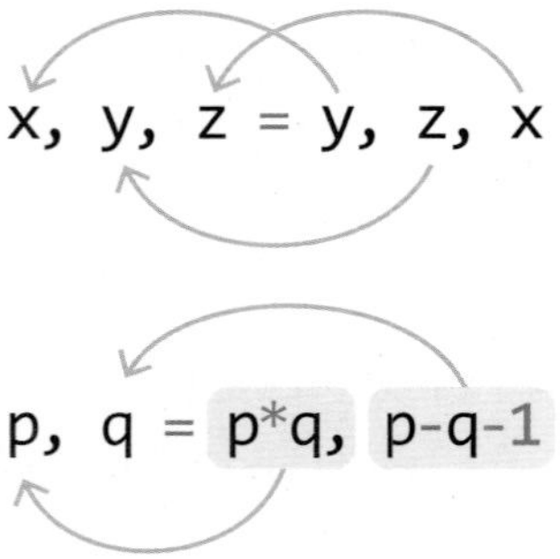

$$x, y, z = y, z, x$$

$$p, q = p*q, p-q-1$$

그림 2-3 표현식을 이용한 다중 대입

2.5 변수 이름 규칙

파이썬에서 변수 이름을 정하는 데는 몇 가지 지켜야 하는 규칙이 있다.

① 파이썬의 키워드(keyword)는 변수 이름으로 사용할 수 없다.

파이썬 문법에서 특별한 의미를 갖도록 미리 지정된 단어들을 **키워드**라 한다. 예를 들면 **if**, **for**, **True**, **None** 등은 프로그램에서 특별한 의미를 갖도록 미리 약속되어 있기 때문에 이와 같은 키워드는 변수의 이름으로 사용할 수 없다. 파이썬의 키워드를 확인하려면 다음 코드를 수행하면 된다.

```
import keyword
print (keyword.kwlist)
```

그러면 다음과 같이 파이썬의 키워드들을 보여준다. 앞으로 차차 이러한 키워드들의 의미를 알게 될 것이므로 참고만 하고 넘어가자.

```
['False', 'None', 'True', '__peg_parser__', 'and', 'as', 'assert', 'async',
'await', 'break', 'class', 'continue', 'def', 'del', 'elif', 'else', 'except',
'finally', 'for', 'from', 'global', 'if', 'import', 'in', 'is', 'lambda',
'nonlocal', 'not', 'or', 'pass', 'raise', 'return', 'try', 'while', 'with',
'yield']
```

② 변수 이름은 문자, 숫자, 그리고 밑줄 문자 _(under-bar)로 이루어진다.

영문 알파벳의 대문자와 소문자는 서로 구분되므로 **student**와 **Student**는 서로 다른 변수 이름이다. 변수 이름에는 공백을 포함할 수 없으며 유니코드 문자인 한글도 변수 이름으로 사용할 수는 있지만 추천하지 않는다.

③ 변수 이름은 숫자로 시작할 수 없다.

다른 말로 하면 첫 글자는 반드시 문자나 밑줄 문자로 시작해야 한다.

④ 변수가 수행하는 역할을 드러내는 이름이 좋은 변수 이름이다.

파이썬 인터프리터가 오류로 판명하지는 않지만 좋은 프로그램 작성을 위해서 변수 이름을 정할 때 지켜야 하는 암묵적인 규칙 중 하나는 **변수의 이름은 변수가 수행하는 역할을 드러낼 수 있도록 하라**는 것이다. 예를 들어 모든 값의 합은 total로, 모든 값의 평균은 average로 하면 코드를 읽을 때 이해하기 쉽다. 간혹 학생들의 코드를 보면 모든 변수 이름을 a, b, c, i, j, k 등으로 사용하는 경우를 볼 수 있는데, 이런 습관은 프로그램이 길어지게 되면 자신도 이해하기 어렵고 오류를 찾기도 힘들어진다. 특히 다른 컴파일러 언어와 달리 파이썬은 따로 변수를 정의하는 문장 없이 변수에 값을 대입하는 것만으로도 변수를 사용할 수 있기 때문에, 변수 이름을 의미 있게 작성하는 습관은 정말로 중요하다.

그림 2-4는 파이썬에서 사용할 수 있는 변수 이름과 사용할 수 없는 변수 이름의 예다.

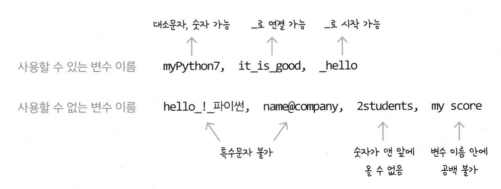

그림 2-4 변수 이름으로 사용할 수 있는 예와 불가능한 예

2.6 표현식

다음으로 변수, 숫자 및 연산자(operator)로 이루어진 표현식(expression)에 대해 살펴보자.

● 산술 연산자 : + - * / // % **

파이썬에서 사용되는 산술 연산자는 표 2-2와 같다. 산술 연산자 가운데 덧셈, 뺄셈, 곱셈, 나눗셈 등은 수학에서 사용하는 것과 비슷하다. 단, 곱셈 연산자는 ×로 표시하면 알파벳 'x'와 혼동이 일어나기 쉬우므로 *를 사용하며, 나누기는 ÷ 대신 /와 //를 사용한다. 두 개의 나누기 연산자의 차이는 //는 정수 나눗셈을 의미하여 몫의 결과가 항상 정숫값이다. 즉, 7//2는 3.5가 아니고 3이다. %는 나누기 연산의 나머지 값을 구하는 모듈

표 2-2 산술 연산자의 종류

산술 연산자	의미	예
+	덧셈	2 + 3 → 5
-	뺄셈	4 - 3 → 1
*	곱셈 (수학의 × 기호대신 * 사용)	2 * 3 → 6
/	나눗셈	7 / 2 → 3.5
//	정수 나눗셈 (결과는 정수 형태의 몫)	7 // 2 → 3
%	나머지	7 % 2 → 1
**	거듭제곱	2 ** 3 → 8 (2^3 의미)

러(modulo) 연산자다. 마지막으로 거듭제곱을 나타내는 연산자는 **를 사용한다.

산술 연산자 외에 비교 연산자(==, !=, >, <, >=, <=)와 논리 연산자(and, or, not) 등 다양한 연산자에 대해서는 나중에 차츰 다루도록 하자.

● 연산자 우선순위

하나의 표현식에는 다양한 연산자, 숫자 및 변수들이 함께 포함되며, 수학과 마찬가지로 연산자에 적용되는 우선순위(priority)가 있다. 괄호( )의 우선순위가 가장 높아서 가장 먼저 처리되며, 거듭제곱 연산자가 그 다음이고, 곱셈/나눗셈/나머지 연산자가 그 다음이며, 덧셈/뺄셈은 가장 낮은 우선순위를 갖는다. 만약 우선순위가 같은 연산자라면 식에서 먼저 나온 순서대로 처리되며 수학과 마찬가지로 괄호 연산자를 이용하여 우선순위를 변경할 수 있다. 예를 들어 살펴보자. 다음과 같이 수식을 파이썬 표현식으로 나타낼 때 이를 해석하는 순서는 그림 2-5와 같다.

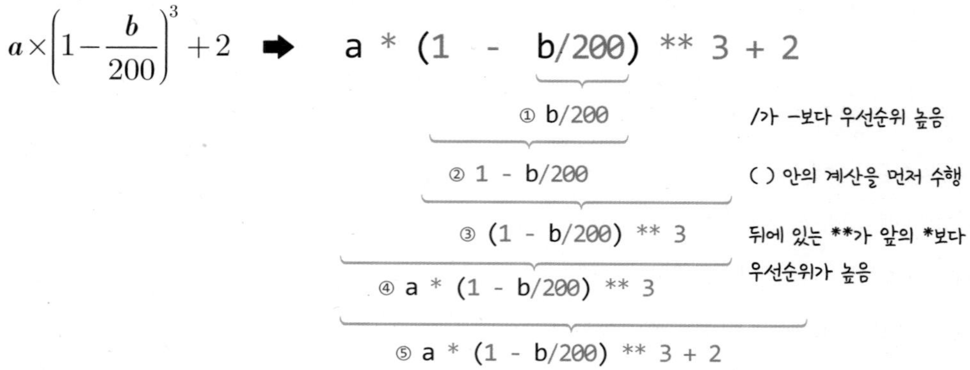

$$a \times \left(1 - \frac{b}{200}\right)^3 + 2 \Rightarrow \text{a * (1 - b/200) ** 3 + 2}$$

① b/200   /가 –보다 우선순위 높음

② 1 - b/200   ( ) 안의 계산을 먼저 수행

③ (1 - b/200) ** 3   뒤에 있는 **가 앞의 *보다 우선순위가 높음

④ a * (1 - b/200) ** 3

⑤ a * (1 - b/200) ** 3 + 2

그림 2-5 연산 순서

● 표현식을 단계별로 나누면 이해하기 쉽다

파이썬 표현식은 다음과 같이 여러 개의 연산자와 숫자 및 변수들을 복잡하게 연결하여 한 줄로 표현할 수 있고, 이 경우 각각의 연산자 우선순위에 따라 적절하게 계산된다.

```
p = (x + y**2)**3 + 2*(x + y**2) + (x**2 + 1)**y
```

그러나 이와 같이 한 줄로 길게 표현된 형태는 사람이 이해하기 어렵다. 이보다는 식을 단계별로 쪼개고, 중간 결과를 변수에 저장한 후 이용하는 것이 좋다. 특히 여러 번 반복적으로 나오는 표현식은 변수에 결과를 저장한 후 사용하는 것을 추천한다. 즉, 앞의 식은 다음과 같이 단계별로 나누어서 표현하는 것이 이해하기 쉽고, 중간 결과를 확인할 수 있어서 오류 찾는 데도 용이하다.

```
a = x + y**2
b = x**2 + 1
p = a**3 + 2*a + b**y
```

2.7 자료형 변환 함수

앞에서 우리는 모든 값은 각각의 자료형을 갖는다고 배웠다. 프로그램을 작성하다 보면 각 변수의 자료형이 무엇인지 구분해야 하는 경우가 생기고, 때로는 데이터의 자료형을 다른 자료형으로 변경해야 하는 경우가 발생하는데, 이때 사용하는 파이썬 함수를 알아보자.

● 값이 어떤 자료형인지 알려주는 함수 - type()

type() 함수는 괄호() 안에 들어가는 값에 대한 자료형을 나타내 준다. 다음의 왼쪽 코드를 수행한 결과는 오른쪽과 같다.

```
print(type(7))
print(type(7.0))
print(type("7"))
print(type(7//3))
print(type(7/3))
```
➡
```
<class 'int'>
<class 'float'>
<class 'str'>
<class 'int'>
<class 'float'>
```

결과를 보면 7과 7.0은 서로 다른 자료형이며 "7"은 숫자가 아닌 문자열이므로 "7"+1과 같은 계산식은 오류를 발생시킨다. 7//3의 결과는 정숫값 2이므로 자료형은 정수(int)가 된다.

● 다른 자료형으로 변환해 주는 자료형 변환 함수

값의 자료형을 다른 자료형으로 변경할 때는 자료형 변환 함수(data type conversion function)를 사용한다.

표 2-3 자료형 변환 함수

형변환 함수	의미	사용 예
int()	괄호 안에 전달된 값을 정수형으로 변경 float 값을 정수로 변경 시 값 손실 발생 가능	int("7") → 7 int(7.84) → 7
float()	괄호 안에 전달된 값을 실수형으로 변경	float("7.5") → 7.5 float(7) → 7.0
str()	괄호 안에 전달된 값을 문자열로 변경	a = str(7) print(type(a)) → <class 'str'>

 아하, 그렇군요 3   나머지 연산자 %

+, -, *, / 연산자는 수학에서의 의미와 프로그램에서의 의미가 동일하며 쉽게 이해할 수 있다. 이와 함께 산술 연산자로 %(나머지 연산자, modulo operator)가 있다. 기본적으로 나머지 연산자의 기능은 나누기 연산에서의 나머지 값을 구하는 것이다. 즉, 10%3의 결과는 1이다. 그러나 프로그램 작성 시에 % 연산자는 사용하는 숫자의 범위를 제한하거나, 조건문을 간결하게 해주는 등 다양한 용도로 사용된다.

예를 들어 어떤 숫자 x를 입력받아 x가 짝수인지 홀수인지를 구분하는 프로그램을 작성한다고 생각해 보자. 이때 사람이 생각하는 방법으로는 x의 마지막 숫자가 0, 2, 4, 6, 8이면 짝수이고, 1, 3, 5, 7, 9인 경우에는 홀수라고 생각할 수 있지만, 이것을 프로그램으로 작성할 때는 x%2==0, 즉 x를 2로 나눈 나머지가 0인 경우에 짝수라고 판단할 수 있다. 또한 처리하는 값의 범위를 0~999 사이로 제한하고 싶은 경우 x=x%1000을 이용하여 x 값의 범위를 한정할 수 있다. 이와 같이 % 연산자를 활용하면 프로그램을 좀 더 간결하고 쉽게 작성할 수 있다.

2.8 입력과 출력

마지막으로 파이썬의 표준 입출력(input/output) 방법에 대해 알아보자.

● **print() 함수를 이용하여 출력하기**

이미 우리는 숫자와 문자열을 표준 출력 장치인 스크린으로 보여주는 함수인 **print()**를 사용했다. print() 함수에서는 다양한 방법으로 출력을 제어할 수 있으나 우선은 가장 기본적인 것들만 예를 통해 알아보도록 하자.

📁 **코드 2-1**: 출력 함수   Chap02_L01.py

```
01  print(1)                      # 1  ⟶  숫자 1을 출력하고 자동으로 줄바꿈이 발생
02  print("abc")                  # abc  ⟶  문자열을 출력하게 되면 따옴표는 화면에 나타나지 않음
03  print(1,2,3)                  # 쉼표(,)를 사이에 넣고 나열하면 공백을 한 칸씩 두고 한 줄로 출력됨
04  print(1, end=" ")            # 1이 출력된 후 줄바꿈이 일어나지 않고 뒤에 공백 한 칸이 추가됨
05  print(2, end="")             # 그러므로 1 뒤에 2가 출력되고 이때는 뒤에 공백이 추가되지 않음
06  print(3)                     # 1 23 즉, 3이 2 바로 뒤에 붙어서 출력되며 자동 줄바꿈이 수행됨
07  print()                      # 괄호 안에 아무것도 없는 경우 한 줄 띄기 수행 (new line)
08  x = 10
09  print(x, "+ 1 =", x+1)       # 10 + 1 = 11  ⟶  변숫값인 숫자와 문자열을 한 줄에 출력하게 됨
10  print ("[Hello]\n[Python]")    # \n으로 줄바꿈을 수행
```

```
1
abc
1 2 3
1 23
          ⟶  한 줄 띄워짐

10 + 1 = 11
[Hello]  ⟶  줄바꿈이 수행됨
[Python]
```

print() 함수를 수행하면 괄호 안의 값을 출력하고 다음 줄로 줄바꿈을 수행한다. 이는 print() 함수에서 기본적으로 값을 출력한 후에 줄바꿈을 수행하기로 약속되어 있기 때문이다. 만약 줄바꿈을 하는 대신 공백을 하나 추가하고 싶은 경우에는 end=" "과 같이 명시해 주면 된다. 또한 문자열 안에서 명시적으로 줄바꿈을 수행하고 싶은 경우에는 \n(역슬래시 n)을 추가한다. 그러므로 print("[Hello]\n[Python]") 문의 결과는 두 줄로 출력된다.

● 사용자의 입력을 받는 input() 함수

이번에는 프로그램에서 필요로 하는 값을 사용자로부터 입력받는 방법에 대해 알아보자. input() 함수에 전달되는 문자열 값은 사용자의 입력을 대기할 때 화면에 프롬프트로 출력될 문자열이다. 다음 그림 2-6에서 "나이를 넣으세요"와 같은 프롬프트를 스크린에 출력한 후, 사용자가 값을 입력하면 문자열 형식으로 받아와서 결과를 반환(return)한다. 그림 2-6에서는 입력된 "20"이라는 문자열을 변수 age 값으로 대입하는 것을 보여준다. input() 함수의 결과는 비록 사용자가 숫자 형태를 입력하더라도 항상 문자열 형태로 반환된다.

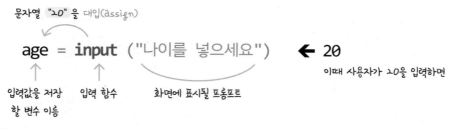

그림 2-6 파이썬 입력 함수 input()

📁 **코드 2-2: 사용자로부터 입력**   Chap02_L02.py

```
01    name = input("What is your name? ")
02
03    ''' 이 부분은 여러 줄 주석임
04    화면에 What is your name? 이 출력되고 커서가 입력을 기다린다.
05    사용자가 이름을 입력하고 [Enter] 키를 누르면 입력된 값이 name이란 변수에 저장된다. '''
```

```
06
07    print("Hello", name)
08    s = input("Enter an integer: ")    # input 함수를 통해 입력받은 모든 값은 문자열 형태이므로
09    n = int(s)           # 숫자를 입력받아 계산하기 위해서는 입력된 문자형을 정수형으로 변경해야 함
10    print(n**2)
```

```
What is your name? 홍길동
Hello 홍길동
Enter an integer: 7
49
```

만약 input() 함수로 입력받은 문자열을 숫자로 변경하지 않고 계산하면 어떻게 될까? print(n**2) 대신 print(s**2)를 수행해 보면 다음과 같은 오류가 발생한다.

builtins.TypeError: unsupported operand type(s) for ** or pow(): 'str' and 'int'

오류 문구를 살펴보면 "문자열인 s값으로 ** 즉, 거듭제곱 연산을 하는 것이 지원되지 않는다." 즉, 정수나 실수가 아닌 문자열은 ** 연산을 수행할 수 없는 자료형이므로 TypeError, 즉 자료형과 관련된 오류라고 알려준다. 그러므로 input() 함수로 입력받은 값을 계산에 사용하려면 반드시 먼저 int()나 float() 함수를 사용하여 숫자 형태로 형변환을 수행해야 한다.

Step by Step

각 장을 마무리하면서 해당 장에서 배운 내용을 정리하는 데 도움이 되는 문제를 함께 해결해 보도록 한다. Step by Step 코너에서는 주어진 문제를 해결하는 과정을 단계별로 분해하여 하나씩 설명한다. 이때 학생 여러분은 풀이 과정의 코드를 가리고, 설명문을 기반으로 각 단계를 스스로 작성해 본 후, 정답 코드와 비교하는 방식으로 연습하기 바란다. 이 코너의 목적은 주어진 문제를 분석하고 단계별로 분해해서 해결할 수 있는 문제 해결력을 키우는 것이다.

4개의 정수 a, b, c와 x의 값을 사용자로부터 입력받은 후, 연산식 ax^2+bx+c의 결과를 출력하는 프로그램을 작성하여라.

풀이 단계

01   문제를 읽고나서 처음 여러분이 결정해야 하는 것은 바로 프로그램의 입력을 명확하게 결정하는 것이다. 이 문제는 a, b, c, x라는 4개의 입력값을 사용자로부터 입력받는다고 했고, 입력받은 값은 모두 정수형이다.

02   사용자로부터 값을 입력받을 때는 input() 함수를 사용할 수 있다. 이때 프로그램에서는 사용자에게 정확한 프롬프트를 제시해 주어야 한다. 간혹 학생들의 프로그램을 실행시켜보면, 사용자의 입력을 기다리는 단계에서 아무런 지시 사항이 없이 커서만 깜빡거리도록 프로그램이 작성된 경우를 볼 수 있다. 그러나 여러분이 작성한 프로그램을 사용하는 사람들은 이 프로그램이 어떻게 구성되어 있고 무슨 값을 넣어야 하는지 모른다는 점을 항상 기억하고, 단계별로 사용자에게 명확한 지시 내용을 전달할 수 있도록 해야 한다.

```
input ("a 값을 넣으세요: ")
```

03   input() 함수로 입력받은 결괏값은 항상 문자열 형태이다. 그러므로 수식으로 사용하기 위해서는 형변환을 수행해야 한다. 정수형 값이므로 int() 함수를 이용하여 입력값을 받아 변수에 저장하도록 수정한다.

```
a = int(input("a 값을 넣으세요: "))
```

04   동일한 방법으로 b, c, x 값을 모두 입력받는다.

05 이 프로그램의 최종 목표는 연산식 ax^2+bx+c의 값을 출력하는 것이다. 그러므로 입력받은 값을 이용하여 식의 값 y를 계산한다. 이때 x^2을 계산하는 방법은 x**2 혹은 x*x를 이용할 수 있다.

```
y = a * x ** 2 + b * x + c
```

06 마지막으로 구해진 결괏값 y를 print() 함수를 이용하여 출력한다.

```
print("2차 방정식의 결과:", y)
```

07 최종 프로그램과 이를 수행한 결과는 다음과 같다.

📁 Chap02 Step by Step   Chap02_P00.py

```
01   a = int(input("a 값을 넣으세요: "))
02   b = int(input("b 값을 넣으세요: "))
03   c = int(input("c 값을 넣으세요: "))
04   x = int(input("x 값을 넣으세요: "))
05
06   y = a * x ** 2 + b * x + c
07
08   print("2차 방정식의 결과:", y)
```

```
a 값을 넣으세요: 1
b 값을 넣으세요: -4
c 값을 넣으세요: 7
x 값을 넣으세요: 3
2차 방정식의 결과: 4
```

연습문제

각각의 문제에 주석 처리된 # ADD ADDITIONAL CODE HERE!
부분을 지우고 해당 부분을 알맞게 채워서 프로그램을 완성하여라.

❶ 다섯 개의 변숫값 a, b, c, d, e를 사용자로부터 입력받은 후, 그림과 같은 방법으로 값을 변경한 후(a값을 b에게, b값은 c에게 … e값은 a에게 대입), 그 결괏값을 출력하여라.

❶ 힌트 파이썬에서 제공하는 다중 대입문을 사용하면 쉽게 처리할 수 있다.

```
a = input("a 값을 넣으세요: ")                              (Chap02_P01.py)
b = input("b 값을 넣으세요: ")
c = input("c 값을 넣으세요: ")
d = input("d 값을 넣으세요: ")
e = input("e 값을 넣으세요: ")
print("변경 전:", a, b, c, d, e)
# ADD ADDITIONAL CODE HERE!

print("변경 후:", a, b, c, d, e)
```

```
a 값을 넣으세요: 1    ──→  사용자가 1 값을 입력하고 [enter]
b 값을 넣으세요: 2
c 값을 넣으세요: 3
d 값을 넣으세요: 4
e 값을 넣으세요: 5
변경 전: 1 2 3 4 5
변경 후: 5 1 2 3 4
```

❷ 길이를 재는 단위 중에 인치(inch)와 센티미터(cm)가 있다. 사용자로부터 인치 단위의 숫자를 입력받아 센티 단위로 변환하는 프로그램을 작성하여라. 이때 1inch는 2.54cm와 같다.

❶ 힌트 사용자로부터 입력받은 inch 값을 계산에 사용하기 위해서는 주어진 템플릿과 같이 inch=float(inch)와 같이 형변환을 수행해야 한다. 이는 input() 함수가 항상 문자열 형태의 값을 반환하기 때문이다. 예를 들어, 사용자가 숫자 3을 키보드로 입력하더라도 문자열 "3"이 전달되므로 이를 int("3")과 같이 정수형으로 변환해야 사칙연산이 가능하다. 이 문제에서는 입력되는 인치값을 실수형인 float로 변환하여 계산을 수행한다. 즉, 문자형 값 inch 변수를 실수형 값으로 형변환하여 동일한 변수 이름인 inch에 저장하는 과정을 이해하자.

```
inch = input ("인치 단위 길이: ")                                          (Chap02_P02.py)
inch = float(inch)    # input() 함수는 문자열을 반환하므로 계산을 위하여 형변환이 필요함
# ADD ADDITIONAL CODE HERE!
#length =
print("센티 길이:", length)
```

```
인치 단위 길이: 10
센티 길이: 25.4
```

❸ 온도를 재는 단위에는 화씨(Fahrenheit)와 섭씨(Celsius)가 있다. 화씨 온도를 입력받아 섭씨 온도 값으로 변환하여 출력하는 프로그램을 작성하여라.

화씨 온도(F)를 섭씨 온도(C)로 변환하는 공식은 다음과 같다.

$$C = (F - 32) \cdot \frac{5}{9}$$

```
F = input ("화씨온도: ")                                                  (Chap02_P03.py)
# ADD ADDITIONAL CODE HERE!
print("섭씨온도:", C)
```

```
화씨온도: 41
섭씨온도: 5.0

화씨온도: 81
섭씨온도: 27.222222222222225
```

❹ 2차원 평면에서 왼쪽 아래 점의 좌표 (x1，y1)과 오른쪽 위 점의 좌표 (x2，y2)로 이루어진 사각형의 면적을 구하는 프로그램을 작성하여라. 이때 x1, y1, x2, y2는 모두 정숫값으로 사용자로부터 입력받는다.

○가정: 입력되는 값은 항상 x1<x2와 y1<y2의 조건을 만족한다.

```
x1 = int(input("x1 값을 넣으세요: "))    # 입력하면서 동시에 형변환을 수행함    (Chap02_P04.py)
y1 = int(input("y1 값을 넣으세요: "))
x2 = int(input("x2 값을 넣으세요: "))
```

```
y2 = int(input("y2 값을 넣으세요: "))
# ADD ADDITIONAL CODE HERE!
print("사각형의 면적:", area)
```

```
x1 값을 넣으세요: 1
y1 값을 넣으세요: 2
x2 값을 넣으세요: 5
y2 값을 넣으세요: 7
사각형의 면적: 20
```

❺ 삼각형을 이루는 세 변의 길이를 나타내는 float형 변수 a, b, c를 사용자로부터 입력받아 삼각형의 면적을 출력하는 프로그램을 작성하여라. 세 변의 길이를 알고 있을 때 삼각형의 면적을 구하는 공식은 다음과 같다.

$$세 \ 변의 \ 길이가 \ a, b, c 일 \ 때 \ s = \frac{a+b+c}{2} 라 \ 하면,$$

$$삼각형의 \ 면적 = \sqrt{s(s-a)(s-b)(s-c)}$$

○가정: 입력되는 a, b, c는 삼각형의 세 변을 이루기 위한 조건인 a+b>c, b+c>a, c+a>b를 만족한다.

❶ 힌트 $\sqrt{x}$ 값은 $x^{0.5}$과 같은 의미이므로 x**0.5로 구할 수 있다.

```
a = float(input("a 값을 넣으세요: "))                          (Chap02_P05.py)
b = float(input("b 값을 넣으세요: "))
c = float(input("c 값을 넣으세요: "))
# ADD ADDITIONAL CODE HERE!
# s = ...          # 계산에 필요한 값들을 적절한 변수에 저장하여 사용
# area = ...
print("삼각형의 면적:", area)
```

```
a 값을 넣으세요: 3
b 값을 넣으세요: 4
c 값을 넣으세요: 5
삼각형의 면적: 6.0

a 값을 넣으세요: 3
b 값을 넣으세요: 5
c 값을 넣으세요: 7
삼각형의 면적: 6.49519052838329
```

핵심 노트

✱ 모든 값(value)은 자료형(data type)을 갖는다

- int 정수: 0 1 2

- float 실수: 3.14

- str 문자열: 'a' "a" "a" """a"""

✱ 변수에 값을 대입

대입 (assign)

name = "홍길동"

변수 이름   대입 연산자   변숫값

✱ x=x+1의 의미는 기존의 x값에 1 더해서 다시 x라는 변수에 대입

✱ 다중 대입

a, b, c = 1, 2, 3

✱ 변수 이름 규칙:

- 키워드 사용 안 됨

- 숫자로 시작 안 됨

- 문자, 숫자, _ (underbar)로 구성

✱ 산술 연산자: / 나누기 // 정수 나누기 % 나머지 ** 제곱

✱ 자료형 알려주기 type()

✱ 자료형 바꿔주기 int() float() str()

✱ 입력 함수 input()

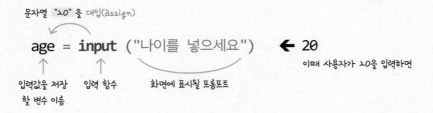

문자열 "20" 을 대입(assign)

age = input ("나이를 넣으세요") ← 20

입력값을 저장   입력 함수   화면에 표시될 프롬프트   이때 사용자가 20을 입력하면
할 변수 이름

함수

학습목표

- 함수의 개념과 필요성을 설명할 수 있다.

- 파이썬 내장 함수의 의미를 이해하고 대표적인 내장 함수를 사용할 수 있다.

- 모듈의 개념을 이해하고 표준 라이브러리를 import할 수 있다.

- math 모듈을 import하고 대표적인 함수들을 사용할 수 있다.

- def 키워드를 이용하여 사용자 정의 함수를 정의하고 이를 호출할 수 있다.

- 매개변수와 전달 인수와의 관계를 설명할 수 있다.

- None 객체가 함수의 반환값으로 사용되는 경우를 설명할 수 있다.

- 들여쓰기에 따라 달라지는 파이썬의 구조를 설명할 수 있다.

3.1 함수의 개념

● **주어진 입력을 이용하여 정해진 업무를 수행하고 결과를 돌려주는 함수**

이번 장에서는 함수(function)에 대해 살펴보자. 파이썬의 함수는 수학에서의 함수 개념과 매우 유사하다. 즉, 입력을 받고 주어진 입력값을 이용하여 정해진 업무를 수행한 후, 결괏값을 반환(return)하는 것이 함수의 역할이다. 이는 마치 같은 떡기계를 사용해도 넣는 재료에 따라 여러 가지 떡이 만들어지는 것에 비유할 수 있다. 물론 어떤 작업을 할 때 함수를 전혀 사용하지 않고도 프로그램을 만들 수 있지만, 프로그램이 복잡하고 같은 코드가 반복될 때는 함수를 정의하여 사용하면 코드가 훨씬 간결하고 명확해진다.

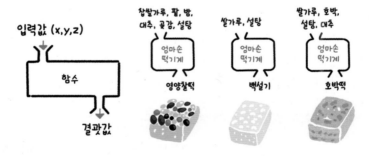

그림 3-1 함수의 입력값과 결괏값

지난 장에서 배운 변수, 표현식과 마찬가지로 함수를 정의하고 사용하는 것은 수학에서의 표현법과 유사하다. 먼저 수학에서의 함수를 살펴보면 함수는 입력에 대응하는 결괏값을 결정한다. 즉, $f(x)=2x+1$이라 정의하고 x에 2 값을 대입하는 $f(2)$를 호출하면 결괏값 5가 반환된다. 마찬가지로, 파이썬에서의 함수도 입력에 대응하는 결괏값을 생성하는 과정을 기술한다. 수학에서와 같이 파이썬에서도 함수를 먼저 **정의**하고 이를 **사용**하는 단계를 거친다.

● 파이썬의 세 가지 함수 종류

파이썬에서 우리가 사용하게 될 함수는 다음과 같은 세 가지 종류다.

- 내장 함수
- 표준 라이브러리 내의 함수
- 사용자가 직접 만드는 사용자 정의 함수

파이썬에서는 print()와 같이 누구에게나 필요할 것 같은 기본 함수들은 내장 함수로 정의하여 특별한 함수 정의 없이 함수 호출(call)만으로 사용할 수 있도록 제공하고 있다. 또한, 내장 함수보다는 덜 범용적이지만 특별한 목적을 갖는 함수들을 따로 모아서 파일을 생성하고 이를 프로그래머들이 사용할 수 있도록 파이썬을 설치할 때 같이 배포되는 것들이 표준 라이브러리다. 마지막으로 사용자가 원하는 함수를 직접 정의(define)하여 사용할 수도 있다. 이제부터 각각에 대해 자세히 살펴보자.

3.2 내장 함수

● 누구에게나 필요할 것 같은 기능들은 내장 함수로 미리 정의하여 제공

함수는 프로그래머가 직접 정의해서 사용할 수 있지만 기본적으로 많은 함수들이 파이썬 내부에 이미 정의되어 있어서 우리가 그것을 불러서 사용할 수 있다. 우리가 지금까지 사용했던 print(), type(), int(), float() 함수들 역시 파이썬 자체에서 정의하여 제공하는 내장 함수(built-in functions)들이다.

파이썬에서 제공하는 70여 개 이상의 내장 함수 리스트는 다음과 같다.

```
'abs', 'all', 'any', 'ascii', 'bin', 'bool', 'breakpoint', 'bytearray', 'bytes',
'callable', 'chr', 'classmethod', 'compile', 'complex', 'copyright', 'credits',
```

```
'delattr', 'dict', 'dir', 'divmod', 'enumerate', 'eval', 'exec', 'exit', 'filter',
'float', 'format', 'frozenset', 'getattr', 'globals', 'hasattr', 'hash', 'help',
'hex', 'id', 'input', 'int', 'isinstance', 'issubclass', 'iter', 'len', 'license',
'list', 'locals', 'map', 'max', 'memoryview', 'min', 'next', 'object', 'oct',
'open', 'ord', 'pow', 'print', 'property', 'quit', 'range', 'repr', 'reversed',
'round', 'set', 'setattr', 'slice', 'sorted', 'staticmethod', 'str', 'sum',
'super', 'tuple', 'type', 'vars', 'zip'
```

이들 내장 함수의 세부 사항과 사용법은 다음 사이트를 참고하기 바란다.

📎 https://docs.python.org/3/library/functions.html

● **자주 사용하는 몇 가지 내장 함수의 의미와 실행 예**

이 가운데 자주 사용하는 몇 가지 내장 함수의 의미와 실행 예는 표 3-1과 같다.

표 3-1 파이썬 내장 함수의 의미와 사용 예

함수	의미	실행 예
abs	절댓값 반환	abs(-3) → 3
chr	ASCII 코드에 해당하는 문자 반환	chr(97) → 'a'
dir	객체의 속성과 메서드를 보여줌	dir(list)
eval	문자열을 실행한 결과 반환	eval('1+3') → 4
id	객체의 고유 주솟값(레퍼런스) 반환	id(a) → 1611560457200
input	사용자의 입력을 받아 문자열 형태로 반환	a = input("Enter: ")
int	정수형으로 변환	int('132') → 132
len	항목의 개수 반환	len([1,2,3]) → 3
list	반복 가능한 인수를 리스트 형태로 반환	list("abc") → ['a','b','c']
max	최댓값 반환	max([1,2,3]) → 3
min	최솟값 반환	min([1,2,3]) → 1
open	파일 열기	open("input.txt")

ord	문자의 ASCII 코드 값 반환	ord('a') → 97
range	입력받은 숫자에 따라 정수 범위를 객체로 반환	list(range(5)) → [0,1,2,3,4]
round	반올림 값 반환	round(3.7) → 4
sorted	인수 값을 정렬하여 리스트로 반환	sorted([3,2,1]) → [1,2,3]
		sorted("axbs") → ['a','b','s','x']
str	문자열 형태로 변환	str(123) → '123'
sum	항목들의 합 반환	sum([1,2,3]) → 6
type	입력 인수의 자료형 반환	type(123) → <class 'int'>

모듈

● **특정 작업에 필요한 함수, 변수, 클래스를 한곳에 모아 놓은 모듈**

모듈(module)이란 파이썬 함수나 변수 혹은 클래스 등을 모아 놓은 파일을 말한다. 나에게 필요한 기능들은 아마 다른 사람에게도 필요했을 것이다. 그래서 파이썬 내에는 이미 여러 개발자들이 만들어 놓은 많은 모듈들이 있고, 그중 중요한 몇몇 모듈은 **표준 라이브러리**라는 이름으로 파이썬을 설치할 때 함께 제공된다. 우리는 필요한 모듈을 잘 불러서 사용하기만 하면 된다. 보통 각각의 기능은 함수로 구현되므로 모듈은 함수들을 묶어 놓은 것으로 볼 수 있으며, 하나의 파이썬 파일이(확장자가 **.py**) 하나의 모듈이 된다.

파이썬 표준 라이브러리(Python standard library)는 날짜와 시간을 처리하거나(**datetime**), 수학 계산을 위한 다양한 함수(**math**), 시스템의 정보를 다룰 수 있는 모듈(**sys**) 등 100여 가지 이상의 라이브러리를 포함한다. 예를 들어 수학 계산 시 자주 사용되는 제곱근, 삼각함수, 지수함수, 로그 등의 많은 수학 관련 함수들은 **math**라는 라이브러리에 모아서 정의되어 있다. 전체 목록은 다음 사이트에서 확인할 수 있다.

📎 https://docs.python.org/3/library/index.html

● 모듈을 사용하려면 import해야 한다

미리 정의된 모듈 안의 함수를 사용하려면 사용하기 전에 어디에 정의되어 있는지를 프로그램에게 알려주어야 하는데 이것이 바로 **import** 구문이다.

$$\textbf{import} \quad \text{math}$$

↖ 모듈 이름

그림 3-2 파이썬의 모듈 import

● 수학 관련 모듈- math

파이썬 셸에서 **math** 모듈을 **import**한 후 포함된 함수 목록을 살펴보자. 이때는 파이썬에서 어떤 객체가 갖고 있는 속성(attribute)과 메서드(method)의 리스트를 보여주는 **dir()**이라는 내장 함수를 사용할 수 있다.

> 용어 메서드(method)
> 클래스에 속한 객체들에 대한 동작을 수행하도록 클래스 안에서 정의된 함수를 메서드라 한다. 14장에서 배울 클래스의 개념을 이해하기 전에는 우선 일반적인 함수와 비슷하다고 생각하면 된다.

```
>>> import math
>>> dir(math)
['__doc__', '__loader__', '__name__', '__package__', '__spec__', 'acos', 'acosh',
'asin', 'asinh', 'atan', 'atan2', 'atanh', 'ceil', 'comb', 'copysign', 'cos',
'cosh', 'degrees', 'dist', 'e', 'erf', 'erfc', 'exp', 'expm1', 'fabs',
'factorial', 'floor', 'fmod', 'frexp', 'fsum', 'gamma', 'gcd', 'hypot', 'inf',
'isclose', 'isfinite', 'isinf', 'isnan', 'isqrt', 'lcm', 'ldexp', 'lgamma', 'log',
'log10', 'log1p', 'log2', 'modf', 'nan', 'nextafter', 'perm', 'pi', 'pow', 'prod',
'radians', 'remainder', 'sin', 'sinh', 'sqrt', 'tan', 'tanh', 'tau', 'trunc',
'ulp']
```

math 모듈에 포함된 함수들을 사용하여 왼쪽에 있는 수학식을 파이썬 프로그램으로 표현하면 오른쪽과 같다.

수학식	프로그램 표현

$$a = \sqrt{17}$$

$$b = \cos\left(\frac{\pi}{3}\right)$$

$$c = \sin\left(60°\right)$$

$$d = \log_e(20 \cdot b)$$

$$e = \cos\left(b \cdot \cos\left(a + \sqrt{c+1}\right) - 2\right)$$

```python
import math

a = math.sqrt(17)

b = math.cos( math.pi * 1/3)

c = math.sin(60 * math.pi / 180)

d = math.log(20 * b)

e = math.cos(b * math.cos(a + math.sqrt(c+1)) - 2)
```

이때 파이썬에서 사용하는 삼각함수들은 호도법의 라디언(radian)을 입력 인수의 단위로 사용하기때문에 60도(degree)를 표현하려면 **60*math.pi/180**으로 변환하여 처리해야 한다는 점을 기억하자.

● **중간 결과를 저장하여 코드의 가독성 높이기**

앞의 프로그램 중 변수 e의 계산식의 경우는 식이 너무 길어서 한눈에 알아보기 어렵다. 이런 경우에는 계산식을 부분적으로 나누어서 각 단계별 중간 결과를 변수에 저장한 후 이를 이용하여 계산하면 프로그램을 이해하기 쉬워지고 중간에 오류를 찾기도 쉽다.

```python
e = math.cos(b * math.cos(a + math.sqrt(c+1)) - 2)
```

```python
x1 = a + math.sqrt(c+1)
x2 = b * math.cos(x1) - 2
e  = math.cos(x2)
```

 아하, 그렇군요 4 **모듈 import하기**

프로그램 외부에서 작성된 모듈을 사용하기 위해서는 파일 내부에서 해당 모듈을 import해주어야 한다. import는 '수입한다/들여온다' 등의 의미로, 주로 내가 작업하는 공간 안으로 사용하고 싶은 대상을 불러오는 작업을 의미한다.

```
import 모듈이름
```

이렇게 모듈을 import한 후, 프로그램에서 모듈에 포함된 함수를 사용할 때는 **모듈이름.함수이름**과 같이 소속을 같이 표시하여 사용한다.

```
>>> import math
>>> print(math.sin(math.pi*1/3))  ──→ sin()과 pi는 math 모듈에 포함된 함수와 상숫값
```

모듈에 포함된 함수 중에서 원하는 함수들만 import해 오고 싶은 경우에는 **from**이라는 키워드를 함께 사용하여 원하는 함수만 선별적으로 import할 수 있다. 여러 개의 함수가 필요하다면 쉼표(,)를 이용하여 연결하면 된다. 이렇게 import한 함수를 사용할 때는 함수 앞에 모듈 이름을 생략하고 직접 사용한다.

> from 모듈이름 import 함수이름들

```
>>> from math import sin, pi
>>> print(sin(pi*1/3))  ──→ sin()과 pi 앞에 math.과 같은 소속을 쓰지 않음
```

만약 불러와야 할 함수의 수가 많다면 일일이 다 나열하기 보다는 '**모두**'를 의미하는 *****를 사용할 수 있다.

```
>>> from math import *  ──→ math에 포함된 모든 함수와 상숫값을 사용할 수 있음
>>> print (pi)  ──→ math.이 붙지 않음
```

3.4 사용자 정의 함수

● **사용자 스스로 함수 정의하기**

이제 원하는 함수를 사용자 스스로 정의하여 사용하는 **사용자 정의 함수**(User-Defined Function)에 대해 알아보자. 어떤 프로그래밍 언어를 배울 때나 약간의 암기는 필요하다. 함수 정의

가 바로 그런 부분인데, 그냥 영어 단어를 암기하듯이 함수의 정의 방법을 외우도록 하자.

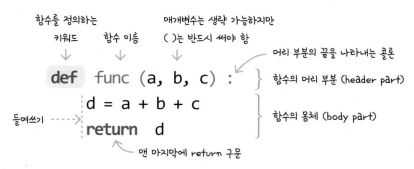

그림 3-3 사용자 함수 정의

● **함수의 머리와 몸체**

함수의 정의는 크게 함수 머리 부분(header part)과 함수 몸체 부분(body part)으로 이루어진다. 함수의 머리 부분은 맨 처음에 함수를 정의한다는 의미로 **def**라는 키워드를 쓰고, 함수의 이름(그림 3-3에서 **func**)을 명시한 후, **괄호** 안에 함수의 매개변수(parameter, 그림 3-3에서 **a, b, c**)를 입력하고, 함수 선언의 머리 부분이 끝났다는 의미로 **콜론**(:)을 붙인다. 함수의 이름은 변수의 이름을 붙이는 규칙과 동일하게 문자와 _(밑줄), 숫자로 구성되며 이 가운데 문자와 밑줄로만 시작할 수 있다. 매개변수는 함수에 입력되는 변수라고 생각하면 된다.

함수의 몸체 부분은 이어지는 공백으로 이루어진 들여쓰기(indentation) 이후에 실제 함수에서 수행할 내용을 넣는다. 함수가 끝나고 결괏값은 **return** 키워드 뒤에 결괏값 혹은 결괏값에 해당하는 표현식을 써 준다. 반환문(return statement)을 만나면 함수는 종료하게 되고 반환 결과를 함수를 부른 위치로 돌려주게 된다.

> **용어** **표현식(expression)**
>
> 표현식이란 평가해서 하나의 값으로 표현될 수 있는 식을 의미한다. 값과 연산자로 이루어진 수식뿐 아니라, 변수와 같은 식별자, True/False와 같은 결과를 생성하는 모든 표현이 포함된다.

● **정의된 함수 호출하기**

정의된 함수를 사용(function call, 호출)하는 방법은 수학에서의 표현법과 같다.

함수 호출　　$d = func(1, 2, 3)$　　$\rightarrow$　　함수 func에 인수 값 1, 2, 3을 넣어 호출
　　　　　　　　　　　　　　　　　　　　　　한 결과 반환값 6은 변수 d에 저장된다

그림 3-4 함수 호출

　　항상 함수를 먼저 정의하고 난 후에 함수를 호출해야 한다. 함수를 정의하기 전에 함수를 호출하게 되면 함수가 정의되지 않았다는 의미의 builtins.NameError: name '~~~' is not defined와 같은 오류가 발생한다.

　　자, 이제부터 직접 몇 가지 함수를 정의하고 이를 호출해 보자.

● **원의 면적을 구하는 함수 circleArea()**

첫 번째로 정의할 함수 **circleArea()**는 원의 면적을 구하는 함수다. 원의 면적을 구하려면 어떤 값을 알아야 할까? 바로 반지름 값이 필요하다. 그러므로 circleArea() 함수의 매개변수는 원의 반지름 **radius**가 된다. 수학에서 반지름 크기가 r인 원의 면적은 πr^2이며, 이때 π는 수학에서 사용하는 3.14159…으로 시작하는 원주율 값이다. 파이썬에서는 무한히 이어지는 원주율 값을 **math** 모듈안에 **pi**라는 상숫값(3.141592653589793)으로 미리 정의해 두었다. 따라서 이 값을 이용하기 위해서는 **math** 라이브러리를 import해야 한다.

📁 **코드 3-1**: 원의 면적 계산　　　　　　　　　　　　　　　　　　　　　Chap03_L01.py

```
01    import math                      # math.pi를 사용하기 위해 모듈을 import
02    def circleArea(radius):          # 함수 정의
03        return math.pi * radius**2   # area = πr²
04
05    print(circleArea(10))            # 함수의 중첩 호출
```

314.1592653589793

　　또한, 하나의 함수 안에서 다른 함수를 호출하여 사용할 수 있다. 이러한 함수 호출을 **중첩 호출(nested call)**이라 한다. 앞의 코드에서 print(circleArea(10))은 중첩 호출의 예다. 이때

수행 순서는 먼저 괄호 안의 circleArea(10)을 수행한 후, 그 결과가 print() 함수의 인수로 전달되어 출력하게 된다.

● **두 점 사이의 거리를 구하는 함수 distance()**

두 번째 함수 **distance()**는 (x1, y1)과 (x2, y2)로 표현되는 이차원 평면상의 두 점 사이의 거리를 계산하는 함수다. 두 점 사이의 거리 계산 공식은 다음과 같다.

$$d = \sqrt{\left(x2 - x1\right)^2 + \left(y2 - y1\right)^2}$$

파이썬 내부에 정의된 제곱근 계산 함수 **math.sqrt()** 함수를 사용해서 제곱근($\sqrt{\ }$)을 계산할 수 있고, math.sqrt() 대신에 ****0.5**를 사용할 수도 있다.

📁 **코드 3-2**: 두 점 사이의 거리   Chap03_L02.py

```
01    import math              ⟶  math.sqrt를 사용하기 위해 모듈 import
02    def distance (x1, y1, x2, y2):
03        u = (x2-x1)**2
04        v = (y2-y1)**2
05        return math.sqrt(u+v)   ⟶  math.sqrt 함수는 제곱근 계산 함수
06
07    dist = distance (1, 1, 4, 5)    # 함수를 호출하고 결괏값을 dist로 대입
08    print(dist)
```

```
5.0
```

● **return 구문 없이 끝나는 함수의 반환값은 None**

지금까지 정의한 함수들은 맨 마지막에 **return**이란 키워드를 사용하여 함수를 호출한 위치로 결괏값을 되돌려주었다. 그러나 다음 코드 3-3의 **printCircleArea()**처럼 return 구문이 없는 함수의 정의도 허용된다. 이런 경우에 파이썬은 자동으로 **None**(아무것도 없음을 의미하는 특별한 파이썬 객체)을 반환한다.

```
01    import math
02    def printCircleArea(radius):
03        print(math.pi * radius**2)    # 함수 안에서 결과를 print할 뿐 결과를 반환하지 않음
04
05    a = printCircleArea(10)           # 함수를 호출함으로써 결과 314.15926535897930 출력됨
06    print(a)                          # 함수에서 반환되는 값 None이 출력됨
```

```
314.1592653589793
None
```

3.5   매개변수와 인수

● 매개변수(parameter)는 함수 정의 시 사용되는 입력 변수, 인수(argument)는 함수 호출 시 전달되는 실제 값

함수를 정의할 때 사용되는 매개변수와 함수를 호출해서 사용할 때 넣어주는 실제 값인 인수(혹은 실인수, 전달 인수)와의 관계는 그림 3-5와 같다. 매개변수는 함수 정의 시 사용되는 입력변수에 대한 형식 변수이고, 인수는 함수 호출 시 직접 전달되는 실제 값이다.

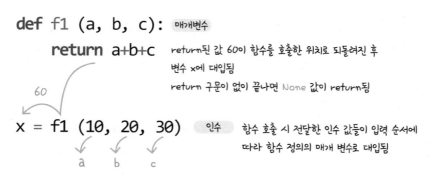

def f1 (a, b, c): 매개변수
    return a+b+c   return된 값 60이 함수를 호출한 위치로 되돌려진 후
                        변수 x에 대입됨
                        return 구문이 없이 끝나면 None 값이 return됨
     60
x = f1 (10, 20, 30)   인수   함수 호출 시 전달한 인수 값들이 입력 순서에
          a b c   따라 함수 정의의 매개 변수로 대입됨

그림 3-5 매개변수와 인수

코드 3-3의 printCircleArea() 함수에서 함수를 호출할 때 넘겨주는 값 **10**이 인수다. 이 경우 함수에서는 해당 값을 radius라는 변수로 대입하게 되는데 이때 radius가 매개변수다. 즉, 함수 호출 시 인수가 매개변수로 대입된다고 생각하면 된다.

● **인수의 이름과 매개변수의 이름 사이에는 아무 관계가 없다**

함수를 호출할 때 사용되는 인수와 매개변수의 이름 사이에는 아무 관계가 없다. 단지 인수의 값만이 <u>쓰여진 순서에 따라</u> 매개변수로 전달된다. 프로그램이 커지고 복잡해지면 사용하는 변수의 수도 많아지게 된다. 이때 한 함수 내에서 사용되는 변수는 다른 함수 내에 사용되는 변수와 전혀 상관이 없도록 독립적으로 처리된다. 이는 마치 우리 집의 첫째 딸과 옆 집의 첫째 딸은 모두 첫째 딸이지만, 서로 다른 사람인 것과 같은 경우다. 즉, 모든 함수는 저마다의 변수 이름에 대한 메모리 영역이 따로 구분되어 있다. 물론 억지로 다른 곳에서 정의된 변수에 접근할 수는 있지만 이런 경우 프로그램의 품질(quality)이 매우 떨어지므로 그런 시도는 하지 않는 것이 좋다. 코드 3-4는 함수로 전달되는 인수 이름과 매개변수의 이름과의 관계를 명확하게 보여준다.

📁 **코드 3-4**: 함수의 인수 전달   Chap03_L04.py

```
01   a = 1
02
03   def f1( m ):
04       a = "f1 함수 내의 변수 a"
05       print (m,a)          # 인수에서 전달된 값 1과 함수 안에서 정의된 a의 값 출력
06       m = 100             # 함수 안에서 m의 값이 100으로 변경됨
07       print (m,a)
08
09   def f2( n ):
10       a = "f2 함수 내의 변수 a"
11       print (n,a)          # 인수에서 전달된 값 1과 함수 안에서 정의된 a의 값 출력
12       n = 200             # 함수 안에서 n의 값이 200으로 변경됨
13       print (n,a)
14
15   f1(a)                   # f1() 함수에 a 값인 1을 전달
```

```
16    f2(a)                        # f2() 함수에 a 값인 1을 전달
17    print (a)                     # 함수 밖에서 정의된 a는 함수 호출에 의해 변화하지 않음
```

```
1 f1 함수 내의 변수 a  ┐
100 f1 함수 내의 변수 a  ┘ ──▶ f1 결과
1 f2 함수 내의 변수 a  ┐
200 f2 함수 내의 변수 a  ┘ ──▶ f2 결과
1
```

코드 3-4와 같이 함수 밖에서 선언된 변수 a는 함수 f1에는 m이란 이름으로, f2에는 n이란 이름으로 전달되어 각각 1 값이 출력된다. 또한 각 함수 f1, f2 내에서 변수 a에 다른 값을 대입하는 것은 함수 밖의 변수 a나 다른 함수에서 사용되는 a라는 이름의 변수에는 서로 영향을 미치지 않는다는 것을 확인할 수 있다.

● 매개변수와 인수의 개수는 반드시 동일해야 한다

함수 정의 시의 매개변수와 함수 호출 시의 인수 사이에 사용되는 변수 이름은 아무 상관이 없지만, 매개변수와 인수의 개수는 반드시 동일해야 한다. 둘 사이에 개수가 다른 경우에는 다음과 같은 오류가 발생한다.

```
def func (a,b,c) :
    return a+b+c


print (func (1,2,3))
print (func (1,2))
#builtins.TypeError: func() missing 1 required positional argument: 'c'
print (func (1,2,3,4))
#builtins.TypeError: func() takes 3 positional arguments but 4 were given
```

즉, 매개변수보다 인수의 수가 적은 경우에는 '인수 c 위치에 값이 부족하다'는 메시지를 보내고, 인수의 수가 더 많은 경우는 '3개가 필요한데 4개를 주었다'와 같은 오류를 표시해 준다.

아하, 그렇군요 5 　변수 이름과 내장 함수 이름

파이썬 프로그램을 작성할 때 sum, max, min과 같은 내장 함수 이름을 일반 변수의 이름으로 사용하면 오류가 발생할까? 답은 '아니오'다. 즉, 내장 함수 이름을 변수 이름으로 사용해도 된다(참으로 많은 것을 허용해 주는 파이썬이다). 그러나 이렇게 변수 이름으로 내장 함수 이름을 사용하게 되면 그 이후 sum(), max()와 같이 해당 내장 함수를 호출하면 오류가 발생한다. 그러므로 프로그램을 읽는 사람의 가독성을 위해서라도 가능하면 내장 함수 이름을 변수로 사용하는 것은 피하는 것이 좋다. 다음 예를 살펴보자.

```
>>> max(10,20,30)          # max라는 내장 함수를 호출함
30
>>> max = 50               # max를 변수 이름으로 사용하고 50이라는 정숫값을 대입
>>> max (10,20,30)
Traceback (most recent call last):
File "<stdin>", line 1, in <module>
TypeError: 'int' object is not callable
>>>
```

자! 여기서 여러분이 앞으로 아주 자주 만나게 될(?) 오류 메시지 하나가 등장했다. 많은 경우 ~~ is not callable이라는 오류 메시지를 보게 된다면, 이는 함수처럼 호출할 수 있는(callable) 객체가 아닌데 괄호 ()를 써서 호출(call)했다는 의미다. 이 경우 max=50이란 문장에 의해 max가 정숫값을 가리키는 변수가 되었으므로, 내장 함수로서의 max()를 호출할 수 없게 되었기 때문에 오류가 발생한 것이다. 앞으로 ~~ is not callable과 같은 오류 메시지를 보게 되면 해당 라인에서 함수 호출을 수행한, 즉 괄호 ()가 있는 부분을 주의해서 살펴보기 바란다.

3.6 들여쓰기

● **프로그램의 구조를 표시하는 들여쓰기**

각각의 프로그래밍 언어들은 저마다 프로그램의 구조를 표현하기 위해 특별한 방법을 사용한다. 예를 들어 자바(java)나 C 언어에서는 중괄호 {}의 쌍으로 프로그램의 구조를 표현한다. 파이썬에서는 프로그램의 구조를 표시하기 위해 들여쓰기(indentation)를 이용한다. 들여쓰기란 말 그대로 이어진 몇 개의 공백(space)을 프로그램에 추가하는 방법이다. 파이썬에서는 빈 공백을 이용하여 프로그램의 논리적 구조를 구분한다. 따라서 사람의 눈에 보이는 형태대로 논리적 구조가 구성되므로 **직관적으로 이해하기 쉽게** 프로그램이 작성된다.

　보통 사용하는 코드 에디터에 따라 들여쓰기에 사용되는 공백의 수가 정해져 있고 대부분 자동으로 적용된다. 들여쓰기는 보통 탭(tab)과 스페이스(space) 키를 이용하여 표현하는데, 호환성을 위해 탭보다는 스페이스 키를 사용하는 것이 권장되며 보통 네 칸을 띄운다. 나중에 배우게 될 조건문이나 반복문 등 복잡한 제어 구조를 구성할 때, 제어 구조 간의 포함 관계도 들여쓰기를 이용해서 나타낸다.

● **들여쓰기가 잘못되는 경우 발생하는 오류**

들여쓰기를 잘못 사용하면 코드 의미가 달라지기 때문에 오류가 발생하거나 잘못된 결과를 생성하게 되므로 주의해서 사용해야 한다. 예를 들어 함수를 정의할 때 함수 이름과 매개변수를 정의하는 함수의 머리 부분을 작성한 후, 다음 줄에 이어지는 몸체는 한 단계 들여쓰기를 해야한다. 그런데 다음과 같이 들여쓰기 없이 작성한다고 해보자.

```
def f(x):
return x**2+1
```

그러면 builtins.IndentationError: expected an indented block 즉, '들여쓰기 block이 기대된다'와 같은 들여쓰기 오류 메시지를 만나게 된다.

파이썬에서 들여쓰기는 엄격하게 칸 수를 지켜야 한다. 만약 네 칸의 공백을 하나의 블록 들여쓰기로 수행하다가 세 칸짜리 들여쓰기를 하게 되면 builtins.IndentationError: unindent does not match any outer indentation level과 같은 오류가 발생한다. 즉 '들여쓰기 단계가 다른 줄과 다르다'는 오류 메시지다. 보통의 IDLE에서 제공하는 에디터는 들여쓰기 단위를 자동으로 맞춰주지만 다른 에디터에서 작성한 템플릿을 이용하는 경우에는 이런 오류가 발생할 수 있다.

```
for i in range (3):
    print ("4칸 들여쓰기 수행")    # 4칸 들여쓰기
    print (i)
    print ("들여쓰기 칸 수 오류")   # 3칸 들여쓰기
```

Step by Step

다음과 같이 정의된 두 함수 f와 g를 각각 작성하여라.

$$f(x) = e^{-x} + \sin\left(\pi\sqrt{1 + x^2}\right)$$

$$g(x, y) = \left(1 + f(y^{\frac{1}{x}})\right)^{f\left(y^{\frac{1}{x}}\right)}$$

풀이 단계

01 해결해야 하는 문제는 두 개의 함수를 정의하되, 두 번째 함수 g를 정의할 때 앞에서 정의한 함수 f를 사용하는 구조다. 먼저 함수 f의 머리 부분을 작성해 보자. 함수 정의의 머리 부분은 def라는 키워드로 시작하며 함수 이름은 f이고 매개변수는 x를 입력받는다. 함수 머리부분의 끝을 나타내는 콜론도 잊지 말자.

```
def f(x) :
```

02 함수 f의 몸체 부분을 작성하기 위해서는 math 모듈을 사용해야 한다. 이를 위해 math 모듈을 import하는 구문을 먼저 작성한다.

```
import math
```

03 e^t은 math.exp(t), $\sin(t)$는 math.sin(t), π값은 math.pi, 그리고 $\sqrt{t}$는 math.sqrt(t) 혹은 t**0.5를 이용하여 구할 수 있다. 하나의 식이 길어지는 경우에는 중간에 임시 변수를 사용하여 보기 편하게 작업 단계를 나누는 것이 좋은 프로그래밍 습관이다. 함수 f의 몸체 부분을 완성해 보자.

```
u = math.exp(-x)
v = math.sin(math.pi * math.sqrt(1+x**2))
return u + v
```

> 많은 학생이 수학식에서 생략된 곱하기 연산자를 프로그램에서도 누락한다. 주의하자!

04 이번에는 함수 g를 정의해 보자. 함수 g는 두 개의 매개변수를 입력받는 함수이므로 함수 머리 부분은 다음과 같다.

```python
def g(x, y) :
```

05 함수 g의 몸체에는 $f(y^{\frac{1}{x}})$ 부분이 반복적으로 사용된다. 이처럼 반복되는 $f(y^{\frac{1}{x}})$을 먼저 계산하여 다른 변수에 저장한 후 재사용하면 코드가 읽기 쉬워진다.

```python
u = f(y**(1/x))
v = (1+u)**u
return v
```

06 최종 프로그램과 이를 수행한 결과는 다음과 같다.

📁 Chap03 Step by Step   Chap03_P00.py

```python
01  import math
02  def f(x):
03      u = math.exp(-x)
04      v = math.sin(math.pi*math.sqrt(1+x**2))
05      return u + v
06
07  def g(x, y):
08      u = f(y**(1/x))
09      v = (1+u)**u
10      return v
11
12  print(f(2), f(3))
13  print(g(2,3), g(3,5))
```

```
0.8108255774981366 -0.43822461448665007
1.0292401354314726 1.0139040096665841
```

연습문제

각각의 문제에 주석 처리된 `# ADD ADDITIONAL CODE HERE!` 부분과 `??` 부분을 지우고 해당 부분을 알맞게 채워서 프로그램을 완성하여라.

❶ 두 개의 양의 정수 x, y를 입력받아 float 값 $\dfrac{x}{2 \cdot y}$를 반환하는 함수 f를 작성하여라.

❶ **힌트** 함수 수행 결과를 출력하는 문장인 `print(f(1,2))`가 수행되는 순서는 먼저 괄호 안의 `f(1,2)`가 수행되고 그 결과를 `print()` 함수의 인수로 전달하여 출력한다. 이처럼 함수 안에 함수가 중첩되는 경우에는 가장 안쪽 함수부터 바깥쪽 함수 방향으로 호출된다.

```python
def f(x,y):                                          (Chap03_P01.py)
    # ADD ADDITIONAL CODE HERE!
    return   ??

print(f(1,2))
print(f(4,6))
```

```
0.25
0.3333333333333333
```

❷ 직각삼각형의 밑변과 높이 (a, b)를 입력받아 빗변의 길이를 반환하는 함수 f를 작성하여라. 직각삼각형의 빗변의 길이는 피타고라스 정리를 활용한다.

$$c^2 = a^2 + b^2$$

❶ **힌트** $\sqrt{a}$ 를 계산하는 것은 `a**0.5` 혹은 `math.sqrt(a)`를 사용한다.

```python
def f(a,b) :                                         (Chap03_P02.py)
    # ADD ADDITIONAL CODE HERE!
    return   ??

print (f(3,4))
```

```
5.0
```

❸ 두 물체 사이의 만유인력(gravitational force)을 계산하는 함수 **force**는 3개의 양의 실숫값 $m1$, $m2$, r(두 객체의 mass 값과 두 객체 사이의 거리)을 입력으로 받고, 중력 상수 $G = 6.67 \times 10^{-11}$을 이용하여 다음과 같이 계산할 수 있다. 함수를 완성하여라.

$$F = G \cdot \frac{m1 \cdot m2}{r^2}, \quad G = 6.67 \cdot 10^{-11}$$

❶ **힌트** 보통 중력 상수와 같이 프로그램에서 변하지 않는 상수(constant) 값은 프로그램 첫 부분에 대문자로 시작하는 변수 이름을 활용하여 미리 정의한다.

```
def force(m1, m2, r) :                                        (Chap03_P03.py)
    G = 6.67 * 10**(-11)        # 보통 상수는 이와 같이 함수 맨 처음에 정의
    # ADD ADDITIONAL CODE HERE!

print (force(1.5, 1.6, 100.5))

1.5849112645726593e-14
```

❹ 2차 항이 양수인 이차 방정식의 계수 $a(a>0)$, b, c를 입력받아, 함수 $f(x) = ax^2 + bx + c$의 최솟값을 구하는 함수 **minValue**를 작성하여라.

❶ **힌트** 2차 항이 양수인 이차 방정식을 그래프로 그리면 그림과 같이 아래로 볼록한 포물선 모양이 되며, 이때 최솟값은 바로 꼭지점 위치에서의 y 값이 된다.
$f : \mathrm{R} \to \mathrm{R}$에서(정의역과 공변역이 모두 R(실수)로 이루어지는 함수 f를 의미),
$f(x) = ax^2 + bx + c$의 최솟값은 $x_0 = \frac{-b}{2a}$일 때의 y 값이 된다.

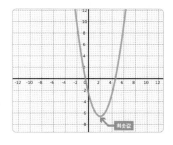

그러므로 ① 먼저 x_0를 구하고, ② 그 값을 2차 함수 $f(x)$에 대입하여 최솟값을 구하면 된다. 이를 위해 2차 방정식의 값을 구하는 보조 함수 **f**를 정의하고, minValue 함수에서 함수 f를 호출하여 결과를 생성한다.

```
def f(a,b,c,x):                                              (Chap03_P04.py)
    return a*x**2 + b*x + c

def minValue(a,b,c):
    # ADD ADDITIONAL CODE HERE!
print (minValue(1, 5, 10))
print (minValue(3, 7, 5))
```

75

```
3.75
0.9166666666666661
```

❺ 한국의 동전 종류는 1, 5, 10, 50, 100, 500원 등 총 6가지가 존재한다. 이들 동전을 이용하여 620원을 구성하는 최소 개수의 동전은 그림과 같이 네 개다.

1000원 이하의 금액을 입력받아, 이를 구성하는 최소 개수의 동전 수를 구하는 `countCoins` 함수를 작성하여라.

```
# ADD ADDITIONAL CODE HERE!                                    (Chap03_P05.py)
# 함수를 정의하고 적절한 매개변수를 포함한후, 함수 몸체 부분을 완성하기

print(countCoins(620))
print(countCoins(790))
print(countCoins(260))
print(countCoins(70))

4
8
4
3
```

❻ 함께 생각해보기 5번 문제에서 생각한 알고리즘을 다른 화폐 종류에도 적용 가능할지 생각해 보자. 예를 들어 미국 화폐의 동전은 1¢, 5¢, 10¢, 25¢, 100¢로 이루어져 있다. 이 경우에도 적용 가능한가? 만약 동전의 종류가 (1, 5, 9, 25, 100), (1, 4, 9, 25, 100), (1, 3, 9, 25, 100)과 같은 조합들에 대해서도 여러분의 알고리즘이 적용 가능한지 생각해 보고, 만약 적용할 수 없다면 어떤 경우가 적용 불가능한지 찾아보자.

✳ **함수**: 입력을 받아 미리 정해진 일을 하고 결괏값을 반환

✳ **내장 함수**: 미리 정의해둔 함수 abs(), input(), int() ···

✳ **모듈**: 함수나 변수 혹은 클래스 등을 모아 놓은 파일, import해야 함

$$import \quad math$$

↖ 모듈 이름

✳ **수학 모듈 math**: math.sqrt(), math.sin() ···

✳ **사용자 정의 함수**

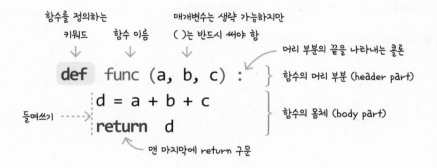

함수를 정의하는   매개변수는 생략 가능하지만
키워드   함수 이름   ( )는 반드시 써야 함
                                    머리 부분의 끝을 나타내는 콜론
def func (a, b, c) :   } 함수의 머리 부분 (header part)
       d = a + b + c   } 함수의 몸체 (body part)
들여쓰기 ---→ return d
              맨 마지막에 return 구문

✳ **반환값 없이 끝나는 함수는 None을 반환**

✱ 함수 호출 시 매개변수와 인수의 관계, 반환값이 함수 부른 곳으로 돌아가는 것 꼭 기억하기!

def f1 (a, b, c): 매개변수

    return a+b+c return된 값 60이 함수를 호출한 위치로 되돌려진 후
                                   변수 x에 대입됨
                                   return 구문이 없이 끝나면 None 값이 return됨

    60

x = f1 (10, 20, 30) 인수 함수 호출 시 전달한 인수 값들이 입력 순서에
           a   b   c   따라 함수 정의의 매개 변수로 대입됨

✱ 매개변수와 인수의 이름은 상관이 없다! 순서대로 매칭됨

✱ 들여쓰기(indentation)로 구조 표시 → 칸 수 꼭 맞춰야 함

chapter 4

조건문 (if-else)

 학습목표

- 순차문, 조건문, 반복문의 개념을 설명할 수 있다.

- 부울값과 부울 표현식의 의미를 이해한다.

- 부울 연산자의 종류와 의미를 설명할 수 있다.

- 논리 연산자의 종류와 의미를 설명할 수 있다.

- 연산자 우선순위를 이해하고 복잡한 식의 우선순위를 판별할 수 있다.

- if-else 구문을 이해하고 조건문을 작성할 수 있다.

- pass 키워드의 의미를 설명할 수 있다.

- 들여쓰기에 따른 프로그램 구조의 차이를 설명할 수 있다.

- 내포된 if-else 구문과 연결된 if-else 구문을 이해하고 적용할 수 있다.

- 여러 개의 return 문이 있는 함수의 구조를 이해한다.

지금까지 우리가 작성한 파이썬 프로그램들은 주로 스마트폰의 계산기가 할 수 있는 정도의 사칙연산이 주를 이루었다. 그러나 사실 파이썬 프로그램은 훨씬 복잡한 일들을 할 수 있다. 엄청난 수준의 인공지능 프로그램과 로켓, 인공 위성에 탑재된 소프트웨어도 모두 파이썬으로 만들 수 있는데, 이는 아무리 복잡한 계산(computing)도 크게 보면 순차문, 조건문, 그리고 반복문 등 기본적인 구성 요소의 조합으로 이루어져 있기 때문이다.

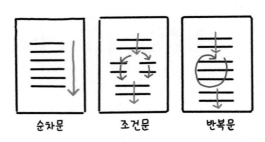

그림 4-1 순차문, 조건문, 반복문

● 인생은 선택의 연속! 선택을 표현하는 제어문 if-else

인생은 매순간 선택의 연속이다. 오늘 점심은 짬뽕을 먹을지 짜장면을 먹을지, 팀 과제를 먼저 할지 개별 과제를 먼저 할지, 쉬는 시간에 유튜브를 볼지 게임을 할지… 이 모든 선택들이 모여서 하루하루를 결정하게 되는 것처럼 프로그램도 그때 그때의 조건에 따라 다른 선택을 함으로써 문제를 해결하게 된다. 이번 장에는 파이썬 프로그램에서 선택을 통해 다른 결과를 생성할 수 있는 if-else 구문에 대해 학습한다.

부울 표현식

4.1

● **참과 거짓 두 가지 값 만을 갖는 부울형 자료**

if-else 구문을 배우기 전에 참(True)과 거짓(False) 두 종류의 값만을 갖는 특별한 자료형인 부울형(boolean type)과 이러한 자료형을 생성하는 부울 표현식(boolean expression)에 대해 알아보자.

　앞선 장에서 우리는 파이썬의 자료형 가운데 정수, 실수, 문자열을 배웠다. 이와 함께 파이썬에는 참과 거짓, 두 가지 값만을 갖는 부울형 자료가 있다.

표 4-1 자료형의 종류 II

자료형	의미	값의 예
int	정수 (integer)	11, 0, - 324
float	실수 (real number)	3.14149, 1.234E-8
str	문자열 (string)	'abc', "abc", "123456", "--*--"
bool	**부울형(boolean type)**	**True, False**
None	**None 타입**	**None**

● **변수와 값들을 연산자로 연결한 표현식**

변수와 값을 연산자로 연결한 것을 표현식이라고 하는데 예를 들어 x=10, y=20일 때, (x+y)*3-2*y와 같이 산술 연산자로 연결된 표현식의 결과는 정수가 생성되므로 **정수형 표현식**이라 한다. 마찬가지로 x>3 and (y>10 or y<5)와 같이 두 변수 사이의 대소 여부(크다, 작다), 일치 여부(같다, 같지 않다) 등을 판단하는 비교 연산자(comparison operator)나 **and, or, not** 등의 논리 연산자(logical operator)로 이루어진 표현식의 결과는 참이나 거짓이 되는데 이러한

표현식을 **부울 표현식**이라 한다.

● **값의 일치와 대소 여부를 나타내는 비교 연산자**

먼저 파이썬에서 사용하는 **비교 연산자**부터 살펴보자. 좌우 값의 일치 및 대소 여부를 나타내는 비교 연산자는 **==, !=, >, <, >=, <= (같다, 같지 않다, 크다, 작다, 크거나 같다, 작거나 같다)**와 같이 총 6개가 있다.

표 4-2 비교 연산자

부호	의미	예 (x = 1, y = 2일 때)	
x == y	x와 y가 같으면 True	x == 10	→ False
x != y	x와 y가 같지 않으면 True	y != 10	→ True
x > y	x가 y보다 크면 True	x > 10	→ False
x < y	x가 y보다 작으면 True	x < y + 3	→ True
x >= y	x가 y보다 크거나 같으면 True	x+1 >= y*y+2	→ False
x <= y	x가 y보다 작거나 같으면 True	x+y <= 20	→ True

표 4-2와 같이 비교 연산자의 좌우에는 변수나 값만 올 수 있는 것이 아니고, x+1!=y*y+2 와 같은 표현식이 올 수도 있으며 이때는 양변을 각각 계산한 후 그 결괏값을 비교한다.

● **양변이 같음을 나타내는 부호 ==**

프로그램을 배우는 초보자들이 많이 혼동하는 것 중에 하나는 양변이 같음(equal)을 나타내는 부호 '=='의 사용이다. 수학에서 부호 '='는 양변의 값이 같다(equal)는 의미이지만 파이썬 프로그램에서 부호 '='는 **같다는 의미가 아닌 대입의 의미**를 갖는다. 대신 양변이 같음을 의미하는 부호는 '==' 이다. 또한 양변이 다르다는 의미의 부호는 '!='을 사용한다.

● 단위 조건식을 엮어주는 논리 연산자

앞의 예처럼 비교 연산자만으로 구성된 부울 표현식을 단위 조건식(primitive boolean expression)이라고 하는데, 이는 조건식을 이루는 가장 작은 구성 요소다. 단위 조건식들을 논리 연산자로 엮으면 좀 더 복잡한 형태의 조건식을 만들 수 있다. 논리 연산자는 and, or, not과 같이 세 개가 있다. **and**는 <u>그리고</u>의 의미이며 수학 명제에서의 ∧ 연산자와 같다. **or**는 <u>또는</u>의 의미로 수학의 ∨ 연산자와 같고 **not**은 <u>아님</u>을 의미하는 수학의 ¬ 연산자와 같다. 논리 연산의 결과는 수학과 동일하게 정의된다. 즉, and 연산자는 양변이 모두 True인 경우에만 True이고, or 연산자는 양변 중 하나라도 True가 있을 때 True 값을 갖는데, 이는 사람들의 일반적인 상식과도 일치한다.

표 4-3 논리 연산자

and			or			not		
True **and** True	→ True		True **or** True	→ True		**not** True	→ False	
True **and** False	→ False		True **or** False	→ True		**not** False	→ True	
False **and** True	→ False		False **or** True	→ True				
False **and** False	→ False		False **or** False	→ False				

4.2 연산자 우선순위

● 연산자들 사이에는 우선순위가 있다

식이 복잡해지면 한 줄의 표현식에 산술 연산자, 비교 연산자 및 논리 연산자 등이 함께 사용될 수 있다. 이 경우에 적용되는 우선순위(precedence rule)는 그림 4-2와 같다. 즉, 괄호가 제일 우선순위가 높고 산술 연산자 뒤에 비교 연산자, 그리고 그 뒤를 이어 논리 연산자 순서이다. 가장 우선순위가 낮은 것은 대입(=)이다. 동일한 우선순위를 갖는 연산자의 경우에는 먼저 나오는 연산자가 더 높은 우선순위를 갖는다. 연산자의 우선순위가 잘 기억 나지 않거나, 또는 표현식을 읽고 이해하기 쉽도록 하려면 적절하게 괄호를 사용하는 것이 좋다.

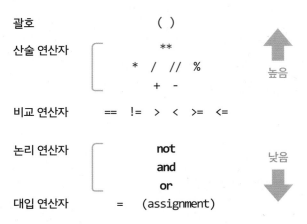

그림 4-2 연산자 우선순위

● **우선순위를 적용한 식의 해석 순서**

예를 들어 p=x%2==1 or x%3!=0 and (not (y<=1) or x%2==1)과 같은 식의 해석 단계는 그림 4-3과 같다.

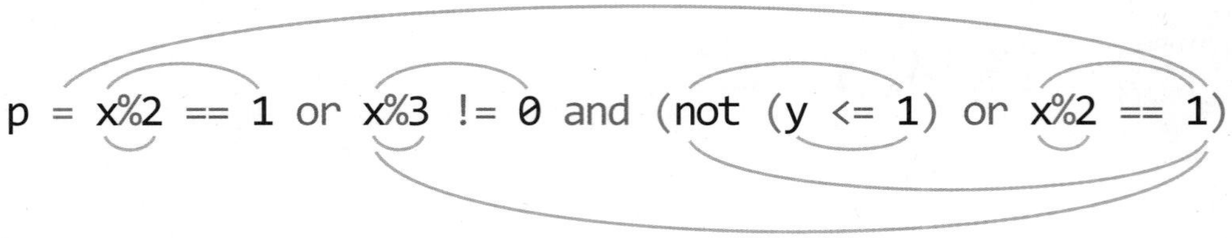

p = x%2 == 1 or x%3 != 0 and (not (y <= 1) or x%2 == 1)

그림 4-3 연산자 적용 순서

if-else 구문

자, 드디어 조건에 따른 선택문을 다룰 때 필요한 기본적인 준비가 끝났다. 이제 파이썬에서 조건에 따른 선택을 구현해주는 **if-else** 구문에 대해 배워보자.

● **if-else 구문의 구조**

if-else의 문법 역시 머리 부분과 몸체 부분으로 이루어져 있다. **if**와 **else**는 파이썬의 키워드이고 **if** 뒤의 조건식에는 참과 거짓을 판별할 수 있는 부울식이 들어간다. 그리고 **if** 구문의 머리 부분이 끝났음을 알려주는 콜론(:)을 붙여준다. 콜론 이후는 바로 **if** 구문의 몸체 부분이 들여쓰기 되어 작성된다. 즉, 조건식의 결과가 True이면 **if** 문의 몸체 부분의 코드들을 수행하게 되고, 조건식의 결과가 False이면 **else** 부분의 몸체 코드들을 수행하게 된다. 물론 **else**에 해당할 때 수행해야 할 작업이 없다면 **else** 구문이 모두 생략될 수 있다.

조건식 - True나 False로
판단할 수 있는 부울 표현식

if (a>b) : ← 콜론으로 if의 머리 부분 끝을 표시

  print ("a가 b보다 크다.") } 조건식이 True일 때 수행할 코드들

몸체 부분   else : ← 콜론으로 else의 머리 부분 끝을 표시
들여쓰기

  print ("a가 b보다 작거나 같다.") } 조건식이 False일 때 수행할 코드들

그림 4-4 if -else 구문

이러한 형식은 일상생활에서도 너무나 익숙한 상황이다. "날씨가 추우면 짬뽕을 시키고 그렇지 않으면 짜장면을 시킨다."를 if-else 키워드를 사용하면 다음과 같이 나타낼 수 있다.

```
if 날씨가 추우면 :
    짬뽕을 시킨다
else :
    짜장면을 시킨다.
```

이제부터 몇 가지 예를 살펴보자.

● **기본적인 if- else 구문**

그림 4-5에서 처음 조건문은 x가 0보다 큰 경우에는 "양수"를 출력하고 그렇지 않으면 "0이나 음수"를 출력하는 형태의 조건문으로, 이는 기본적인 **if-else** 구문으로 표현할 수 있다. 두 번째 조건식은 x와 y 모두 0보다 큰 경우에만 "둘 다 양수"를 출력하고 그렇지 않은 **False**의 경우에는 아무 일도 하지 않고 제어가 흐르도록 **if** 문을 쓰고 **else** 구문은 생략되어 있는 형태다.

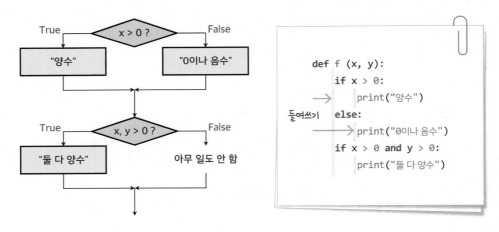

그림 4-5 조건문 순서도와 들여쓰기 레벨

순서도를 파이썬 프로그램으로 작성한 코드를 보면 첫 번째 **if** 문과 두 번째 **if** 문의 시작 위치가 동일하다. 즉, 두 개의 **if** 문이 동일한 레벨이라는 의미다. 이는 첫 번째 **if** 문의 결과가 **True**인지 혹은 **False**인지에 상관없이 모두 두 번째 **if** 문을 수행하는 **독립적인 관계**라는 것을 의미한다.

● **if 구문에서 수행할 작업이 없고 else 구문에서만 작업이 필요한 경우**

만약 if 구문에서 수행할 작업이 없고 else 부분만 필요하면 어떻게 할까? 이럴 때는 if 구문은 생략할 수 없으므로, if 문의 조건식에 not을 붙여서 조건문을 반대로 설정한 후, if와 else 구문의 내용을 바꾸고 else 구문을 없애거나, if 구문에 **pass**를 사용할 수 있다.

예를 들어 변수가 0이나 양수이면 아무 일도 안하고 음수이면 −1을 곱해주는 조건문을 다음과 같이 작성한다고 하자.

```
if a>=0 :
                      ───────▶ 비워 두면 오류가 발생
else :
    a = a * -1
```

그러면 builtins.IndentationError: expected an indented block이라는 오류가 else 구문에서 발생한다. 이는 if 문장 뒤에 몸체가 되는 실행문이 없고 바로 else가 등장하는 상황이 파이썬 인터프리터가 판단할 때는 'if의 몸체가 되는 들여쓰기 문장이 기대되는데 없다'는 의미로 오류 메시지를 발생시킨 것이다. 이와 같이 파이썬의 오류는 간혹 진짜 오류가 발생한 부분 아래 줄에서 이해하기 어려운 내용으로 표시되는 경우가 있으므로, 여러 가지 오류 상황과 오류 메시지를 함께 이해하는 연습이 필요하다.

그럼 앞의 문장을 변경해 보자. 먼저 조건문 a>=0을 반대인 a<0로 수정하고 else 문을 없애는 방법은 다음과 같다. 즉, else 부분이 생략되는 경우다.

```
if a < 0 :
    a = a * -1
```

혹은 pass 문장을 사용하여 작성할 수도 있다. 이때 **pass** 문장은 '자리만 잡아 둘 뿐 아무 일도 하지 않고 지나가라'는 의미로 사용된다. 다음 예와 같이 프로그램에서 문법적인 오류를 피하거나 템플릿 등에 나중에 채워 넣게 될 프로그램 부분에 대한 자리를 잡아 둘 때 사용하는 키워드다.

```
if a >=0 :
    pass
else :
    a = a * -1
```

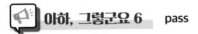 **아하, 그렇군요 6**　　pass

프로그램의 템플릿(template)에서 pass라는 문장을 볼 수 있다. pass란 일종의 자리를 잡아 두는 문장이다. 즉, "나중에 이곳에 어떤 구문이 들어올 것이지만 아직은 없다"는 뜻이다. 그냥 비워 두면 전체적인 코드 구성에서 오류가 날 수 있는 부분에 pass라고 자리를 잡아 둠으로써 오류 없이 구현할 자리를 비워 두는 효과를 낼 수 있다.

예를 들어 다음의 왼쪽 코드와 같이 함수의 이름만 정의해 두면 #으로 처리된 주석은 무시되기 때문에 함수 몸체 부분이 없어서 오류가 발생하지만, 오른쪽 코드와 같이 pass로 자리를 잡아 두면 오류를 피할 수 있다. 후에 pass 문장을 지우고 해당 내용을 채워 넣으면 된다.

```
def length(self):
    # 나중에 이곳을 채우세요

def area(self):
    # 나중에 이곳을 채우세요
builtins.IndentationError: expected an
indented block after function definition on
line 1
```

➡

```
def length(self):
    pass

def area(self):
    pass
```

4.4 들여쓰기에 따른 if-else 구문의 해석

파이썬에서는 프로그램의 구조를 나타내는 방법으로 들여쓰기를 이용한다. 코드 4-1은 들여쓰기에 따라 if-else 구조의 몸체가 어디에 소속되었다고 판단되는지를 보여주는 예다.

📁 **코드 4-1**: 들여쓰기에 따른 구문의 의미 변화   Chap04_L01.py

```
01    if ( 3 > 2 ) :                    # if 구문의 머리 부분을 콜론(:)으로 끝냄
02        print ("3이 2보다 크다")        # if 구문의 몸체 부분은 들여쓰기로 구분
03        print ("그렇군요")
04    else :                            # else 구문의 머리 부분은 콜론(:)으로 끝냄
05        print ("3이 2보다 크지 않다")    # else 구문의 몸체 부분은 들여쓰기로 구분
06        print ("그럴리가요?")
07    print ("if 문장은 끝이 남")         # 들여쓰기가 없으므로 else 구문이 아님
```

```
3이 2보다 크다
그렇군요
if 문장은 끝이 남
```

● **들여쓰기를 잘못하면 오류가 발생한다**

만약 들여쓰기가 잘못 적용된 경우에는 의도하지 않았던 결과를 나타내거나 오류를 발생시킬 수 있다. 다음 예는 if-else 구문의 몸체에서 수행할 문장들에 들여쓰기가 되어 있지 않아서 2번 줄의 print 문에서 오류가 발생한 예이다.

📁 **코드 4-2**: 들여쓰기에 따른 오류 1   Chap04_L02.py

```
01    if ( 3 > 2 ) :
02    print ("3이 2보다 크다")    ──▶ if 구문의 몸체이므로 들여쓰기가 필요함
03    else :
04    print ("3이 2보다 크지 않다")
```

```
builtins.IndentationError: expected an indented block
```

다음 코드는 잘못된 들여쓰기에 의한 또 다른 오류를 보여준다.

📁 **코드 4-3**: 들여쓰기에 따른 오류 2   Chap04_L03.py

```
01   if ( 3 > 2) :
02       print ("3이 2보다 크다")
03   print ("그렇군요")      ➤ 들여쓰기가 안 되었으므로 if의 몸체가 아님
04   else :                  ➤ 그러므로 if가 끝났다고 판단했는데 else가 등장해서 오류로 판단됨
05       print ("3이 2보다 크지 않다")
06       print ("그럴리가요?")
07   print ("if 문장은 끝이 남")
```

Syntax Error: invalid syntax: <string>

이때는 4번 줄의 else에서 오류가 발생한다. 오류의 원인은 3번 줄의 print 구문에 들여쓰기가 적용되어 있지 않고 앞으로 나와 있기 때문이다. 즉, 파이썬 인터프리터는 들여쓰기가 되어 있지 않은 문장을 보고 'if 문이 끝났구나'라고 판단하는데 뒤에 else가 갑자기 나오니까 문법적 오류라고 판단하게 되는 것이다. 이처럼 많은 경우 파이썬의 오류 메시지는 실제로 문제를 발생시킨 코드 다음 줄을 오류로 판단하는 경우가 있으므로 주의해서 살펴보아야 한다.

4.5 연속되는 if-else 구문

● **서로 독립적으로 판단하는 if- else 구문의 연속**

여러 개의 **if-else** 구문이 직렬로 쭉 이어진 경우의 수행 흐름은 위에서 아래로 흐르면서 조건에 맞는 경우를 모두 수행하게 된다. 예를 들어 살펴보자. 세 개의 숫자 x1, x2, x3을 입력받아 세 숫자 중에 0의 개수와 0이 아닌 수의 개수를 세는 프로그램이 있다고 생각해 보자. 이 경우 숫자들이 0인지 아닌지 하나하나 비교해 보아야 하고, 세 수의 비교는 모두 **독립적으로 수**

행되어야 한다.

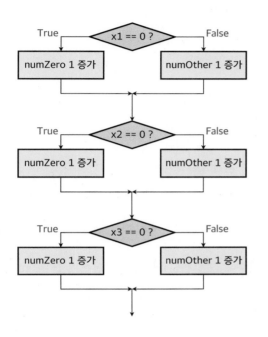

```python
def f(x1, x2, x3):
    numZero = 0
    numOther = 0
    if x1 == 0:
        numZero = numZero+1
    else:
        numOther = numOther+1
    if x2 == 0:
        numZero = numZero+1
    else:
        numOther = numOther+1
    if x3 == 0:
        numZero = numZero+1
    else:
        numOther = numOther+1
    print(numZero, numOther)
```

그림 4-6 연속되는 조건문 순서도

4.6 연결/내포된 if-else 구문 (Chained/Nested if-else)

● 두 가지 이상의 경우로 나눠지는 선택문을 표현하는 if-else

앞에서 설명한 연속되는 **if-else** 구문은 세 개의 **if** 문장이 **독립적**으로 모두 실행되는 구조다. 그러나 하나의 조건문의 결과가 두 가지 경우로 나눠지지 않고 세 개, 네 개 혹은 그 이상으로 나눠지는 경우에는 여러 개의 **if** 문장이 필요하고, 각 **if** 문 사이에는 연관성이 존재한다.

● 서로 배타적인 조건 표현을 위한 연결된 if-elif-else 구문

예를 들어 생각해 보자. 점심시간에 식권을 주면 짜장면, 짬뽕, 칼국수, 라면 중 하나를 선택할 수 있는 카페테리아에 갔다고 가정해 보자. 각각의 음식마다 받는 줄이 다르다고 한다면 다음과 같이 말할 수 있다.

만약 짜장면을 선택했다면:
　　1번 라인에 줄을 선다
그렇지 않고 짬뽕을 선택했다면:
　　2번 라인에 줄을 선다
그것도 아니고 칼국수를 선택했다면:
　　3번 라인에 줄을 선다
위의 세 가지가 모두 아니라면:
　　4번 라인에 줄을 선다
	if 짜장면 선택:
	　　1번 라인에 줄을 선다
	elif 짬뽕 선택:
	　　2번 라인에 줄을 선다
	elif 칼국수 선택:
	　　3번 라인에 줄을 선다
	else:
	　　4번 라인에 줄을 선다

즉, 한 사람은 한 가지 음식만 선택할 수 있기 때문에 그림 4-6에서 설명한 연속된 if-else 구문과는 다르게 연결된 if-elif-else 구문은 각각의 조건이 서로 배타적인 관계를 갖게 된다 (즉, 짜장면을 선택했다면 다른 선택은 고려할 필요가 없다).

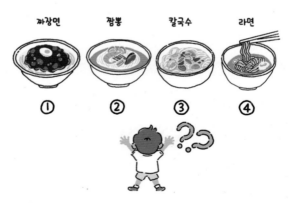

그림 4-7 네 가지 경우가 서로 배타적인 경우의 선택

이러한 경우를 표현하기 위해 파이썬에서는 if 구문과 else 구문 사이에 elif 구문을 제공한다. elif는 'else if'라는 의미의 파이썬 키워드다. 다른 프로그래밍 언어와는 달리 else if로 작성하면 오류가 발생하니 주의하자. 연결된 **if-else** 구문은 **if**의 조건식이 성립하지 않으면 다음 **elif**의 조건식을 차례대로 검사한다. 위에서부터 차례대로 조건을 검사하면서 처음으로 만족하는 조건에 해당되는 블록만 수행하고 나머지 조건은 고려하지 않고 무시한다. **if** 또는 **elif** 옆에 붙은 조건식이 하나도 만족되지 않으면 맨 마지막에 위치한 **else** 구문의 코드가 수행되며 마지막 **else** 뒤에는 조건식이 붙지 않는다.

```
if  b1 :
        b1 조건식이 True일 때 수행할 코드들
elif  b2 :
        b1은 False이고 b2가 True일 때 수행할 코드들
elif  b3 :
        b1, b2는 False이고 b3가 True일 때 수행할 코드들
else :
        앞의 모든 b1, b2, b3 조건이 False일 때 수행할 코드들
```

b1, b2, b3 조건식은 True나 False로 판단할 수 있는 부울 표현식

그림 4-8 if – elif – else 구문

● **if 구문 안에 새로운 if 구문이 내포된 if-else 구문**

자, 이번에는 중국집과 분식집으로 식당이 구분되어 있다고 생각해 보자. 그러면 이렇게 표현할 수 있다.

```
만약 중국집을 선택했다면:
    중국집으로 들어간다.
    만약 짜장면을 선택했다면:
        1번 라인에 줄을 선다
    그렇지 않다면:
        2번 라인에 줄을 선다
아니면: (즉 분식집을 선택하는 경우)
    분식집으로 들어간다.
    만약 칼국수를 선택했다면:
        1번 라인에 줄을 선다
    그렇지 않다면:
        2번 라인에 줄을 선다
```

➡

```
if 중국집을 선택했다면:
    중국집으로 들어간다
    if 짜장면을 선택했다면:
        1번 라인에 줄을 선다
    else:
        2번 라인에 줄을 선다
else: (즉 분식집을 선택하는 경우)
    분식집으로 들어간다
    if 칼국수를 선택했다면:
        1번 라인에 줄을 선다
    else:
        2번 라인에 줄을 선다
```

그림 4-9 if 선택문 내에 다른 if 선택문이 포함된 경우

즉, 맨 처음 **if** 문에 의해서 중국집인지 분식집인지를 결정하고, 그 결정에 따라 내부에 다시 **if** 문장을 포함하게 되는 구조다. 이와 같이 **if-else** 구문 안에 다른 **if-else** 구문이 포함된 구조를 **내포된 if-else 구문**이라고 한다.

```
if   b1 :
    if   b2 :
            b1, b2 조건식이 True일 때 수행할 코드들
    else :
            b1은 True이고 b2가 False일 때 수행할 코드들
else :
    if   b3 :
            b1은 False이고 b3가 True일 때 수행할 코드들
    else :
            b1, b3 조건식이 False일 때 수행할 코드들
```

그림 4-10 내포된 if 구문

● **연결/내포된 if-else 구문의 예**

앞에서 배운 두 가지 방법을 이용하여 x 값에 따라 "양수", "음수", "0" 중 하나가 출력되며, x 값과 무관하게 모든 경우에 **y=x+1**을 수행하는 프로그램을 연결된 조건문과 내포된 조건문으로 표현해 보자.

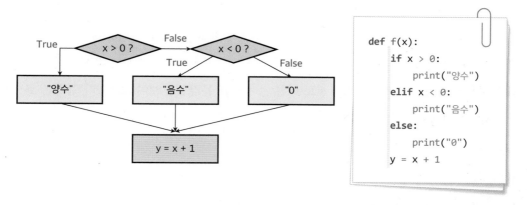

그림 4-11 연결된 조건문 순서도

그림 4-11에서는 x 값에 따라 "양수", "음수", "0" 중 하나가 출력되며, x 값과 무관하게 모든 경우에 y=x+1 문장이 수행된다. 즉, 연결된 **if-else**는 x가 양수, 음수, 0인 세 경우로 나뉘어 각각의 조건을 직렬로 검사하는 방식이다. 이를 x가 양수일 때와 양수가 아닌 경우로 일단 나누고, 양수가 아닌 경우에 한해서 다시 음수인 경우와 0인 경우로 내부에서 구분하도록 변경하면 그림 4-12와 같다.

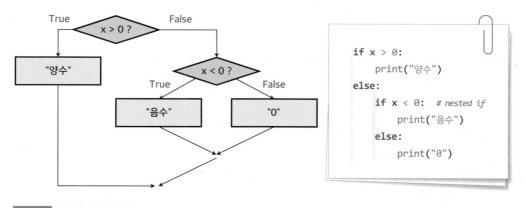

그림 4-12 내포된 조건문 순서도

그림 4-12의 경우 두 개의 if 문장의 들여쓰기 단계가 서로 다른 것을 볼 수 있다. 파이썬 문법에서 들여쓰기는 문법적으로 이 문장이 어떤 구조에 속해 있는지를 의미하므로, 프로그램이 읽고 이해하기 쉽다. 구문의 단계가 내포될 때마다 문장을 시작하는 위치도 한 단계씩 안으로 더 들여쓰기 되어 있어 직관적으로 서로 다른 단계의 if 문장임을 보여주고 있다. 동일한 코드라도 들여쓰기에 따라서 서로 다른 의미를 갖는다는 것을 꼭 기억하자.

4.7 여러 개의 return 문이 있는 함수

지금까지 살펴본 대부분의 함수들은 맨 마지막에 한 개의 return 문이 있고, 이 return 문을 만나면서 수행이 끝나는 형태다.

● 조건에 따라 서로 다른 return 문을 수행하는 함수

이번에는 여러 개의 return 문을 사용하여 조건문의 각 구문에서 서로 다른 결과를 반환하는 형태를 살펴보자.

```python
def evaluateValue(x):
    if x == 1:
        return 10
    elif x == 2:
        return 20
    else :
        return 30
```

이때 중요한 것은 어떤 수행 경로를 따라 가더라도 반드시 return 문을 만나도록 구성되어야 한다는 점이다. 여러 개의 조건 구문 가운데 일부만 return 문을 만나도록 프로그램을 작

성하는 경우에는 코드 4-4와 같이 예상하지 못하는 결과가 생길 수 있다.

📁 **코드 4-4**: 여러 개의 return 문을 갖는 경우 가능한 오류 Chap04_L04.py

```
01    def missReturn(a):
02        if (a > 0):
03            return ('양수')
04        elif (a < 0):
05            return ('음수')
06
07    print ( missReturn(3) + "이다")     # 양수이다
08    print ( missReturn(-3) + "이다")    # 음수이다
09    print ( missReturn(0) + "이다")     # None이 반환되므로 오류가 발생함
```

```
양수이다
음수이다
builtins.TypeError: unsupported operand type(s) for +: 'NoneType' and 'str'
```

코드 4-4에서 인수로 0이 전달되는 경우는 **if** 문과 **elif** 구문이 모두 **False**가 되어 **return** 구문을 수행하지 않고 프로그램이 끝나게 된다. 이처럼 **return** 구문 없이 끝나는 프로그램의 경우 **None** 객체가 반환되기로 약속되어 있기 때문에 결국 **None** 객체와 "이다"라는 문자열을 연결하는 **+** 연산자를 수행할 수 없어서 오류가 발생하게 된다.

● **반환값으로 사용될 기본값을 미리 정해두는 방법**

이러한 오류를 피하기 위해서 각 조건 블록을 시작하기 전에 특정 변수(다음 예에서는 y)에 반환할 기본값(default value)을 지정해두고, 연속되는 **if** 구문에서는 특정 조건에 맞을 때만 기본값을 변경하도록 프로그램을 작성한 후, 함수의 맨 마지막 문장에서 미리 지정된 변수를 반환하도록 하는 방법을 사용하기도 한다.

```
def evaluateValue (x):
    y = 30      # 반환할 기본값
    if x == 1:
```

```
        y = 10
    elif x == 2:
        y = 20
    return y
```

● return 문을 이용한 가지치기로 프로그램을 간결하게

return 문을 만나면 그것이 함수 내의 위치가 어디든지 상관없이 바로 함수의 수행을 끝내게
된다. 이러한 특징을 이용해서 조건에 따라 바로바로 **return**을 수행해서 프로그램의 논리를
이해하기 쉽도록 만들어 주는 가지치기(pruning)를 할 수 있다.

　예를 들면 다음과 같이 중첩 **if** 문에서 가지치기를 사용하면 프로그램이 보다 이해하기 쉬
워진다.

```
if b1:
    return v1
else:
    if b2:
        return v2
    else:
        if b3:
            return v3
        else:
            return v4
```

➡

```
if b1:
    return v1
if b2:
    return v2
if b3:
    return v3
return v4
```

 **아하, 그렇군요 7** 참과 거짓

참과 거짓을 나타내는 데는 부울형의 **True/False**를 사용하는 것이 가장 좋지만, 다른 자료형으로도 참과 거짓을 나타낼 수 있다. 다음 코드를 보면 각각의 자료형에 따라 참과 거짓으로 판명되는 예를 볼 수 있다. 즉, 빈 문자열 "", 0, 빈 리스트 [ ]와 **None** 자료형은 모두 False로 해석되고, 값이 들어 있는 문자열과 리스트, 0 이외의 숫자는 **True**로 해석된다. 그러나 이렇게 정수나 문자열과 같은 다른 자료형의 데이터를 사용하여 참과 거짓을 구분하는 것은 프로그램을 읽는 사람이 이해하기 어려울 수 있으니 사용하지 않는 것이 좋다.

데이터 자료형	참(True)	거짓(False)
문자열	"비어 있지 않은 모든 문자열"	""
숫자형	0 이외의 모든 숫자	0
리스트	[1, 2, 3]	[]

```
if (1) :
    print ("1 is True")        ──▶  1 is True
else :
    print ("1 is False")
if ("") :
    print ("Empty string is True")
else :
    print ("Empty string is False")   ──▶  Empty string is False
```

```
1 is True
Empty string is False
```

Step by Step

체질량 지수(BMI: body mass index)는 몸무게(kg)를 키(m)의 제곱으로 나누어 계산하는 건강 지수이다.

$$\text{BMI index} = \frac{\text{weight}}{\left(\text{height}\right)^2}$$

매개변수로 몸무게(weight)와 키(height)를 입력받은 후, 체질량을 판단하는 bmi 함수를 작성하여라. 단, 입력되는 단위는 각각 kg과 cm로 가정한다.

❗**힌트** 이상과 이하는 해당 숫자를 포함하고, 미만과 초과는 해당 숫자를 포함하지 않는다.

BMI	18.5미만	18.5이상~25미만	25이상~30미만	30이상
판단	저체중	정상	과체중	비만

풀이 단계

01 문제를 읽고 맨 처음 해야 하는 일은 입력과 출력을 구분하는 일이다. 먼저 몸무게(weight)와 키(height)를 매개변수로 입력받는 함수 bmi의 머리 부분을 정의해 보자.

```python
def bmi(weight, height):
```

02 함수의 몸체에서는 입력 매개변숫값을 이용하여 BMI 지수를 먼저 계산한 후, 계산한 값을 이용하여 if 구문으로 4단계로 판단하게 된다. 먼저 BMI 값을 구해 보자.

```python
bmi = weight / (height**2)
```

03 bmi 값이 계산되었으니 이를 이용하여 비만 정도를 판단하면 된다. 값에 따라 4가지 구분 중 하나의 경우에 해당하는 형태이므로 **if-elif-else** 형식을 따르면 될 것이다. 파이썬에서는 구간을 표현하는 식을 **1<=x<2** 등과 같이 한 번에 표현할 수 있다. 또한 정상적인 값이 아닌 경우를 대비해 맨 마지막에 **else** 구문을 둔다.

```python
if   0 < bmi < 18.5 :
    return "저체중"
elif  18.5 <= bmi < 25 :
    return "정상"
elif  25 <= bmi < 30 :
    return "과체중"
elif  30 <= bmi :
    return "비만"
else:
    return "이상한  값"
```

04 자, 이제 작성한 함수가 잘 작동하는지 테스트해 보자.

```python
print(bmi(80, 155))     # 저체중
```

05 앗! 무엇인가 이상하다. 분명히 저체중이 아닌데 왜 이런 일이 일어났을까? 이처럼 실제로 프로그램을 작성한 후 테스트할 때, 문법적인 오류는 발생하지 않았지만 논리적으로 오류가 나는 경우가 많이 발생한다. 이때는 중간 과정을 하나씩 살펴보아야 하며, 가장 일반적으로 사용하는 방법은 중간 변숫값들을 print해 보는 것이다. 프로그램에서 계산되는 bmi 값을 출력해 보자.

```python
bmi = weight / ((height)**2)
print (bmi)
```

출력 결과 bmi 지숫값이 **0.0033298647242455777**이 나왔다. 그렇다면 이 값은 우리의 판단 기준에 비해 너무나 작은 값이다. 어디서 문제가 발생한 것인가? 아하! 바로 단위를 잘못 사용했다. 즉, 식에서 사용한 키는 m를 기준으로 하였으나 테스트에서 전달된 인수 값의 키는 cm를 단위로 입력했기 때문이다.

06 그러므로 BMI 식을 다음과 같이 변경해야 한다

```
bmi = weight / ((height/100)**2)
```

이처럼 식을 계산할 때 단위가 맞는지 확인하는 것은 매우 중요하다. 또한 중간에 생성되는 변수들의 값을 print 문을 통해서 확인해 보는 것은 오류의 확산을 피할 수 있는 좋은 습관이다.

07 최종 프로그램과 이를 수행한 결과는 다음과 같다.

📁 Chap04 Step by Step   Chap04_P00.py

```
01  def bmi(weight, height ):
02      bmi = weight / ((height/100)**2)
03      # print (bmi)  ─────────────────────┐
04      if 0 < bmi < 18.5 :                 프로그램의 중간에 확인을 위한 print 문은
05          return "저체중"                  최종 버전에서는 주석 처리
06      elif  18.5 <= bmi < 25 :
07          return "정상"
08      elif  25 <= bmi < 30 :
09          return "과체중"
10      elif  30 <= bmi :
11          return "비만"
12      else:
13          return "이상한값"  ──────▶ 0 이하의 잘못된 값이 입력된 경우를 위한 구문
14
15  print(bmi(56, 153 ))
16  print(bmi(81, 162 ))
17  print(bmi(50, 170 ))
```

```
정상
비만
저체중
```

연습문제

각각의 문제에 주석 처리된 # ADD ADDITIONAL CODE HERE! 부분과 ?? 부분을 지우고 해당 부분을 알맞게 채워서 프로그램을 완성하여라.

❶ 두 개의 정수 n1, n2를 매개변수로 받아서 n1이 n2보다 작으면 "left", n1이 n2보다 크면 "right", n1과 n2가 같으면 "equal"이라는 문자열을 반환하는 smaller 함수를 작성하여라.

```
def smaller(n1,n2):                               (Chap04_P01.py)
    # ADD ADDITIONAL CODE HERE!
    if ??:
        return ??
    elif ??:
        return ??
    else:
        return ??

print(smaller(5,7))
print(smaller(7,5))
print(smaller(5,5))
```

```
left      ──▶  문자열을 print한 결과에 따옴표(")는 보이지 않는다
right
equal
```

❷ 화학에서는 보통 수소이온지수 pH 값을 기준으로 산성과 염기성을 구분한다. pH 값의 범위는 0부터 14까지로 pH 값 7은 '중성'을 나타내며, pH가 7보다 작은 경우 '산성' 그리고 pH가 7보다 큰 경우를 '염기성'으로 구분한다. 사용자로부터 pH 값을 입력받아 산염기 구분을 반환하는 함수 ph를 작성하여라. 만약 pH의 범위에 적절하지 않은 값이 인수로 전달되면 '적절하지 않은 값'을 반환하여라.

```
# ADD ADDITIONAL CODE HERE!                                    (Chap04_P02.py)
# 함수를 정의하고 적절한 매개변수를 포함한 후, 함수 몸체 부분을 완성하기

print(ph(16))
print(ph(5.7))
print(ph(7))
print(ph(13))
```

```
적절하지 않은 값
산성
중성
염기성
```

❸ 세 개의 정수 a, b, c를 매개변수로 입력받아 세 변의 길이가 a, b, c와 같은 삼각형이 존재할 수 있는지를 체크하여 삼각형을 만들 수 있으면 "삼각형을 만들 수 있음"을, 그렇지 않으면 "삼각형을 만들 수 없음"을 출력하는 함수 triangle을 작성하여라. 삼각형을 이루는 세 변의 길이 a, b, c 사이에 어떤 조건이 만족해야 하는지를 고려하여 프로그램을 작성하여라.

```
# ADD ADDITIONAL CODE HERE!                                    (Chap04_P03.py)

print(triangle(3, 4, 5))
print(triangle(1, 5, 2))
```

```
삼각형을 만들 수 있음
삼각형을 만들 수 없음
```

❹ 가위, 바위, 보 게임의 승패를 결정하는 함수 `scissors_rock_paper`를 작성하여라. 매개변수인 first, second 두 개의 문자열은 바위(Rock)를 나타내는 "R", 보(Paper)를 의미하는 "P", 그리고 가위(Scissors)를 나타내는 "S"로 입력되며 first가 이긴 경우 "First"를, second가 이긴 경우 "Second"를, 비긴 경우에는 "Tie"를 반환한다.

❶ **힌트** 가능한 경우의 수는 몇 가지일까? 경우의 수를 줄이는 방법에 대해 생각해 보자. 비기는 경우(Tie)를 미리 제외하면 경우의 수가 확 줄어든다.

```
def scissors_rock_paper(first, second):                    (Chap04_P04.py)
    # ADD ADDITIONAL CODE HERE!

print(scissors_rock_paper("R","R"))
print(scissors_rock_paper("R","S"))
print(scissors_rock_paper("R","P"))
print(scissors_rock_paper("S","S"))
print(scissors_rock_paper("S","P"))
print(scissors_rock_paper("S","R"))
print(scissors_rock_paper("P","P"))
print(scissors_rock_paper("P","R"))
print(scissors_rock_paper("P","S"))
```

```
Tie
First
Second
Tie
First
Second
Tie
First
Second
```

❺ 올림픽 경기에서 국가 간의 순위를 결정할 때는 국가 간의 금, 은, 동메달 수를 비교하여 결정한다. 두 국가의 메달 개수들을 매개변수로 입력받아 승패를 결정하는 함수 `better`를 작성하여라. 이때 입력되는 6개의 정수는 두 국가의 금, 은, 동메달 개수를 의미한다.

- `gold1`, `silver1`, `bronze1`: first 국가의 금, 은, 동메달 개수
- `gold2`, `silver2`, `bronze2`: second 국가의 금, 은, 동메달 개수

반환 결과는 다음과 같다.

- "First": first 국가가 더 높은 순위인 경우
- "Second": second 국가가 더 높은 순위인 경우
- "Tie": 비기는 경우

❶ **힌트** 올림픽 경기에서 국가 간의 순위를 결정할 때는 메달의 종류에 따라 중요도가 달라진다. 즉, 금메달 한 개를 딴 국가의 순위가 은메달 두 개를 딴 국가의 순위보다 높다. 여러 번의 if 문을 피하기 위해서 금메달의 가중치를 높이는 방법에 대해 생각해보자.

```python
def better(gold1, silver1, bronze1, gold2, silver2, bronze2):    # (Chap04_P05.py)
    # ADD ADDITIONAL CODE HERE!

print(better(10,4,24, 1,35,25))
print(better(1,35,25, 10,4,24))
print(better(10,18,0, 10,4,24))
print(better(10,4,24, 10,18,0))
print(better(10,20,5, 10,20,4))
print(better(10,20,4, 10,20,5))
print(better(10,20,5, 10,20,5))
```

```
First
Second
First
Second
First
Second
Tie
```

✹ **Boolean type** 부울형: True, False

✹ 비교 연산자: == 같다, != 같지 않다, >, <, >=, <=

✹ 논리 연산자: and, or, not

✹ 연산자 우선순위

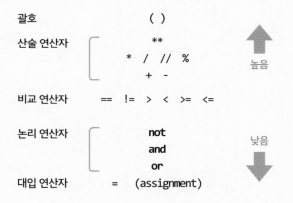

괄호	( )	
산술 연산자	** * / // % + -	높음
비교 연산자	== != > < >= <=	
논리 연산자	not and or	낮음
대입 연산자	= (assignment)	

✹ 조건에 따른 선택 **if-else**

조건식 – True나 False로
판단할 수 있는 부울 표현식

if (a>b) : ← 콜론으로 if의 머리 부분 끝을 표시
⋯⋯→ print ("a가 b보다 크다.") } 조건식이 True일 때 수행할 코드들

몸체 부분
들여쓰기 **else** : ← 콜론으로 else의 머리 부분 끝을 표시
⋯⋯→ print ("a가 b보다 작거나 같다.") } 조건식이 False일 때 수행할 코드들

✱ pass: 문법적 오류를 피하기 위해 아무 일도 안하고 자리 잡아 두기

✱ 연결된 조건문 if-elif-elif-else :

elseif 아니고 elif 주의!

```python
def f(x):
    if x > 0:
        print("양수")
    elif x < 0:
        print("음수")
    else:
        print("0")
    y = x + 1
```

✱ 내포된 if-else

```python
if x > 0:
    print("양수")
else:
    if x < 0:   # nested if
        print("음수")
    else:
        print("0")
```

✱ return 문으로 가지치기

```python
if b1:
    return v1
if b2:
    return v2
if b3:
    return v3
return v4
```

chapter 5

부울 함수

📖 **학습목표**

● 부울 함수의 필요성을 이해한다.

● 부울 함수를 이용하여 조건문을 간결하게 작성할 수 있다.

● 조건식을 이용하여 return 문을 작성할 수 있다.

True/False 값을 반환하는 부울 함수

지금까지 우리는 if 문을 이용하여 프로그램의 흐름을 제어하는 방법과 사용자 함수를 선언하는 방법에 대해 배웠다. 우리가 선언한 함수들은 정숫값, 실숫값, 문자열 등의 결괏값을 반환할 수 있고, 함수에서 명시적으로 결괏값을 반환하지 않는 경우에는 None이라는 특별한 객체가 반환된다. 이번 장에서는 함수의 반환값이 True 혹은 False와 같은 부울형인 부울 함수(Boolean Function)를 활용하여 복잡한 프로그램을 구조적으로 간단하게 구성하는 방법에 대해 알아본다.

● 부울 함수가 필요한 경우

프로그램을 작성하다 보면 if 문의 조건이 한 줄 혹은 한 눈에 보기에 어려울 만큼 복잡한 경우가 있다. 이런 경우 if 문의 조건 부분을 따로 떼어내서 부울 함수로 작성하고 if 문에서는 해당 함수를 호출하는 방식으로 코드를 작성하면 이해하기 쉽고, 읽기 쉬운 코드를 작성할 수 있다.

예를 들어 보자. 프로그램을 작성하는 중간에 세 개의 변수 x, y, z가 결정되고, 그 가운데 정확하게 하나의 변수만이 양수인 경우에 "한 숫자만 양수"를 출력하는 작업을 수행할 때, 다음과 같이 if 문 뒤의 조건이 복잡해지면 코드를 이해하기 어렵다.

```
if (x>0 and y<=0 and z<=0) or (x<=0 and y>0 and z<=0) or (x<=0 and y<=0 and z>0):
    print("한 숫자만 양수")
```

이런 경우 코드 5-1과 같이 세 변숫값을 매개변수로 입력받아 결과를 True/False로 반환하는 함수를 작성하고 그 결괏값을 if 문의 조건으로 이용하면 훨씬 코드를 이해하기 쉽다.

```
01    def onePositive(x, y, z):
02        if x > 0 and y <= 0 and z <= 0:
03            return True
04        if x <= 0 and y > 0 and z <= 0:
05            return True
06        if x <= 0 and y <= 0 and z > 0:
07            return True
08        return False
09
10    if onePositive(x, y, z):          ────▶  if 조건문에서 부울 함수 호출
11        print("한 숫자만 양수")
```

이와 같이 부울 함수는 **if** 구문의 조건문에서 호출할 수 있고, 함수의 결괏값을 반환받아 적절하게 조건문을 수행할 수 있다.

5.2 부울 표현식 자체를 반환하기

부울 함수를 정의할 때는 부울 표현식 자체를 반환하는 방식으로 함수를 간단하게 정의할 수 있다. 다음의 두 함수는 동일한 결과를 나타내지만 오른쪽과 같은 표현이 더 이해하기 쉽고 간단하다.

5.3 not 부울 표현식으로 if-else 구조 바꾸기

만약 True와 False의 위치가 바뀌는 경우라면 반환하는 부울 표현식 앞에 **not**을 붙여서 처리하면 된다. 부울 함수를 사용하는 많은 경우에 이러한 방법을 사용하여 읽고 이해하기 쉬운 프로그램을 작성할 수 있다.

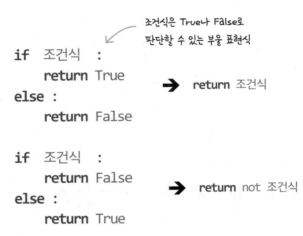

조건식은 True나 False로
판단할 수 있는 부울 표현식

```
if   조건식   :
     return True              →    return 조건식
else :
     return False
```

```
if   조건식   :
     return False             →    return not 조건식
else :
     return True
```

그림 5-1 조건식을 이용한 반환

5.4 부울 함수 작성 시 주의할 점

● **"True", "False"는 부울값이 아니다**

부울 함수를 정의할 때 주의해야 하는 점이 있다. 다음 예를 살펴보자. 무엇이 문제인가?

```
01    def lessThan(x, y):
02        if x < y:
03            return "True"
04        else:
05            return "False"
06
07    a, b = 3, 2
08    if lessThan(a, b):
09        print("a가 b보다 작습니다.")
```

a가 b보다 작습니다.

분명히 3이 2보다 큰 값인데 print 문이 수행되었다. 왜 그럴까? 이는 반환값이 문자열 값 "False"이기 때문이다. 즉, 부울값인 False와 문자열 "False"는 출력되어 사람이 보기에는 같지만, 실제로 프로그램에서는 완전히 다른 값으로 취급된다. if 문 뒤에 공백 문자열("")이 아닌 다른 문자열이 오면 True로 판단하는 특성 때문에 "False"라는 문자열을 받은 if 문장이 조건을 True로 판단하여 "a가 b보다 작습니다."라는 문자열을 출력한 것이다. 그러므로 부울 함수의 반환값은 반드시 부울형인 True 혹은 False로 지정해야 하며 "True", "False", true, false 등은 모두 잘못된 결과를 생성할 수 있다.

● if 조건문에서 부울 함수 호출 표현

if 문의 조건에서 부울 함수를 호출할 때 가끔 다음과 같이 ==True 혹은 ==False 표현을 사용한 코드를 볼 수 있다. 그러나 이러한 표현은 군이 사용할 필요가 없다. 다음 두 코드는 완전히 동일한 결과를 나타내며 오히려 아래쪽처럼 표현하면 더 간결하고 이해하기 쉽다.

```
if singleDigit(a) == True and singleDigit(b) == False:
```

```
if singleDigit(a) and not singleDigit(b):
```

또한 다음과 같이 == 대신, 대입 연산자인 =를 if 조건문에 사용하는 경우 Syntax Error: invalid syntax: 오류가 발생하게 되니 주의해야 한다.

```
if singleDigit(a) = True:
    print ("single Digit이다")
```

 아하, 그렇군요 8　　**실수형 값의 비교 연산**

컴퓨터를 이용하여 계산할 때 가끔은 이해하기 어려운 결과에 당황하는 경우가 발생한다. 다음 예를 살펴보자.

```
>>> print (0.1 + 0.1 + 0.1 == 0.3)
```

수학적으로 보면 당연히 **True**라는 결과가 나오겠지만 실제로 프로그램을 수행한 결과는 **False**이다. 대체 안에서 무슨 일이 벌어진 것일까?

이러한 결과를 이해하려면 컴퓨터가 숫자를 내부에 저장하는 방식을 이해해야 한다.

여러분은 컴퓨터가 숫자를 표현하는 방식에 이진수(binary number)를 이용한다는 것을 알고 있을 것이다. 이진수란 0과 1을 이용하여 숫자를 표현하는 방식이다. 다음 표는 십진수를 이진수로 나타낸 것이다.

십진수	0	1	2	3	4	5	6	7	8
이진수	0	1	10	11	100	101	110	111	1000

이와 같이 이진수의 각 자리 수는 맨 뒤에서부터 1, 2, 4, 8과 같이 2^0, 2^1, 2^2, 2^3을 의미한다. 그러므로 십진수 7은 $2^2+2^1+2^0=4+2+1 \rightarrow 111_{(2)}$로 표현되는 것이다.

이러한 방법은 정수를 표현할 때는 문제가 없지만 실수를 표현할 때는 문제가 발생할 수 있다. 이는 소수점 아래의 수를 표현하는 방식 역시 2^{-1}, 2^{-2}, 2^{-3}, 즉 ½, ¼, ⅛ … 의 합으로 표현하기 때문이다.

컴퓨터에서 실수를 표현하는 방식은 고정소수점(fixed point) 방식과 부동소수점(floating point) 방식이 있는데, 현재 대부분의 시스템에서는 넓은 범위의 수를 표현할 수 있는 부동소수점 방식을 사용한다. 부동 소수점 방식은 하나의 실수를 표현하는 데 부호(sign), 가수(mantissa), 그리고 지수(exponent)로 나누어 표현한다. 실제로 이진수로 저장되는 형식에 대한 내용은 컴퓨터 구조에서 자세히 다루고 있다. 여기서는 실수의 저장 구조를 아는 것이 목적이 아니라 이진수로 실수를 표현하는 것이 왜 오차를 포함할 수밖에 없는지를 살펴보는 것에 초점을 두고 설명한다.

이진수로 실수를 표현할 때 소수점 아래의 부분은 2^{-1}, 2^{-2}, $2^{-3} \cdots$ 의 합으로 표현된다. 그렇다면 예를 들어 십진수 0.4를 이진수로 표현해 보자. 0.4는 소수점 아래 첫 번째 자리인 2^{-1}, 즉 0.5보다 작으므로 첫 자리는 0이 된다. 그러나 2^{-2}, 즉 0.25보다는 크기 때문에 두 번째 자리는 1이 된다. 자 이제, 0.4-0.25=0.15를 추가로 표현하면 되는데 세 번째 자리인 2^{-3}, 즉 0.125는 남아 있는 값인 0.15보다 작으므로 세 번째 자리도 1이 된다. 이런 방식으로 가능한 0.4에 가까운 근삿값을 찾아내면 **0.0110011**$_{(2)}$=0.25+0.125+0.015625+0.0078125 $\cdots$와 같은 형태를 갖게 될 것이다. 그러나 이와 같은 방식으로 표시하기 때문에 아주 많은 저장 공간을 사용한다고 하더라도 모든 실수를 정확하게 표시하기 어렵고 제한된 자릿수로 표현되는 실숫값으로 인하여 오류를 발생시킬 수 있다.

자릿수의 값	1/2	$1/2^2$	$1/2^3$	$1/2^4$	$1/2^5$	$1/2^6$	$1/2^7$
	0.5	0.25	0.125	0.0625	0.03125	0.015625	0.0078125
0.0110011$_{(2)}$	0	1	1	0	0	1	1

다음 코드는 **0.1**을 반복적으로 더하면서 출력하는 코드인데 결과를 보면 실수를 표현하는 데 따르는 오류를 확인할 수 있다.

```
a = 0
for i in range (10):      # i 값을 0부터 9까지 변화시키며 다음 문장들을 10회 반복 수행하라는 의미
    a = a + 0.1
    print (i, a)

0 0.1
1 0.2
2 0.30000000000000004
3 0.4
4 0.5
5 0.6
6 0.7
7 0.7999999999999999
8 0.8999999999999999
9 0.9999999999999999
```

이처럼 컴퓨터의 실수 표현은 오차를 포함할 수 있으므로 프로그램 작성 중 두 실숫값의 크기가 서로 같은지를 ==를 이용하여 비교하는 것은 실행상의 오류를 발생시킬 수 있다(물론 '크다', '작다'의 비교는 항상 가능하다). 그래서 되도록이면 두 실수 간의 비교는 정수끼리의 비교로 바꾸어 수행하는 것이 좋다. 즉, a**0.5==b라고

비교하기보다는 **a==b**2**로 바꾸어 수행하는 것을 추천한다. 만약 정수로 변환하여 비교할 수 없는 경우에는 두 실수의 차이가 아주 작은 오차 범위(예를 들어 10^{-10}) 내에 있다면 두 수가 같다고 간주하는 방식으로 두 실숫값의 비교를 수행할 수 있다. 다음 예를 살펴보자.

```
a = 0.3
b = 0.1 + 0.1 + 0.1
if (a== b) :
    print ("a== b")
else:
    print ("a != b")

if ( abs (a-b) < 10 ** -10):    # 두 수의 차이가 10의 -10승보다 작다면 같다고 간주함
    print ("a와 b는 같다. ")
else :
    print ("a와 b는 서로 다릅니다.")


a != b
a와 b는 같다.
```

다음 예는 두 점의 거리가 주어진 **dist** 값과 같은가를 비교하기 위하여 두 점 사이의 거리를 구할 때 제곱근($\sqrt{\ }$)을 계산하는 대신 양변을 각각 제곱하여 정수 사이의 비교를 수행하는 예이다. 이처럼 두 실숫값이 서로 같다는 것을 판단할 때는 정수 간의 비교로 변경하여 처리하는 것이 오류를 피하는 좋은 방법이다.

```
def distanceEqual(x1,y1,x2,y2,dist):
    d = ((x2-x1)**2+(y2-y1)**2)**0.5
    if d == dist:
        print("거리가 같다")
```
➡
```
def distanceEqual(x1,y1,x2,y2,dist):
    d = ((x2-x1)**2+(y2-y1)**2)
    if d == dist**2:
        print("거리가 같다")
```

Step by Step

2차원 평면상의 세 점의 좌표 (x1, y1), (x2, y2), (x3, y3)을 의미하는 6개의 매개변수 x1, y1, x2, y2, x3, y3을 입력받아 세 점을 잇는 선분들이 직각 삼각형을 이루는지를 검사하는 함수 `rightAngled`를 작성하여라.

풀이 단계

01   작성할 프로그램은 세 점의 좌표를 입력받아, 입력받은 세 점으로 이루어진 삼각형의 직각 삼각형 여부를 True/False 값으로 반환하는 부울 함수를 작성하는 문제다. 먼저 함수 머리 부분을 작성한다.

```
def rightAngled(x1, y1, x2, y2, x3, y3):
```

02   직각 삼각형을 이루는 세 선분은 어떤 조건을 만족해야 하는가? 바로 피타고라스의 정리를 이용하면 된다. 즉, 직각 삼각형에서 빗변 길이의 제곱은 나머지 두 변 각각의 제곱의 합과 같다.

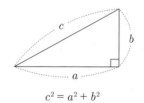

$$c^2 = a^2 + b^2$$

03   이를 위해서 우선 세 변의 길이를 구해야 한다. 두 점의 좌표값을 이용하여 선분의 길이를 구하는 공식을 통해 세 선분의 길이를 구한다.

```
a = ((x2-x1)**2 + (y2-y1)**2)**0.5
b = ((x3-x2)**2 + (y3-y2)**2)**0.5
c = ((x1-x3)**2 + (y1-y3)**2)**0.5
```

04   이제 이렇게 구한 세 선분의 길이로 피타고라스 정리에 맞춰 비교해 보면 된다. 우선 각 선분의 제곱값을 a2, b2, c3 변수에 대입한다.

```
a2 = a**2
b2 = b**2
c2 = c**2
```

05   선분이 피타고라스 정리에 맞는지를 확인해 보자. 세 선분 중 어떤 것이 빗변인지(가장 긴 선분) 알 수 없으므로 세 가지 경우를 모두 검사해 본다.

```
if (a2+b2==c2 or b2+c2==a2 or c2+a2==b2) :
    return True
else :
    return False
```

06   이와 같이 생각의 흐름대로 작성한 프로그램에는 몇 가지 문제점과 개선점이 존재한다. 먼저 오류 발생에 대해 생각해 보자. 입력이 다음과 같은 경우를 살펴보자.

```
print(rightAngled(1, 2, 4, 2, 4, 3))   # 결과는 False
```

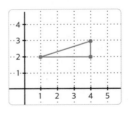

이 경우 분명히 직각 삼각형인데 결과가 **False**다. 이와 같이 이해하기 어려운 오류가 발생하는 경우는 어떻게 해야 하는가? 바로 print 문으로 중간 결괏값을 출력해서 확인해 보아야 한다.

07   프로그램에서 계산한 선분의 길이를 출력해 보자.

```
print (a2, b2, c2)   # → 9.0 1.0 10.000000000000002
```

아하! 오류가 발생한 원인은 바로 실숫값의 비교에서 발생하는 오차 때문임을 알 수 있다. 그러므로 두 개의 실수 float 값이 같은지를 비교하는 것을 두 개의 정숫값의 비교로 변경할 수 있도록 프로그램을 수정해 보자.

08 즉, ③~④번 과정과 같이 각 선분의 길이를 `**0.5`를 이용하여 길이를 구한 후 다시 제곱하지 말고, 바로 선분의 길이의 제곱 값 자체를 이용하여 비교하면 된다.

```
a = (x2-x1)**2 + (y2-y1)**2
b = (x3-x2)**2 + (y3-y2)**2
c = (x1-x3)**2 + (y1-y3)**2
```

09 더불어 한 가지 더 개선할 점이 있다. 바로 부울 함수의 경우 ⑤번 과정과 같이 `if` 문을 작성할 필요없이 `return` 구문에서 바로 조건식을 명시할 수 있다.

```
return a+b==c or b+c==a or c+a==b
```

10 최종 프로그램과 이를 수행한 결과는 다음과 같다.

📁 Chap05 Step by Step   Chap05_P00.py

```
01   def rightAngled(x1, y1, x2, y2, x3, y3):
02       a = (x2-x1)**2 + (y2-y1)**2
03       b = (x3-x2)**2 + (y3-y2)**2
04       c = (x1-x3)**2 + (y1-y3)**2
05
06       return a+b==c or b+c==a or c+a==b
07
08   print(rightAngled(1, 1, 5, 2, -1, 9))
09   print(rightAngled(1, 2, 4, 2, 5, 4))
10   print(rightAngled(1, 2, 4, 2, 4, 3))
```

```
True
False
True
```

연습문제

❶

1-1 2차원 좌표상에서 점의 위치가 2사분면에 속해 있는지를 검사하는 함수 inSecondQuadrant를 구현하여라. 점의 좌표 (x, y)를 매개변수로 입력받고, 부울형으로 반환한다. 점이 축 위에 위치하는 경우는 False를 반환한다. "True"나 "False"처럼 문자열로 반환하지 않도록 주의한다.

축 위에 위치

x < 0, y > 0 **2사분면**	x, y > 0 **1사분면**
x, y < 0 **3사분면**	x > 0, y < 0 **4사분면**

```python
def inSecondQuadrant(x,y):
    # ADD ADDITIONAL CODE HERE!

print(type(inSecondQuadrant(0,0)))
print(inSecondQuadrant(-1,2))
print(inSecondQuadrant(-1,-2))
```

(Chap05_P01.py)

```
<class 'bool'>  ──────▶  반환되는 타입은 True/False 값인 부울형이다
True
False
```

1-2 앞에서 정의한 inSecondQuadrant 함수를 이용하여 점들의 좌표 세 개를 입력받아, 그중 단지 두 개의 점만 2사분면에 속해 있는지를 검사하는 함수 exactlyTwoSecondQuadrant를 작성하여라. 이때 입력되는 매개변수 x1, y1, x2, y2, x3, y3은 각각 세 점의 좌표 (x1, y1), (x2, y2), (x3, y3)을 의미한다. 세 개의 점들 가운데 정확히 두 개만 2사분면에 위치하면 True를 아니면 False를 반환한다.

❶ **힌트** 주어진 데이터 가운데 몇 개가 조건을 만족하는지를 묻는 전형적인 counter 형태의 문제다. 이때는 먼저 counter 변수를 0으로 초기화 시킨 후, if 문에 조건을 검사하는 부울 함수를 이용하여 결과가 True인 경우에 counter를 1씩 증가시킨다.

```
def exactlyTwoSecondQuadrant(x1,y1, x2,y2, x3,y3):          (Chap05_P01.py)
    counter = 0
    if inSecondQuadrant(x1,y1):
        counter = counter + 1
    # ADD ADDITIONAL CODE HERE!

print(exactlyTwoSecondQuadrant(-1,2, 2,1, -2,1))
print(exactlyTwoSecondQuadrant(1,2, -2,1, -3,3))
print(exactlyTwoSecondQuadrant(1,2, -2,-1, -2,1))
print(exactlyTwoSecondQuadrant(-1,2, -2,1, -2,2))
```

```
True
True
False
False
```

❷

2-1 세 개의 정수 lower, upper, n을 매개변수로 입력받아 n이 lower와 upper 사이에 있는지(lower≤n ≤upper)를 검사하는 함수 withinInterval을 작성하여라. 이때 입력되는 lower의 값은 항상 upper 보다 작거나 같다고 가정한다.

```
def withinInterval(lower, upper, n):          (Chap05_P02.py)
    # ADD ADDITIONAL CODE HERE!

print(type(withinInterval(1,5,0)))
print(withinInterval(1, 5, 0))
print(withinInterval(1, 5, 1))
print(withinInterval(1, 5, 3))
```

```
<class 'bool'>
False
True
True
```

121

2-2 앞에서 정의한 `withinInterval` 함수를 이용하여 7개의 정수 lower, upper, n1, n2, n3, n4, n5를 입력받아 숫자 n1, n2, n3, n4, n5 가운데 단 3개의 값만이 lower와 upper 사이에 속해 있는가를 검사하는 함수 `exactlyThreeWithinInterval`을 작성하여라. 5개의 값들 가운데 단지 3개의 숫자만이 lower와 upper 사이에 속해 있으면 True를, 아니면 False를 반환하도록 프로그램을 완성하여라.

❶ **힌트** 1번 문제와 같은 counter 유형과 True/False를 반환하는 부울 함수를 포함하는 문제 유형이다.

```
def exactlyThreeWithinInterval(lower, upper, n1,n2,n3,n4,n5):        (Chap05_P02.py)
    counter = 0
    if withinInterval(lower, upper, n1):
        counter = counter + 1
    # ADD ADDITIONAL CODE HERE!

print(exactlyThreeWithinInterval(1,5, 6,1,0,3,5))
print(exactlyThreeWithinInterval(1,5, 6,1,0,7,2))

True
False
```

❸ 큰 병원에서 수혈을 위한 혈액 수급은 늘 중요한 문제다. 혈액형별로 필요한 혈액의 양과 준비된 혈액이 충분한지를 점검하는 함수 `blood`를 작성하여라. 입력되는 매개변수는 ABO 타입에 따라 준비된 혈액양인 supplyO, supplyA, supplyB, supplyAB와 각 혈액형별 필요량 demandO, demandA, demandB, demandAB 등 8개의 정숫값이다. 문제를 간단하게 하기 위해서 Rh type은 고려하지 않고 ABO type만을 고려하기로 한다. 수혈이 가능한 경우에는 True를 반환하고 불가능한 경우에는 False를 반환한다.

❶ **힌트** 혈액을 수혈할 수 있는 규칙은 다음과 같다.

- 혈액형 O형은 O형만을 수혈받을 수 있다.
- 혈액형 A형은 O, A형을 수혈받을 수 있다.
- 혈액형 B형은 O, B형을 수혈받을 수 있다.
- 혈액형 AB형은 네 가지 모든 혈액형을 수혈받을 수 있다.

다음 코드에서 문장 끝에 있는 '\'의 의미는 다음 줄로 한 문장이 이어진다는 의미이다

```
def blood(supplyO, supplyA, supplyB, supplyAB, demandO, \          (Chap05_P03.py)
          demandA, demandB, demandAB):
    if supplyO < demandO:
        return False
    # ADD ADDITIONAL CODE HERE!


print(blood(50, 36, 11, 8, 45, 42, 10, 3))
print(blood(50, 36, 11, 3, 45, 38, 10, 7))
```

이어지는 다음 줄도
한 문장이란 뜻이다

```
False
True
```

❹

4-1 연도를 나타내는 양의 정수 하나를 입력받아 해당 연도가 윤년인지 여부를 판단하는 함수 `leapYear`
를 작성하여라.

> ❗ **힌트** 기본적으로 2월이 29일까지 존재하는 윤년(leap year)은 연도를 4로 나누어 떨어지는 경우, 즉 4의 배수인 경우에
> 한 번씩 돌아온다. 예를 들어 2020년과 2024년은 윤년이고 2021, 2022, 2023년은 윤년이 아니다. 4의 배수이지만 연도의
> 끝자리가 00인 경우, 즉 100의 배수인 경우는 윤년이 아니다. 단, 400의 배수인 경우에는 윤년이다. 그러므로 1600, 2000년
> 은 윤년이지만 1700, 1800, 1900, 2100, 그리고 2200년은 윤년이 아니다. 일단 가장 먼저 4로 나눠지지 않는 경우 False(윤
> 년이 아니므로)를 반환함으로써 경우의 수를 줄일 수 있다.

```
def leapYear(year):                                               (Chap05_P04.py)
    if year%4 != 0:
        return False    # 먼저 4로 나눠서 떨어지지 않는 경우를 미리 제외시킴
    # ADD ADDITIONAL CODE HERE!


print(leapYear(2008), leapYear(2011), leapYear(2012))
print(leapYear(2000), leapYear(2100), leapYear(2200))
print(leapYear(2300), leapYear(2400), leapYear(3200))
```

```
True False True
True False False
False True True
```

4-2 자, 이제는 앞에서 정의한 leapYear를 이용하여 연도와 월을 입력받아 해당 월의 마지막 일자를 반환하는 함수인 numDays를 작성해 보자.

❶ 힌트 1, 3, 5, 7, 8, 10, 12월은 31일까지 있고, 4, 6, 9, 11월은 30일까지 그리고 윤년이 아닌 2월은 28일까지, 윤년인 경우는 2월이 29일까지 있다.

```
def numDays(year, month):                                    (Chap05_P04.py)
    if month == 1 or month == 3 or month == 5 or month == 7 or \
        month == 8 or month == 10 or month == 12:
        return 31
    # ADD ADDITIONAL CODE HERE!

print(numDays(2000,1), numDays(2001,4), numDays(2004,8))
print(numDays(2008,2), numDays(2011,2), numDays(2012,2))

31 30 31
29 28 29
```

5 함께 생각해보기   (Chap05_P05.py)

2차원 평면에서 두 개의 원이 서로 만나는 교점의 개수를 반환하는 함수 intersect를 작성하여라.

이와 같은 문제는 발생 가능한 모든 상황을 포함하도록 프로그램을 작성하는 것이 중요하다. 팀별로 함께 단계별 요구사항을 토의해 보고 프로그램을 완성하여 보자.

① 2차원상의 원을 표현하기 위해 필요한 속성은 무엇인가? 두 개의 원을 표현하기 위해서 어떤 값들을 입력 매개변수로 받아야 하는지 결정한다.

② 서로 다른 두 원의 2차원상의 위치 관계로 가능한 경우는 몇 가지인지 그림으로 그려보자.

③ 앞에서 찾은 다양한 경우 각각에 대해 매개변수로 받은 값들 사이에 적용되는 규칙은 무엇인가?

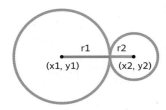

예를 들어 그림과 같은 경우를 표현하는 식은 어떻게 작성해야 할까?

④ 앞에서 설계한 내용을 프로그램으로 구현하여라.

○주의: 두 실수의 크기를 ==로 비교하는 것은 오차를 포함할 수 있으므로, 정숫값 사이의 비교로 변환하는 것이 더 좋은 구현 방법이다.

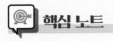 **핵심 노트**

✱ **부울 함수**: True/False 값을 반환하는 함수 → if의 조건문에 사용 가능

✱ 부울 표현식 자체를 return

```
def lessThan(x, y)

    return x < y
```

✱ 조건식을 반환하면 간단하게 표현 가능, not을 이용하여 if-else 구조를 바꿀 수 있다!

조건식은 True나 False로
판단할 수 있는 부울 표현식

```
if  조건식  :
    return True                    →  return 조건식
else :
    return False
```

```
if  조건식  :
    return False                   →  return not 조건식
else :
    return True
```

✱ **'True', 'False'**는 부울값이 아님에 주의!

✱ 두 개의 실수를 ==로 비교하면 오류 발생 가능 → 정숫값으로 비교하거나 아주 작은 값보다 오차가

더 작으면 같다고 취급

chapter 6

for 반복문

📖 **학습목표**

- 반복문의 필요성을 이해한다.

- 반복문의 구조에 대해 이해한다.

- range( ) 함수의 세 가지 매개변수 사용 방법에 따른 결과를 생성할 수 있다.

- for 구문에서 range( ) 함수를 사용하여 반복 횟수를 지정할 수 있다.

- 중첩된 반복문을 구성할 수 있다.

- 분기문과 반복문을 함께 사용하여 제어할 수 있다.

- if 문과 for 문을 활용하여 최댓값과 최솟값을 찾는 알고리즘을 구현할 수 있다.

- 단축 연산자의 종류와 사용법을 이해한다.

- 파이썬 변수의 동적 바인딩 개념을 이해한다.

컴퓨터가 하는 기본적인 작업은 계산이며, 아무리 복잡한 계산도 파이썬의 구성 요소인 연산, 순차문, 조건문(if-else), 그리고 반복(loop)의 조합으로 가능하다. 이 가운데 연산과 순차문, 조건문은 이미 배웠고 이번 장에서는 반복문 중 하나인 for 반복문을 배워보자. for 반복문은 계산을 반복하는 역할을 하는데, 이 기능이 단순해 보일지라도 if-else 조건문 등과 결합되면 매우 강력해진다. 반복문은 특히 다음에 배우게 되는 자료구조인 리스트(list)와 함께 사용하면 더욱 강력하고 유용한 계산을 할 수 있게 된다. for 구문과 함께 또 다른 형태의 반복문으로 while 구문이 있으며 이는 9장에서 다룬다.

● 반복은 컴퓨터가 사람에 비해 월등히 잘하는 일의 방식이다

반복문(loop)은 말 그대로 어떤 패턴의 일을 반복적으로 수행할 때 사용하며, 사실 사람과 비교해서 컴퓨터가 가장 잘 하는 일이 바로 주어진 작업을 반복하는 일이다. 현실 세계의 많은 문제들은 동일한 작업을 여러 번 반복하는 과정을 통해 해결된다. 반복문이 왜 필요한지 예를 통해 알아보자.

● 반복문 없이 반복 작업 수행하기

지금까지 배운 파이썬 언어의 구성 요소만으로 1+2+...+10을 계산하는 sum1() 함수를 어떻게 만들 수 있을지 생각해 보자.

📁 **코드 6-1**: 반복문 없는 1부터 10까지의 합   Chap06_L01.py

```
01   def sum1( ):
02       sum = 0          ───────▶ 초깃값 설정
03       sum = sum + 1    ───────▶ n번 반복
04       sum = sum + 2
05       sum = sum + 3
06       ...
07       sum = sum + 10
08       return sum
```

이렇게 비슷한 코드를 반복하여 작성하는 경우, 코드 작성 시 실수하기 쉽고 만약 10 대신 100까지, 1000까지의 합계처럼 반복 횟수가 많아지면 도저히 일일이 복사 & 붙여넣기 방식으로 프로그램을 작성하기 어렵다. 또한 10이나 100까지와 같이 반복 횟수가 정해진 것이 아니라 매개변수로 주어지는 n까지 반복하는 경우에는 몇 번 반복해서 써야 할지 알 수가 없어서 이와 같은 방법으로는 프로그램을 작성할 수 없다. 이런 상황에 대비하여 파이썬에서는 반복을 위한 for 구문을 제공한다.

6.1 for 반복문의 구조

● for 구문의 머리 부분과 몸체 부분

for 반복문의 구조는 함수 정의나 if- else 구문과 같이 반복의 횟수를 정해주는 머리 부분과 한번 반복할 때마다 수행해야 하는 일들을 정해 놓은 몸체 부분으로 나뉜다.

반복 변수   반복 가능한 객체   콜론으로 머리 부분 끝을 나타냄

for 구문의 키워드   **for i in** range(3) **:**   } for 구문의 머리 부분

들여쓰기 ------>   print(i)
                  print(1)   } for 구문의 몸체 부분

그림 6-1 for 구문의 구조

　for 반복문의 머리 부분에서 반복문의 수행 횟수를 결정한다. 먼저 키워드로 for와 in 연산자가 사용되며, in 뒤에는 리스트, 문자열, range() 결과와 같이 반복 가능한(iterable) 객체가 나온다. 마지막으로 콜론을 붙여 머리 부분의 끝을 나타낸다. 반복문을 한번 수행할 때마다 반복 변수에(그림에서는 i) 반복 가능한 객체의 항목이 한 번씩 대입되어 for 구문의 몸체를 수

행하게 된다. 가장 간단하면서도 많이 사용하는 for 구문은 그림 6-1과 같이 range() 함수를 사용하여 반복 횟수를 결정하는 방법이다.

6.2 range() 함수

● **정수의 범위를 결정하는 range() 함수**

먼저 for 구분의 제어를 위해 사용되는 **range()** 함수에 대해 알아보자. range() 함수는 정수의 범위를 결정하는 range 타입의 데이터를 생성하며 for 구문의 머리 부분에서 반복문 수행 횟수를 결정할 때 주로 이용한다. 입력받는 매개변수의 수가 한 개, 두 개, 세 개인 세 가지 경우가 있고, 입력 매개변수의 개수에 따라 그 의미가 달라진다.

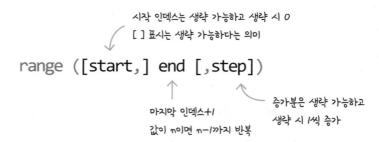

시작 인덱스는 생략 가능하고 생략 시 0
[ ] 표시는 생략 가능하다는 의미

range ([start,] end [,step])

마지막 인덱스+1
값이 n이면 n-1까지 반복

증가분은 생략 가능하고
생략 시 1씩 증가

그림 6-2 range() 함수

　range() 함수는 start 인덱스부터 시작하여 step만큼씩 증가하면서 end가 되기 전까지 값들을 생성한다. for 구문이 range() 함수와 함께 사용될 때는 range() 함수에서 생성된 항목 값들이 한 번씩 for 구문의 반복 변수에 대입되면서 for 구문의 몸체 부분을 수행되게 된다. 그림 6-3은 range() 함수의 인수 수에 따라 for 구문이 다르게 해석되는 결과를 보여준다.

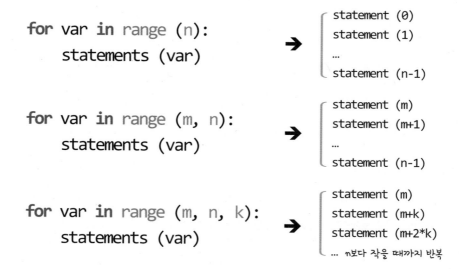

for var in range (n):
    statements (var)

→
statement (0)
statement (1)
...
statement (n-1)

for var in range (m, n):
    statements (var)

→
statement (m)
statement (m+1)
...
statement (n-1)

for var in range (m, n, k):
    statements (var)

→
statement (m)
statement (m+k)
statement (m+2*k)
... n보다 작을 때까지 반복

그림 6-3 range() 함수를 이용한 for 구문

세 가지 경우를 하나씩 살펴보자.

● **range() 함수의 인수가 한 개일 때**

for var in range (n):
    statements (var)

0부터 n-1까지 한 번씩 var 변수
에 대입되면서 for 구문 수행
0, 1, ···, n-1

그림 6-4 range() 함수의 인수가 한 개인 경우

range()의 입력 인수가 한 개인 경우에는 start와 step은 생략되고 end 값만이 인수로
지정된 것이다. 이때는 0부터 시작하여 입력값인 end보다 1만큼 작은 값까지 1씩 증가하면서
end 개의 정수를 한 번씩 변수 var에 대입한다. 즉, range(4)란 의미는 0, 1, 2, 3 숫자들을
for 문의 변수 var에 한 번씩 대입하도록 4회 반복한다는 뜻이다. 이때 사용되는 var와 같은
변수를 **반복 변수** 혹은 **루프 변수**라 하고 이름은 자유롭게 설정할 수 있다.

● range() 함수의 인수가 두 개일 때

$$\text{for var in range (m, n):}$$
$$\text{statements (var)}$$

m부터 n-1까지 한 번씩 var 변수에
대입되면서 for 구문 수행
m, m+1, m+2, ···, n-1

그림 6-5 range() 함수의 인수가 두 개인 경우

range()의 입력 인수가 두 개인 경우에는 start와 end 값이 인수로 표시된 것이며 step 은 생략된 경우다. 즉, 처음 start부터 시작하여 end-1 값까지 1씩 증가하면서 end-start 개 의 정수를 한 번씩 변수 var에 대입한다. 예를 들어 range(2, 7)이란 의미는 2, 3, 4, 5, 6의 숫 자를 for 문의 변수 var에 한 번씩 대입하라, 즉 5회 반복하게 된다는 뜻이다. 그러므로 range(4)와 range(0, 4)는 동일한 결과를 생성한다. 또한 end 값이 start보다 작거나 같은 경우에는 for 반복문을 한 번도 수행하지 않고 바로 빠져나간다.

📁 **코드 6-2**: for 문을 이용한 1부터 n까지의 합   Chap06_L02.py

```
01   def sum2(n):
02       sum = 0
03       for i in range(1, n+1):        # i = 1,2, ..., n까지 각각 반복하기
04           sum = sum + i              # 들여쓰기로 for 구문 안에 속한다는 것을 알려줌
05       return sum
```

● range() 함수의 인수가 세 개일 때

$$\text{for var in range (m, n, k):}$$
$$\text{statements (var)}$$

m부터 n-1까지 k씩 증가하면서 한 번씩
var 변수에 대입되면서 for 구문 수행
m, m+k, m+2k, ··· n보다 작을 때까지

그림 6-6 range() 함수의 인수가 세 개인 경우

range()의 인수가 세 개인 경우에 각 인수의 의미는 **시작값, 끝값+1, 증가분**을 나타낸다. 예를 들어 range(10, 22, 2)은 10, 12, 14, 16, 18, 20을 나타낸다. 여기서도 앞의 예와 같이 마지막 값인 22는 포함되지 않는다. 이때 세 번째 **step** 값은 음수도 가능한데 이때는 반드시 시작값보다 마지막 값이 더 작아야 한다. 예를 들어 range (10, 0, -3)은 10, 7, 4, 1 값을 한 번씩 생성한다. 만약 다음과 같은 코드를 수행하면 출력문은 한 번도 수행되지 않는다. 왜냐하면 1부터 시작해서 −3씩 더해주는 경우 결코 10에 이를 수 없게 되므로 파이썬에서는 **range()** 함수를 만족하는 정수들의 결과가 없다고 판단하고 한 번도 반복문을 수행하지 않는다. 즉, 오류는 나지 않지만 **for**의 몸체 부분은 수행되지 않는다.

```
for k in range (1, 10, -3) :
    print (k)          # 한 번도 수행되지 않음
```

다시 한번 정리하면 range(start, end)는 range(start, end, step)에서 step이 1인 경우이고, range(end)는 range(start, end)에서 start가 0인 특별한 경우가 된다. 그러므로 range(4)와 range(0, 4), range (0, 4, 1)은 모두 동일한 의미로 정수 0, 1, 2, 3을 한 번씩 생성한다.

for 반복문은 정말 많이 사용하는 구문이므로 다양한 예를 통해 반드시 익숙해져야 한다. 지금부터 여러 가지 **for** 반복문의 패턴들을 살펴보도록 하자.

● **for 구문을 이용한 x^n 계산**

첫 번째 예로 x^n 형태의 멱수를 구하는 **for** 반복문을 살펴보자. x^n은 x**n으로 바로 계산할 수 있지만, 간단한 반복문의 좋은 예이므로 구현을 살펴보자.

$$x^n = \underbrace{x \cdot x \cdot \ldots \cdot x}_{n\text{번 반복}}$$

그림 6-7 x^n 구하기

```python
01  def power(x, n):
02      product = 1              # 곱셈을 위한 초깃값
03      for i in range(n):       # i: 0, 1, ... n-1까지 n회 수행하도록 함
04          product = product * x
05      return product
```

덧셈의 경우 중간 계산 값을 담아두는 변수를 0으로 초기화하면 되는데, 곱셈의 경우는 1로 초기화해야 한다. 이때 중요한 것은 루프 변수 i는 0부터 시작하여 n-1까지 n회 변경되며 i값은 루프 내에서 계산에 사용되는 것이 아니고, 루프의 반복 횟수를 세는 데만 사용된다는 점이다. 물론 이때 range(1, n+1)을 사용해도 되지만 보통 어떤 작업을 n회 수행할 때는 range(n)을 사용하는 것이 일반적이다. 이는 앞으로 배우게 될 리스트의 인덱스와 잘 맞는 구조다.

6.3 중첩된 반복문의 사용

for 반복문은 if 조건문과 함께 사용하거나, for 구문 안에 다른 for 구문을 중첩하여 사용함으로써 복잡한 상황을 처리할 수 있다.

● **for 구문 안에 다른 for 구문을 포함하는 중첩 루프**

먼저 중첩 루프(nested loop)를 살펴보자. 루프 안에 또 다른 루프를 포함하는 경우를 중첩 루프라 한다. 구구단을 출력하는 것은 이중 for 루프의 가장 대표적인 예다.

📁 **코드 6-4**: 중첩 루프 1   Chap06_L04.py

```
01   for i in range(1, 10):              # 바깥쪽 루프는 1부터 9까지 단을 변화시키고
02       for j in range(1, 10):          # 안쪽 루프는 각 단 안에서 1~9까지 곱하기를 수행
03           print(i*j, end=" ")         # print 뒤에 end = " "를 붙여서 줄바꿈 없이 이어서 출력
04       print()                         # 한 단이 끝나면, 즉 안쪽 루프가 끝나면 줄바꿈을 수행
```

```
1 2 3 4 5 6 7 8 9
2 4 6 8 10 12 14 16 18
3 6 9 12 15 18 21 24 27
4 8 12 16 20 24 28 32 36
5 10 15 20 25 30 35 40 45
6 12 18 24 30 36 42 48 54
7 14 21 28 35 42 49 56 63
8 16 24 32 40 48 56 64 72
9 18 27 36 45 54 63 72 81
```

이 프로그램을 조금 변경하여 다음과 같은 결과를 내려면 **??** 부분을 어떻게 수정하면 좋을까?

📁 **코드 6-5**: 중첩 루프 2 템플릿   Chap06_L05.py

```
01   for i in range(   ??   ):
02       for j in range(   ??   ):
03           print(i*j, end=" ")
04       print()
```

```
1 2 3 4 5 6 7 8 9
3 6 9 12 15 18 21 24 27
5 10 15 20 25 30 35 40 45
7 14 21 28 35 42 49 56 63
9 18 27 36 45 54 63 72 81
```

한 단 안에서 1~9까지 곱하기를 수행하는 부분은 코드 6-4와 동일하나 바깥 루프는 1, 3, 5, 7, 9로 변화한다. 그러므로 코드 6-5와 같이 작성하면 된다.

```
01  for i in range(1, 10 ,2):
02      for j in range(1, 10):
03          print(i*j, end=" ")
04      print()
```

그렇다면 다음과 같은 결과를 내려면 **??** 부분을 어떻게 수정하면 좋을까?

```
01  for i in range(    ??    ):
02      for j in range(    ??    ):
03          print(i*j, end=" ")
04      print()
```

```
1
3 6 9
5 10 15 20 25
7 14 21 28 35 42 49
9 18 27 36 45 54 63 72 81
```

바깥 루프는 코드 6-5와 같이 1, 3, 5, 7, 9로 증가하는데 안쪽 루프는 바깥 루프의 영향을
받아서 반복 횟수를 결정한다. 그러므로 다음과 같이 안쪽 range() 함수 인수에 바깥쪽 루프
변숫값 i를 사용한다.

```
01  for i in range(1, 10 ,2):
02      for j in range(1, i+1):
03          print(i*j, end=" ")
04      print()
```

6.4 조건문과 반복문 함께 사용하기

● for 구문 안에 if 구문 포함하기

다음으로 for 반복문과 if 조건문이 함께 있는 경우를 살펴보자.

📁 **코드 6-7**: for 구문과 if-else

Chap06_L07.py

```python
01   for k in range(1, 11):
02       if k % 2 == 0:
03           print(k, "is even")
04       else:
05           print(k, "is odd")
```

```
1 is odd
2 is even
3 is odd
4 is even
5 is odd
6 is even
7 is odd
8 is even
9 is odd
10 is even
```

앞선 코드의 수행 과정을 살펴보면 다음과 같다. 먼저 range(1, 11) 구문에 의해 바깥에 있는 for 문이 한 번 수행될 때마다 k 값에 1, 2, 3 …10까지의 숫자가 차례로 대입된다. 대입된 k 값을 이용하여 for 구문의 몸체에서 if k%2==0:을 판단하는데 2로 나눈 나머지가 0이란 뜻은 짝수라는 의미이므로 "k is even"이 출력된다. 그렇지 않은 경우, 즉 홀수인 경우는 else 구문을 수행한다.

● 반복문을 이용하여 최댓값/최솟값 구하기

다음으로 if 문과 for 반복문을 활용하여 복잡한 수식의 최댓값/최솟값을 구하는 문제를 풀어 보자. 여러 가지 값 가운데 최댓값/최솟값을 구하는 문제는 해결 방법에 패턴이 있고 매우 자주 접하게 되는 문제 유형이다.

먼저 $f(x) = (x^5 + 2x^3 + 7x^2 + x + 500) \bmod 1000$이라 하고, x의 값이 0부터 99 사이의 정수로 정의될 때 $f(x)$의 최댓값을 구하는 함수 findMax()를 작성해 보자. 함수에서 $\bmod 1000$을 수행하기 때문에 $f(x)$ 값은 증가와 감소를 반복하면서 0부터 999 사이의 값이 될 것이다. 여러 개의 데이터 중에서 최댓값을 구하는 방법은 마치 여러 명의 사람이 줄 지어 서 있을 때 가장 키가 큰 사람의 키를 찾아내는 것과 동일한 방법을 사용하면 된다. 일단 무조건 첫 번째 사람을 가장 크다고 가정하고 종이에 첫 번째 사람의 키를 기록한다. 그리고 한 명씩 비교하면서 더 큰 사람이 나타나면 그 사람의 키를 새로운 최댓값으로 기억한다. 그렇게 맨 마지막까지 비교하면 가장 큰 키를 구할 수 있다. 이러한 방법으로 x값을 0부터 99까지 변화시키면서 $f(x)$의 값을 구하고 그 중 최댓값을 반환한다.

📁 **코드 6-8**: 함수의 최댓값   Chap06_L08.py

```
01   def f(i):
02       return (i**5 + 2*i**3 + 7*i**2 + i + 500) % 1000
03
04   def findMax():
05       maxV = f(0)              # 0을 대입한 f(0)을 최댓값이라고 가정
06       for i in range(1, 100):  # 1부터 99까지 반복
07           if f(i) > maxV :
08               maxV = f(i)      # 새로운 max 값을 기억
09       return maxV
10
11   print (findMax())
```

991

만약 최솟값을 찾는다면 비교 연산자의 부등호 방향만 반대로 바꿔주면 된다.

```python
01   def f(i):
02       return (i**5 + 2*i**3 + 7*i**2 + i + 500) % 1000
03
04   def findMin():
05       minV = f(0)
06       for i in range(1, 100):
07           if f(i) < minV :
08               minV = f(i)
09       return minV
10
11   print (findMin())
```

6

6.5 단축 연산자

● **연산자를 짧게 표현하는 단축 연산자**

코드 6-3의 멱수를 구하는 **for** 구문에서와 같이 product=product*x처럼 일정 숫자를 더하거나 곱하는 등의 수치 연산을 수행하여 다시 해당 변수에 대입하는 경우에는 단축 연산자를 사용할 수 있다. 마치 영문 이름이 길면 머리 글자만 따서 약자를 만들어 사용하면 편하듯이, 자주 사용하는 연산자를 간단하게 표기하는 것이다. 즉, x=x+1과 같이 현재 변수 x의 값에 특정 값 1을 더하여 다시 x 변수에 대입하는 과정은 x+=1과 같이 표현할 수 있다. 단축 연산자들은 정수형 변수뿐 아니라 실수형 변수에도 적용 가능하다.

```
x = x + 10      →    x += 10
x = x - 3       →    x -= 3
```

```
x = x * 2       →    x *= 2
x = x / 10      →    x /= 10   (실수 나누기)
x = x // 3      →    x //= 3   (정수 나누기)
```

그러나 단축 연산자를 다른 연산자와 함께 사용할 때는 연산자 우선순위에 따라 의도하지 않은 결과를 얻을 수 있으므로 주의해야 한다. 예를 들어 a=a*5–2를 a*=5-2로 기술하면 우변의 5-2를 먼저 수행한 후 기존의 a의 값에 곱하고 그 결과를 a에 다시 대입하는 a=a*(5–2) 문장으로 해석되어 처음의 식과 다른 결과를 생성한다. 그러므로 단축 연산자를 다른 연산자와 함께 사용할 때는 연산자 우선순위를 주의해야 한다.

 아하, 그렇군요 9   **동적 바인딩**

파이썬에서는 c나 java 언어와는 달리 변수의 자료형을 선언하는 문장이 따로 없다. 예를 들어 c나 java 프로그래밍 언어와 같이 정적 바인딩(static binding)을 수행하는 프로그램에서는 정수형 변수 number를 사용하기 위해서는 다음과 같이 먼저 변수의 자료형을 결정해 준 후에야 비로소 변수를 사용할 수 있다.

```
int number ;
number = 1;
```

또는

```
int number = 1;
```

하지만 파이썬에는 그냥 다음과 같은 문장이 수행되면 그 순간 number의 자료형이 정수형으로 결정된다.

```
number = 1
```

그러나 이후의 다음 문장에서 number="Hello"라고 하면, 변수 number의 자료형이 문자열로 변하게 된다. 즉, 프로그램 수행 중간에 변수에 값을 대입하면 대입하는 값에 따라 변수의 자료형이 결정되는데, 이러한 방법을 **동적 바인딩(dynamic binding)**이라 한다.

```
>>> number = 1
>>> type(number)
<class 'int'>                ────►  number 변수는 정수형
>>> number = "hello"
>>> type(number)
<class 'str'>               ────►  number 변수는 문자형
```

파이썬에서 동적 바인딩이 가능한 이유는 파이썬에서 사용하는 정수나 실수, 긴 문자열이나 리스트 등의 데이터들이 차지하는 메모리의 크기는 모두 다르지만, 해당 객체를 찾아가는 주소의 길이는 모두 동일하기 때문이다. 즉, 파이썬에서 대입을 살펴보면, **변수=데이터** 형태의 코드를 수행할 때 먼저 데이터 값에 해당하는 객체를 생성하고, 그렇게 생성된 데이터 객체의 주소를 변수가 **참조(reference)**하는 방식으로 이루어진다. 따라서 하나의 변수를 이용하여 크기가 다른 여러 가지 타입의 값들을 참조할 수 있다. 이처럼 각 변수들이 데이터 값을 직접 메모리 안에 포함하는 것이 아니라, 데이터 객체를 참조하는(가리키는) 형태로 저장하는 것이 파이썬의 메모리 관리 방법이다.

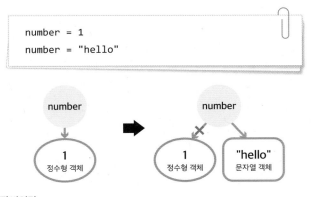

그림 6-8 변수의 동적 바인딩

그림 6-8은 변수 number가 값 자체인 1이나 "hello"를 포함하는 것이 아니고, 정수형 객체의 주소를 가리키고 있다가 이후에 문자열 객체의 주소를 가리키도록 수정되는 것을 보여준다.

파이썬의 변수가 데이터 값을 저장하는 것이 아니라 데이터 객체를 가리킨다(참조, reference pointing)는 것을 꼭 기억하자.

Step by Step

e^x을 근사적으로 계산하기 위한 다음의 수열식을 for 반복문을 이용하여 구하는 함수 exponential을 작성하여라. 함수는 실수 x를 입력받아 e^x을 반환한다.

$$e^x \approx 1 + x + \frac{x^2}{2!} + \frac{x^3}{3!} + \frac{x^4}{4!} + \cdots + \frac{x^{100}}{100!}$$

좀 더 정확도(precision)를 높이려면 100 대신 더 큰 수를 사용할 수도 있지만 여기서는 100을 사용하기로 한다.

풀이 단계

01 주어진 문제는 크게 1부터 $\frac{x^{100}}{100!}$까지 반복문을 101번 수행하는 구조 안에, 다시 각 항 $\frac{x^n}{n!}$을 계산하는 문제가 내포되어 있는 구조이다. x^n은 x**n으로 바로 계산이 가능하므로 $n!$을 구하는 보조 함수를 사용하도록 프로그램의 구조를 잡는다.

```python
def factorial(n):
    pass
def exponential(x):
    pass
```

02 $n! = 1*2*\ldots*(n-1)*n$과 같으므로 for 반복문을 사용하여 구할 수 있다.

```python
def factorial(n):
    p = 1
    for i in range(2, n+1):
        p *= i
    return p
```

03 다음으로 주된 반복문을 구성하는데 맨 앞의 **1** 값을 초깃값으로 두고 반복 변수를 1부터 **100**까지 변화시키면서 $\dfrac{x^n}{n!}$을 계산하여 초깃값에 누적하면 된다. 이때 미리 정의해 둔 보조 함수 factorial을 호출한다.

```
def exponential(x):
    total = 1
    for i in range(1,100+1):    # 1부터 100까지의 반복이므로 end 값은 101이 된다.
        total = total + ( x**i / factorial(i) )
        # 여기서 괄호()는 생략할 수 있으나 명확한 코드 이해를 위해 추가함
    return total
```

04 이렇게 작성하는 것은 주어진 식을 그대로 코드로 옮긴 것이다. 그런데 자세히 살펴보면 매 항을 구할 때마다 팩토리얼을 구하기 위해 1부터 n까지 곱셈을 반복한다. 이 부분에서 좀 더 효율성을 높이려면 어떻게 해야 할까? 만약 각 항마다 팩토리얼 값을 새롭게 구하지 않고 이전 항에서 구한 팩토리얼 값을 이용하는 방법을 사용하면 곱하기 횟수를 줄일 수 있게 된다. 즉, 100!은 99!에 100을 곱하여 계산할 수 있다. 다시 말해 이전 항의 팩토리얼 값 $(n-1)!$에 n을 곱하는 방법으로 $n!$을 구할 수 있다. x^n의 값 역시 x^{n-1}에 x를 곱해서 구할 수 있다. 이와 같은 방법을 사용하여 효율적인 반복문을 구성하도록 프로그램을 수정해 보자.

05 최종 프로그램과 이를 수행한 결과는 다음과 같다.

```
📁 Chap06 Step by Step                              Chap06_P00.py

01  def exponential(x):
02      total = 1
03      curx  = 1
04      facto = 1
05      for i in range(1,100+1):
06          facto *= i
07          curx *= x
08          total = total + ( curx / facto)
09      return total
10
11  print(exponential(1.0))
12  print(exponential(2.0))
13  print(exponential(4.0))


2.7182818284590455
7.389056098930649
54.598150033144265
```

각각의 문제에 주석 처리된 # ADD ADDITIONAL CODE HERE!
부분과 ?? 부분을 지우고 해당 부분을 알맞게 채워서 프로그램을
완성하여라.

❶ 두 개의 정수 a와 b(a≤b)를 매개변수로 입력받아 a부터 b까지 모든 숫자의 합을 구하는 함수 sumNumbers
를 작성하여라.

```
def sumNumbers(a,b):                                    (Chap06_P01.py)
    total = 0
    # ADD ADDITIONAL CODE HERE!

print(sumNumbers(5,10))
print(sumNumbers(15,100))


45
4945
```

❷ $n!$(팩토리얼, factorial)이란 1부터 n까지의 모든 정수를 곱한 값을 의미한다. 하나의 정수를 매개변수로 입
력받아 팩토리얼 값을 반환하는 함수 factorial을 작성하여라.

$$n! = 1 \times 2 \times 3 \times \cdots \times (n-2) \times (n-1) \times n$$

❶ 힌트 합계와 누적 곱을 저장하기 위한 초깃값이 다름을 이해하자.

```
def factorial(n):                                       (Chap06_P02.py)
    prod = 1
    # ADD ADDITIONAL CODE HERE!

print(factorial(8))
print(factorial(12))


40320
479001600
```

❸

3-1 하나의 정수 n을 입력받아 n과 같은 크기의 삼각형 모양을 출력하는 프로그램 `triangle1`을 작성하여라. 예를 들어 triangle1(3)은 다음 그림과 같다.

3-2 이번에는 앞쪽에 공백이 있는 삼각형 모양을 출력하는 `trianlge2`를 작성하여라. 예를 들어 triangle2(3)은 다음 그림과 같다.

3-3 3 이상의 홀수를 입력받아 다음과 같이 다이아몬드 모양을 출력하는 `diamond`를 작성하여라. 예를 들어 diamond(3)과 diamond(5)는 각각 다음 그림과 같다.

```
def triangle1(n):                                  (Chap06_P03.py)
    # ADD ADDITIONAL CODE HERE!

def triangle2(n):
    # ADD ADDITIONAL CODE HERE!

def diamond(n):
    # ADD ADDITIONAL CODE HERE!
```

❹ 함수 $f(i, j)$가 다음과 같고, i와 j의 값이 0부터 99 사이의 정수라고 정의될 때, $f(i, j)$의 최댓값을 구하는 함수 findMax를 작성하여라.

$$f(i, j) = (i^5 + 2i^3j^2 + 5i^2 + j + 5000) \bmod 10000$$

❶ 힌트 최댓값/최솟값을 구하는 전형적인 문제 패턴이다. 먼저 f(0, 0)의 결과를 최댓값이라고 하고, i, j 값을 변화시키면서 더 큰 값이 나오면 현재의 최댓값을 수정하는 방법으로 최댓값을 찾는다.

주어진 함수 f는 %10000을 수행하므로 0부터 9999 사이의 결괏값을 갖게 된다. 이처럼 어떤 값의 범위를 제한하고 싶을 때 나머지 연산자(%)를 사용하는 방법을 기억하자.

```
def f(i,j):                                                    (Chap06_P04.py)
    return (i**5 + 2*(i**3)*(j**2) + 5 * i**2 + j + 5000) % 10000

def findMax():
    # ADD ADDITIONAL CODE HERE!

print("최댓값:", findMax())

최댓값: 9997
```

❺ 하나의 양의 정수 r을 매개변수로 입력받아 2차원 평면상에 반지름이 r인 원 내부에 속해 있는 정수 좌표 (x, y) 점들의 개수를 계산하는 함수 withinCircle을 작성하여라. 다음 그림은 중심점 좌표가 (0, 0)이고 반지름이 5인 원을 표시하며, 원의 내부에 포함된 정수 좌표 (x, y)들의 개수는 $x^2+y^2 \leq 5^2$을 만족하는 (x, y)의 개수인 81개이다. 즉, withinCircle의 결과는 반지름이 r인 원의 넓이가 근삿값이라는 것을 알 수 있다. 그러므로 $x^2+y^2 \leq 5^2$을 만족하는 (x, y) 정수 좌표 수를 세는 문제로 치환할 수 있고 이때 x와 y가 변화할 수 있는 적절한 범위를 고려하여 프로그램을 작성하면 된다.

```
def withinCircle(r):                                           (Chap06_P05.py)
    counter = 0
    for x in range( ?? ):
        for y in range ( ?? ):
            # ADD ADDITIONAL CODE HERE!
    return counter

print(withinCircle(5))
print(withinCircle(100)/100**2)
print(withinCircle(1000)/1000**2)
```

```
81
3.1417        ──────▶ withinCircle 결과를 반지름의 제곱으로 나눈 값, 즉 원주율의 근사값이 된다
3.141549      ──────▶ 반지름이 커지면 정확도가 높아진다
```

❻ 성냥개비 N개를 모두 이용하여 만들 수 있는 서로 다른 모양의 삼각형 종류를 구하는 함수 `triangle`을 작성하여라. 예를 들어 7개의 성냥개비로 만들 수 있는 서로 다른 모양의 삼각형은 두 가지 종류이며, 9개의 성냥개비를 사용하여 만들 수 있는 서로 다른 모양의 삼각형 종류는 세 가지다. 즉, 합동인 여러 개의 삼각형들은 하나의 삼각형으로 세며, 삼각형을 형성할 수 없는 경우에는 0을 반환한다.

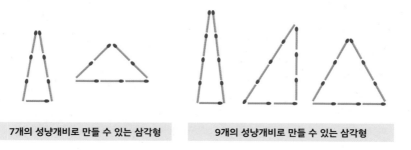

| 7개의 성냥개비로 만들 수 있는 삼각형 | 9개의 성냥개비로 만들 수 있는 삼각형 |

성냥개비에 대해서 다음과 같이 가정한다.

- 모든 성냥개비의 길이는 동일하다.
- 각 삼각형의 한쪽 변은 한 개 이상의 성냥개비로 이루어져 있다.
- 성냥개비는 쪼개서 부분으로 사용할 수 없다.
- 주어진 N개의 성냥개비는 모두 사용해야 한다.

힌트 삼각형을 이루는 세 변의 성냥개비 개수를 a, b, c라고 가정할 때 $a{\leq}b{\leq}c$의 크기 순서를 만족하는 a, b, c 값을 찾는 것으로 문제를 바꿔 생각하면, for 반복문의 경우의 수를 줄일 수 있다. (즉, 3중 for 구문을 모두 1부터 n−1까지 반복할 필요는 없다.) 또한 이 경우에는 $c{\leq}a{+}b$의 만족 여부만을 확인하면 된다.

```
def triangle(n):                                    (Chap06_P06.py)
    # ADD ADDITIONAL CODE HERE!

print(triangle(7))
print(triangle(9))
print(triangle(30))
print(triangle(500))
```
```
2
3
19
5208
```

7 함께 생각해보기

7-1 2000년 이후의 날짜 year, month, day를 매개변수로 입력받아 해당일의 요일을 구하는 함수 **dayOfWeek**를 작성하여라. 결과는 "Mon", "Tue", "Wed", "Thu", "Fri", "Sat", "Sun"과 같은 문자열로 반환한다.

힌트
- 2000년 1월 1일은 토요일이다.
- 각 연도에 해당하는 날짜 수는 윤년을 고려하여 계산한다.
- 이 문제는 사람이 문제를 해결하는 방식이 아닌 컴퓨터가 월등히 잘 하는 방법인 반복을 통해 해결할 수 있다. 즉, 주어진 날짜가 2000년 1월 1일부터 며칠이나 지났는지 계산하는 방식으로 요일을 구할 수 있다.
- 입력받은 날짜가 2000년 1월 1일부터 며칠이 지났는지를 구한 후, 나머지(%) 연산자를 이용하면 요일을 계산할 수 있다.
- 예를 들어 2022년 4월 19일이 입력되었다고 가정하면, 2000년 1월 1일부터 해당 날짜까지의 날짜 수를 구하는 방법은 2000년부터 2021년까지는 연도별로 윤년을 고려하여 날짜 수(366일 혹은 365일)를 더하고, 2022년도의 1, 2, 3월의 날짜 수를 더한 후, 마지막으로 4월의 해당일자인 19일을 더하면 된다.

year	2000	2001	…	2021	2022			
month	1 ~12월	1 ~12월	…	1 ~12월	1	2	3	4
day	366	365	…	365	31	28	31	19

```python
def dayOfWeek(year, month, day):
    counter = 0
    # ADD ADDITIONAL CODE HERE!
    n = counter%7
    if n==0:
        return "Sat"
    # ADD ADDITIONAL CODE HERE!

print(dayOfWeek(2001,1,28))
print(dayOfWeek(2002,11,21))
print(dayOfWeek(2004,3,4))
print(dayOfWeek(2008,7,1))
print(dayOfWeek(2011,5,8))
print(dayOfWeek(2013,3,23))
print(dayOfWeek(2022,6,7))
```

(Chap06_P07.py)

```
Sun
Thu
Thu
Tue
Sun
Sat
Tue
```

7-2 입력으로 주어진 날짜부터 n일 이후의 날짜를 출력하는 함수 **nextNDay**를 작성하여라. 입력 매개변수는 년, 월, 일, 날짜수를 의미하는 (y, m, d, n) 형태의 정숫값들이고, 출력은 "2022년 5월 9일"과 같은 형태의 문자열이다.

○가정: 입력 연도는 1500년 이후만 입력된다.

```
def nextNDay(y, m, d, n):                                    (Chap06_P07.py)
    # ADD ADDITIONAL CODE HERE!
    print(year,"년", month, "월", day, "일")

nextNDay(2000,6,30,10000)
nextNDay(1969,4,19,20000)
nextNDay(1967,6,13,30000)
nextNDay(1989,2,28,1)
nextNDay(1700,12,31,10)
```

```
2027 년 11 월 16 일
2024 년 1 월 21 일
2049 년 8 월 1 일
1989 년 3 월 1 일
1701 년 1 월 10 일
```

핵심 노트

★ for 반복문의 구조

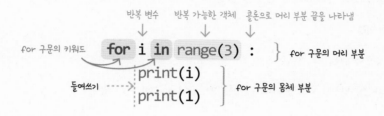

반복 변수   반복 가능한 객체   콜론으로 머리 부분 끝을 나타냄

for 구문의 키워드 → **for i in** range(3) :   } for 구문의 머리 부분

들여쓰기 ┄┄> print(i)   } for 구문의 몸체 부분
              print(1)

★ range() 함수

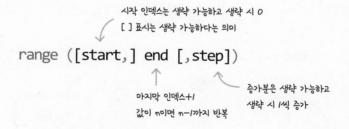

시작 인덱스는 생략 가능하고 생략 시 0
[ ] 표시는 생략 가능하다는 의미

range ([start,] end [,step])

마지막 인덱스+1
값이 n이면 n-1까지 반복

증가분은 생략 가능하고
생략 시 1씩 증가

- range(3) → 0, 1, 2

- range(1, 7) → 1, 2, 3, 4, 5, 6   7은 포함 안 됨

- range(1, 10, 2) → 1, 3, 5, 7, 9   1부터 10 이전까지 2씩 건너뛰기

```
for i in range(1, 10 ,2):        # 바깥은 1,3,5,7,9로 변하고

    for j in range(1, i+1):      # 안은 1부터 바깥 루프변숫값까지 반복

        print(i*j, end=" ")

    print()
```

151

✴ 중첩루프

✴ 최댓값/최솟값 구하기: 일단 맨 처음 값을 최대/최소라고 하고 루프를 반복하면서 더 큰/작은 값이

　　나오면 변경

✴ 단축 연산자 +=, -=, *=, /=

✴ 동적 바인딩: 변수의 자료형이 미리 결정된 것이 아니고 값에 따라 변함

```
number = 1
number = "hello"
```

리스트

 학습목표

- 리스트 자료형의 필요성을 이해한다.

- 여러 가지 방법으로 리스트 자료형을 생성할 수 있다.

- len( ) 함수를 이용하여 리스트의 길이를 구할 수 있다.

- 인덱스를 활용하여 리스트 자료형을 읽고 수정할 수 있다.

- for 구문의 루프 변수를 활용하여 리스트의 항목들에 접근할 수 있다.

- 함수의 인수 및 반환값으로 리스트 자료형을 사용할 수 있다.

우리가 친구들을 부를 때는 서로 이름을 불러 구분한다. 그러나 수학 선생님이 성적을 산출할 때는 각각 학생들의 이름을 사용하여 구분하는 것보다는 1반의 1번, 2번, 3번, … 등 반별로 학생들을 구분하는 번호를 사용하여 성적을 산출하는 것이 훨씬 간편하다.

그림 7-1 이름으로 구분하는 경우와 번호로 구분하는 경우

지금까지는 여러 개의 값들을 다룰 때, 값 하나에 변수 하나씩 1:1로 변수 이름을 할당하였다. 그런데 여러 개의 값들을 하나의 그룹으로 묶어서 다룰 수 있다면 보다 편리해지는 경우가 많다. 이번 장에서 배울 리스트(list)가 이와 같은 역할을 하는데, 어떤 상황에서 필요한 지, 어떻게 사용하는 지 간단한 예를 통해 살펴보자.

● **비슷한 작업을 수행하는 여러 값을 리스트를 사용하지 않고 프로그램 작성하기**

만약 8명의 학생들 성적의 평균을 구하는 프로그램을 작성한다고 생각해 보자.

📁 **코드 7-1**: 리스트 변수를 사용하지 않고 합 구하기   Chap07_L01.py

```
01    score0 = 70; score1 = 80; score2 = 90; score3 = 100
02    score4 = 70; score5 = 60; score6 = 50; score7 = 90
03    sum = 0
04    sum += score0
05    sum += score1
06    sum += score2
07    sum += score3
08    sum += score4
09    sum += score5
```

```
10    sum += score6
11    sum += score7
12    print(sum/8)
```

```
76.25
```

변수를 8개나 정의하고, 덧셈을 하는 코드도 8회나 중복해서 처리했다. 만약 변수가 100개쯤 된다면 이런 방법으로는 도저히 프로그래밍할 수 없을 것이다. 앞 장에서 배운 for 반복문을 사용하려 해도 각 점수를 저장하는 변수 이름이 모두 달라서 반복문을 적용할 수 없다. 이와 같은 경우, 비슷한 처리를 수행하는 여러 개의 변수를 그룹 지어서 한 개의 이름으로 접근할 수 있도록 제공해 주는 자료구조가 바로 리스트다.

7.1 리스트의 정의

● 리스트를 생성하는 방법

리스트를 만들 때는 그림 7-2와 같이 대괄호([])로 감싸주고 각각의 항목을 쉼표(,)로 구분해 준다.

변수 이름
항목/ 항목2 항목3 …항목n
number = [2,5,8,11,14] 리스트를 만들어 주는 대괄호

그림 7-2 값을 지정하면서 리스트 생성하기

리스트를 정의하는 방식으로 가장 일반적인 방법은 number=[2, 5, 8, 11, 14]와 같이 리스트를 정의하면서 바로 값들을 넣어주는 방식이다. 즉, 앞의 예에서 8명의 점수를 리스트를

사용해서 정의하면 scores=[70, 80, 90, 100, 70, 60, 50, 90]과 같이 한 줄로 표시할
수 있다.

7.2 인덱스를 이용한 리스트 항목 접근

리스트를 생성한 후 프로그램에서 각각의 항목에 접근할 때는 인덱스(index)를 사용한다.

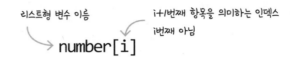

리스트형 변수 이름   i+1번째 항목을 의미하는 인덱스
                        i번째 아님

number[i]

그림 7-3 리스트의 인덱스

● 리스트 내 항목들의 정해진 순서를 나타내는 인덱스

인덱스란 리스트나 문자열과 같이 순서가 있는 자료형(sequence object, 시퀀스 객체)에서 각 **항목**
의 정해진 순서를 의미하는 정수다. 리스트에 속한 각각의 항목(item)은 대괄호([])와 인덱스(in-
dex)를 이용하여 접근할 수 있다. number[i]의 의미는 리스트 타입의 변수 number의 (i+1) 번
째 항목을 가리킨다. 여기서 사용하는 변수 i를 리스트의 **인덱스**(index: 가리키기, 표시, 색인)라
부른다.

● 유효한 인덱스의 범위

이때 중요한 것은 [] 안에 사용하는 인덱스는 '**항상 0부터 시작한다**'는 점이다. 그러므로 5개의
항목을 저장하는 리스트 변수 number의 인덱스 값은 0부터 len(number)-1인 4까지다. 또한
인덱스 값이 음수이면 뒤에서부터 몇 번째 항목인지를 가리킨다. 그러므로 그림 7-4에서
number[0]과 number[-5]가 동일한 항목을, number[4]와 number[-1]이 동일한 항목을 가리
킨다.

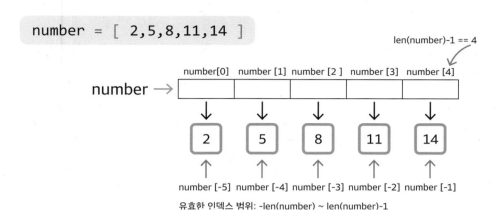

number = [2,5,8,11,14]

len(number)-1 == 4

number[0] number [1] number [2] number [3] number [4]

number →

2   5   8   11   14

number [-5] number [-4] number [-3] number [-2] number [-1]

유효한 인덱스 범위: -len(number) ~ len(number)-1

그림 7-4 리스트의 유효한 인덱스 범위

그러므로 항목이 다섯 개인 리스트가 가질 수 있는 유효한 인덱스의 범위는 −5부터 4까지다. 만약 허용되지 않는 인덱스를 사용하여 리스트에 접근하려고 하면 어떻게 될까? 앞의 **number** 리스트에서 **number[5]**에 접근하면 builtins.IndexError: list index out of range라는 오류 메시지를 만나게 될 것이다. 즉, '인덱스가 범위 밖'이라는 뜻인데 프로그램을 하다 자주 마주치는 오류 메시지 가운데 하나로, 이런 오류를 보면 '아! 인덱스 범위가 틀렸구나' 생각하고 해당 부분을 주의 깊게 살펴볼 줄 알아야 한다.

7.3 None으로 초기화된 리스트 정의

● **리스트의 크기를 먼저 정해주고 None으로 초기화하기**

리스트를 정의할 때 앞에서와 같이 모든 항목의 값을 미리 나열하면서 정의할 수도 있지만 때로는 리스트 항목의 개수는 알고 있지만 각각 항목의 값은 나중에 결정되는 경우도 있다. 이때는 number=[None]*5와 같이 먼저 리스트의 크기를 지정하면서 정의한 후, 나중에 **None** 대신 의미 있는 값들로 채워주는 방식을 사용한다. [None]*5는 [None, None, None, None,

None]을 만들어 주며 None이라는 특별한 의미의 객체를 이용하여 빈 값만 채워진 길이 5의 리스트를 생성한다. None 대신 0이나 -1 등을 채워도 되지만, 초깃값과 의미 있는 값이 혼동될 수 있기 때문에 보통 리스트의 초기화에는 None을 사용한다.

$$number = [None] * 5$$

변수 이름   초깃값   생성할 항목의 수

그림 7-5 None으로 초기화한 리스트 생성

7.4 len() 함수를 이용한 리스트 크기 구하기

● 리스트 크기를 반환하는 함수 len()

리스트의 항목들을 읽고 수정하려면 리스트의 크기와 항목들의 위치를 표현하는 방법을 알아야 한다. 앞서 보았듯이 리스트의 크기는 리스트를 정의하는 순간에 결정된다. 물론 이후에 리스트의 크기를 변경하는 것도 가능하지만 그러한 방법은 나중에 배우도록 하자. len()은 리스트의 길이(리스트 안에 몇 개의 항목이 들어 있는지)를 알아내는 함수다.

```
number = [ 1, 2, 3, 4, 5 ]
print (len(number))   # 5
```

len(number)

리스트의 길이를 return   변수 이름

그림 7-6 len() 함수

● 초기화된 리스트 항목 값 수정하기

리스트의 각 항목 역시 변수의 바인딩과 동일하게 동적으로 객체를 참조한다. 그림 7-7은 처음

에 None으로 초기화된 리스트 number의 각 항목이 프로그램을 수행하면서 변화되는 과정을
보여준다.

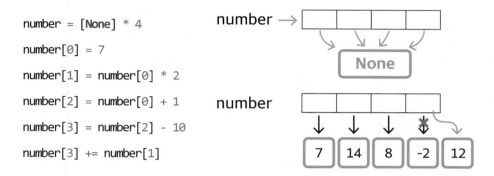

```
number = [None] * 4
number[0] = 7
number[1] = number[0] * 2
number[2] = number[0] + 1
number[3] = number[2] - 10
number[3] += number[1]
```

그림 7-7 리스트 변수의 바인딩

● 한 리스트 내에는 서로 다른 자료형의 값들이 항목으로 포함될 수 있다

리스트의 각 항목이 실제로 값을 리스트 안에 저장하는 것이 아니고 각 값을 참조하기 때문
에, 하나의 리스트에는 서로 다른 자료형의 값들을 저장할 수 있다.

예를 들어 aList=[1, 234, 3.141592, "helloPython"]으로 정의되어 있는 리스트는 정
수, 실수, 문자열 등의 항목들이 하나의 리스트에 포함되어 있는 경우다. 이를 그림으로 나타내
면 그림 7-8과 같다.

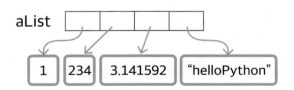

그림 7-8 다양한 자료형을 포함하는 리스트

● 리스트 변수를 사용한 평균 구하기

다시 처음 작성했던 8명 학생들의 평균 점수를 구하는 문제로 돌아가 보자.

```
01    scores = [ 70,80,90,100,70,60,50,90]     # 8개의 항목을 갖는 리스트형의 변수 scores를 초기화
02    sum = 0
03    sum += scores[0]        # scores[0]은 리스트 scores의 첫 번째 항목을 가리킴
04    sum += scores[1]
05    sum += scores[2]
06    sum += scores[3]
07    sum += scores[4]
08    sum += scores[5]
09    sum += scores[6]
10    sum += scores[7]
11    print (sum/8)
```

76.25

변수 이름을 scores 하나로 사용하고 인덱스를 사용하였지만 아직도 많이 어색하고 불편하다.

● 반복 작업에 찰떡 궁합인 for 구문과 리스트

이때 등장하는 것이 바로 for 반복문이다. for 구문과 리스트는 찰떡 궁합으로, 함께 사용하여 반복적 작업을 수행한다.

```
01    scores = [ 70,80,90,100,70,60,50,90]
02    sum = 0
03    for i in range (len ( scores )):       # len(scores) → 8
04        sum += scores [i]
05    print(sum/8)
```

76.25

리스트의 각 항목들은 scores[i]와 같이 루프 변숫값을 인덱스로 이용하여 차례대로 접

근할 수 있다. 즉, 덧셈의 형태가 sum+=scores[i]로 모두 같으므로 for 반복문을 이용하여 수행할 수 있다. 리스트를 사용하지 않은 코드 7-1의 경우 루프 형태로 만들려면 sum+=scoresi처럼 써야 할 텐데 파이썬에서는 scoresi를 하나의 변수로 인식하기 때문에 scores 뒤의 i를 인덱스로 사용할 수는 없다.

리스트는 이와 같이 **for** 반복문과 함께 사용할 때 극강의 파워를 발휘할 수 있다. 또한 len(scores) 함수는 리스트 scores의 항목 개수를 반환한다. 앞의 예에서 len(scores)는 8을 반환하게 되므로 for 반복문 변수 i는 0부터 7까지 차례대로 변하면서 8회의 sum+=scores[i]를 수행하게 된다. 이처럼 range() 함수의 결과가 0부터 시작하는 것과 리스트의 인덱스가 0부터 시작하는 것은 아주 잘 맞는 구조다.

● **정수형 결과를 생성하는 표현식을 인덱스로 사용하기**

지금까지 리스트의 인덱스는 scores[0], number[i]와 같이 상수 혹은 변수의 형태로만 사용했다. 하지만 다음 예와 같이 정수형 결과를 생성하는 표현식을 이용할 수도 있다.

```
number = [ 2, 4, 3, 1, 7, 2, 5, 6]
for i in range(4):
    print(number[(i+2)%4])
    # 결과는 number[2], number[3], number[0], number[1] 값인 3, 1, 2, 4를 차례로 출력함
```

7.5 for 구문을 이용한 리스트 전체 순회

● **반복 가능한 객체로 리스트 사용하기**

앞에서 리스트의 모든 값을 더하기 위해 len() 함수를 이용하여 리스트의 길이를 구하고, range() 함수를 사용하여 인덱스를 통해 리스트 각 항목에 접근하였다. 그런데 사실 **for**와 **in** 연산자를 사용하면 각 리스트의 항목 값에 직접 차례대로 접근할 수 있다.

```
for i in range(len(number)):          for i in number:
    sum += number[i]          ==          sum += i
```

오른쪽 코드에서 for 구문 내의 변수 i에는 리스트 number의 각 항목 값인 2, 4, 3, 1, 7, 2, 5, 6이 하나씩 대입되고, 그 값들을 이용하여 for 구문의 몸체 부분이 한 번씩 수행된다.

● 인덱스를 사용하는 경우와 리스트 항목에 직접 접근하는 경우

그렇다면 range() 함수를 사용하여 인덱스로 리스트 항목에 접근하는 것과 in 연산자로 직접 리스트 항목에 접근하는 것은 항상 같은 결과를 나타낼까? 리스트의 값을 하나씩 모두 순회하는 경우에는 두 가지 방법 모두 사용할 수 있으나, 반복 구문 내에서 리스트의 앞뒤에 있는 두 개의 항목 값을 비교하는 것과 같은 형식의 문제는 인덱스를 사용해 접근하는 것이 훨씬 이해하기 편하다. 이어지는 예를 살펴보자.

● 리스트 항목 간의 비교를 수행하는 반복문

리스트를 매개변수로 입력받아 리스트의 모든 항목이 오름차순으로 정렬되어 있는지를 판단하는 함수 isSorted()를 작성한다고 생각해 보자. 즉, [1, 3, 6, 36, 59]는 True를 [1, 2, 3, 7, 5]는 False를 반환한다.

📁 **코드 7-4**: 리스트 변수의 정렬 여부 판단   Chap07_L04.py

```
01   def isSorted(n):
02       for i in range (len(n)-1):
03           if n[i] > n[i+1] :
04               return False
05       return True
06
07   print (isSorted([1,2,3,4,5]))
08   print (isSorted([2,3,5,1]))
```

for 몸체에서 인덱스 i와 i+1을 함께 접근하므로 range() 함수의 반복 범위는 len(n)-1로 해야 한다

```
True
False
```

이때 `if n[i]>n[i+1]:` 문장에서 인덱스를 활용하는 대신, 직접 데이터에 접근하는 경우에는 어떻게 해야 할까? 아마 다른 변수를 사용하고 저장하는 등 복잡한 과정이 요구될 것이다. 이와 같이 리스트 항목들 사이의 비교를 수행하는 경우에는 인덱스를 사용하여 구현하는 것이 편리하다. 문제의 종류에 따라 적절한 방법을 선택하여 프로그램을 작성할 수 있도록 하자.

7.6 함수의 인수로 리스트 사용하기

● 리스트 변수를 함수의 인수로 전달할 수 있다

리스트 자료형의 변수를 인수로 사용하여 함수에 전달할 수 있다.

📁 **코드 7-5**: 리스트 변수를 매개변수로 이용   Chap07_L05.py

```
01  def func1(number):
02      sum = 0
03      for i in range(len(number)):
04          sum += number[i]
05      return sum
06
07  num = [ 2, 4, 3, 1, 7, 2, 5, 6 ]
08  total = func1(num)
09  print(total)
```

```
30
```

앞의 코드는 함수 밖에서 정의된 num이라는 리스트 자료형 변수를 func1() 함수의 인수로 사용하고, 이를 함수에서 number라는 이름의 매개변수로 대입하여 각 항목의 합을 계산한 후 그 결과를 반환한다. func1() 함수가 수행되고 나면 함수를 호출한 위치로 결괏값을 갖고 되돌아오게 되는데, 8번 줄에 의해서 결과가 total에 대입된다. 이처럼 함수를 호출할 때 사용하

는 변수 이름(코드에서 num)과 함수 정의 시 사용하는 매개변수 이름(코드에서 number)이 같을
필요는 없지만, 그 개수는 동일해야 하며 함수 호출 시 매개변수=인수(number=num)와 같은 대
입이 수행된다.

7.7 함수의 반환값으로 리스트 사용하기

● 함수 안에서 새로 생성된 리스트를 함수의 반환값으로 사용하기

앞에서 리스트를 함수의 인수로 전달하는 경우를 살펴보았다. 이번에는 함수에서 리스트형 변
수를 반환하는 예를 살펴보자.

📁 **코드 7-6**: 리스트 변수를 반환값으로 이용   Chap07_L06.py

```
01   def func2(b):
02       a = [None] * len(b)     # 매개변수 b의 항목 개수만큼 None을 저장하는 새 리스트 정의
03       for i in range(len(a)):
04           a[i] = b[i] + 1
05       return a
06
07   num = [ 2, 4, 3, 1, 7, 2, 5, 6 ]
08   c = func2(num)
09   print(c)
```

[3, 5, 4, 2, 8, 3, 6, 7]

함수 바깥에서 리스트 자료형의 num 변수를 정의하여 함수의 인수로 전달하는 것까지는
코드 7-5와 같다. 코드 7-6에서는 a라는 새로운 리스트를 함수 안에서 새롭게 정의하여 매개
변수로 전달받은 리스트 각각의 항목 값보다 모두 1씩 증가한 값을 갖도록 수정한 후 반환한
다. 새로 만들어져 반환된 리스트는 함수 밖에서 c라는 변수에 대입된다.

● **리스트 자료형의 강력한 특징**

이번 장에서 배운 리스트 자료형은 매우 다양한 기능을 갖춘 강력한 자료구조로, 여러분이 파이썬 프로그래밍을 할 때 가장 많이 사용하게 될 자료구조 중 하나다. 7장에서 자세하게 다루지는 않았지만 리스트 자료구조가 갖는 강력한 특징을 몇 가지만 소개하면 다음과 같다.

- 리스트는 다른 프로그래밍 언어의 배열(array)과는 다르게 여러 가지 자료형의 값을 포함할 수 있다. 예를 들어 [1, True, 3.5, "Thomas"]처럼 정숫값, 부울값, 실숫값, 그리고 문자열을 하나의 리스트에 포함할 수 있다.
- [[1, 2], ["abc", 3.5], [[4, 5], [7, [8, 9], 10]]]과 같이 리스트 안에 다른 리스트를 포함할 수 있다. 이와 같이 리스트 안에 다른 리스트를 포함하는 경우를 **중첩 리스트**라고 한다.
- 리스트 자료구조를 다루는 다양한 연산자와 함수가 있다. 예를 들면 리스트의 값을 모두 복사하거나(copy), 리스트 값을 모두 더하거나(sum), 리스트 값 중 가장 큰 값(max) 혹은 작은 값(min)을 찾아주는 함수들을 사용할 수 있다.
- 리스트의 크기를 변경할 수 있는 방법(append/pop)도 있고, 리스트의 일부를 잘라서 새로운 리스트를 생성하거나(slice) 리스트 값을 정렬할(sort) 수도 있다.

앞으로 10장에서 이와 같은 리스트 함수들의 활용법에 대해 자세히 다루게 될 것이다.

 아하, 그렇군요 10　　None

파이썬에는 '아무 값이 없음'을 나타내는 특별한 객체 **None**이 있다. None이 활용되는 경우는 크게 다음과 같은 두 가지다.

첫째, 코드에서 리스트의 값을 초기화할 때, 0이나 False 혹은 빈 문자열인 ""를 사용하게 되면 해당 값이 실제로 의미 있는 값인지, 아직 값이 지정되지 않았는지를 구분하기 어렵다. 그러므로 보통 값이 없음을 나타낼 때 None을 이용하여 초기화를 수행하게 된다.

둘째, printCircleArea()와 같이 함수를 마칠 때 명시적으로 반환값을 지정해 주지 않고 함수를 종료하면 None 객체가 함수를 호출한 위치로 반환된다. 보통 출력을 위한 함수나, 그래픽 처리와 같이 반환값이 필요 없는 함수, 또는 자기 자신의 값을 수정하는 목적의 메서드들인 경우에는 특별한 반환값을 지정해 주지 않고 함수를 종료하게 되어 None 값이 반환된다.

Step by Step

> 길이가 n인 정수 리스트 a를 매개변수로 입력받아, 리스트 a의 원소들의 조화평균(harmonic mean) 값, $\dfrac{n}{\dfrac{1}{a[0]} + \dfrac{1}{a[1]} + \cdots + \dfrac{1}{a[n-1]}}$ 을 구하는 함수 `harmonicMean`을 작성하여라.

풀이 단계

01 이 문제는 전형적으로 리스트를 순회하면서 **for** 반복문을 수행하는 형태의 문제다. 즉, 정수 리스트 a를 입력받아 리스트의 길이만큼 반복문을 수행하면 된다. 함수의 머리 부분은 다음과 같다.

```
def harmonicMean(a):
```

02 최종 결괏값을 구하기 위해 먼저 $\text{total} = \dfrac{1}{a[0]} + \dfrac{1}{a[1]} + \cdots + \dfrac{1}{a[n-1]}$ 값을 구한 후 $\dfrac{n}{\text{total}}$ 을 구한다.
이때 반복 횟수는 리스트의 길이와 동일하고 합계의 초깃값은 0이다.

```
n = len(a)
total = 0
for i in range(n):
```

최종 프로그램과 이를 수행한 결과는 다음과 같다.

📁 Chap07 Step by Step   Chap07_P00.py

```
01  def harmonicMean(a):
02      n = len(a)
03      total= 0
04      for i in range(n):
05          total += 1/a[i]
06      return n/total
07
08  print(harmonicMean([3,2,1,4,7]))
09  print(harmonicMean([2,4,3,10,7,2,5,6]))
```

2.2459893048128348
3.648208469055375

연습문제

각각의 문제에 주석 처리된 `# ADD ADDITIONAL CODE HERE!` 부분과 **??** 부분을 지우고 해당 부분을 알맞게 채워서 프로그램을 완성하여라.

❶ 정수 리스트를 매개변수로 입력받아 리스트의 각 항목들 가운데 가장 작은 수를 반환하는 함수 `findMin`을 작성하여라.

❶ **힌트** 무조건 맨 처음 항목을 가장 작다고 가정하고 리스트의 항목들을 하나씩 비교하면서 현재 최솟값보다 더 작은 항목이 나오면 최솟값을 수정한다.

```
def findMin(a):                                          (Chap07_P01.py)
    min = a[0]
    # ADD ADDITIONAL CODE HERE!

print(findMin([7,8,3,4,3,6]))
print(findMin([3,5,7,2,7,2,3,8,6]))


3
2
```

❷ 정수들로 구성된 리스트 a를 매개변수로 입력받아 각 항목들에 대해서 +와 − 연산을 번갈아 수행하는 함수 `alternatingSum`을 작성하여라.
예를 들어 a=[1, 4, 7, 2, 6, 8]인 경우 반환값은 1+4−7+2−6+8=2이다.

❶ **힌트** −1을 곱하면 부호가 반대가 되는 성질을 이용할 수 있다.

```
def alternatingSum(a):                                   (Chap07_P02.py)
    # ADD ADDITIONAL CODE HERE!

print(alternatingSum ([1, 4, 9, 16, 9, 7, 4, 9, 11 ]))
print(alternatingSum ([1, 2, 3, 4, 5, 6, 7, 8, 9, 10 ]))
```

```
-2
-5
```

❸ 정수들의 리스트를 읽어서 리스트 내에 포함된 수 가운데 가장 큰 수의 출현 빈도를 출력하는 함수 maxFrequence를 작성하여라. 예를 들어 리스트가 [1, 2, 6, 4, 8, 8, 3, 9, 12, 7, 12, 12]인 경우 12가 가장 크고 발생 빈도는 세 번이므로 3을 출력한다.

❶ **힌트** 리스트 전체를 두 번 읽지 않고 한 번만 읽으면서 최대 숫자의 빈도를 구하는 방법에 대해서도 생각해 보자.

```
def maxFrequence(a):                                          (Chap07_P03.py)
    # ADD ADDITIONAL CODE HERE!

print(maxFrequence([5,5,5,1,2,3,4,5,4, 3, 5,5,4 ,3,3,3,3,3,4]))
print(maxFrequence([1,2,1,2,1,4,3,4,3,6,5,6,7]))

6
1
```

❹ 정수들의 리스트 a를 매개변수로 입력받아 각 항목을 제곱한 값을 저장한 새로운 리스트를 만들어 반환하는 함수 square를 작성하여라.

```
def square(a):                                                (Chap07_P04.py)
    # ADD ADDITIONAL CODE HERE!

L = [7,6,3,1,5,8,2,4]
print(square(L))
print(L)

[49,36,9,1,25,64,4,16]
[7,6,3,1,5,8,2,4]  ——→ 즉, L 자체는 변화하지 않음
```

❺ 정수들의 리스트 a를 매개변수로 입력받아 각 항목들의 누적 값(accumulate)으로 이루어진 새로운 리스트를 만들어 반환하는 함수 accumulate를 작성하여라. 즉, 반환값 b는 i 값이 0부터 len(a)-1까지 변하면서 각각의 b[i]=a[0]+a[1]+...+a[i]의 값을 갖도록 한다.

❶힌트 이미 계산된 값을 다음 번 계산에 이용하는 방법으로 더하기 연산 횟수를 줄일 수 있는 방법에 대해 생각해 보자.

```
def accumulate(a):                              (Chap07_P05.py)
    n = len(a)
    b = [None] * n
    b[0] = a[0]
    # ADD ADDITIONAL CODE HERE!

print(accumulate([1,2,1,3,1]))
print (accumulate([7,6,3,1,5,8,2,4]))

[1,3,4,7,8]
[7,13,16,17,22,30,32,36]
```

❻ 하나의 양의 정수 n을 입력받아 피보나치 수열의 처음 n개로 이루어진 리스트를 반환하는 함수 fibonacci를 작성하여라.

❶힌트 피보나치 수(Fibonacci numbers)는 첫째 및 둘째 항의 값은 1이며, 그 뒤의 모든 항은 바로 앞 두 항의 숫자를 합한 값으로 이루어진 수열이다. 예를 들어 처음 12개의 항목은 각각 1, 1, 2, 3, 5, 8, 13, 21, 34, 55, 89, 144이다.

```
def fibonacci(n):                               (Chap07_P06.py)
    b = [None] * n
    b[0] = 1
    b[1] = 1
    # ADD ADDITIONAL CODE HERE!

print(fibonacci(5))
print(fibonacci(10))

[1,1,2,3,5]          ──────▶  피보나치 수열의 처음 5개 항목
[1,1,2,3,5,8,13,21,34,55]
```

❼ 출생 연도를 입력받아 12간지의 띠를 반환하는 함수 `chineseZodia`를 작성하여라.

❶ 힌트

- 12간지의 순서는 쥐, 소, 호랑이, 토끼, 용, 뱀, 말, 양, 원숭이, 닭, 개, 돼지 순서이며 2023년은 토끼 띠이다.

- 12년마다 띠가 순환하는 구조이므로 12로 나눈 나머지를 인덱스로 활용하면 반복적인 `if` 문을 피할 수 있다.

```
def chineseZodiac( n ):                                    (Chap07_P07.py)
    # ADD ADDITIONAL CODE HERE!

chineseZodiac( 1968)
chineseZodiac( 2000 )
chineseZodiac( 1960 )
```

```
1968년도는 원숭이 띠이다.
2000년도는 용 띠이다.
1960년도는 쥐 띠이다.
```

핵심 노트

✱ 리스트 정의

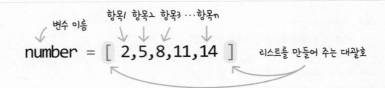

변수 이름 → 항목1 항목2 항목3 …항목n

$number = [\ 2,5,8,11,14\ ]$ ← 리스트를 만들어 주는 대괄호

✱ 리스트의 인덱스는 0부터 시작

리스트형 변수 이름 → i+1번째 항목을 의미하는 인덱스
i번째 아님

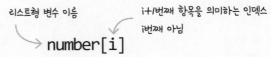

$number[i]$

$number = [\ 2,5,8,11,14\ ]$

len(number)-1 == 4

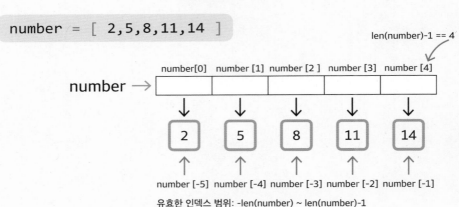

| number[0] | number [1] | number [2] | number [3] | number [4] |

number →

| 2 | 5 | 8 | 11 | 14 |

number [-5] number [-4] number [-3] number [-2] number [-1]

유효한 인덱스 범위: -len(number) ~ len(number)-1

✱ None으로 초기화하기   Number=[None]*5

✱ 리스트의 길이 구하는 함수 len(number)

✱ for 문으로 리스트 전체 순회

```
for i in range(len(number)):          for i in number:
    sum += number[i]           ==          sum += i
```

chapter 8

for 반복문을 활용한 알고리즘

 학습목표

- for 구문을 이용하여 조건에 맞는 경우의 수를 구하는 알고리즘을 이해한다.

- for 구문과 부울 함수를 이용하는 counter 유형의 알고리즘을 구현할 수 있다.

- for 구문을 활용하여 주어진 값들 가운데 특정 조건을 만족하는 것이 존재하는지 검사하는 알고리즘을 구현할 수 있다.

- for 구문을 활용하여 주어진 값들 모두가 특정 조건을 만족하는지를 검사하는 알고리즘을 구현할 수 있다.

- 루프 변수의 작동 방법을 이해하고 바르게 사용할 수 있다.

7123이 짝수인지 홀수인지, 여러분이 질문을 받는다고 상상해 보자. 여러분 머릿속에서는 1초도 걸리지 않고 '제일 끝에 있는 일의 자리가 3이니까 홀수!'라는 생각이 들 것이다. 일의 자리가 0, 2, 4, 6 ,8 가운데 하나이면 짝수이고 1, 3, 5, 7, 9 중 하나이면 홀수다. 이렇게 생각하는 것이 일반적인 생각의 흐름이다.

그럼 어떤 숫자가 짝수인지 홀수인지를 구분하는 함수를 프로그램으로 작성한다면 어떻게 할까? 먼저 정수의 일의 자리 값을 구하기 위해 정수를 문자열로 바꾸고, 문자열의 맨 마지막 글자가 '1', '3', '5', '7', '9' 가운데 하나인지 아닌지를 판별하여 맞으면 홀수, 그렇지 않으면 짝수로 판별하는 것이 일반적인 생각을 코드로 그대로 옮겨 놓는 방법이다. 그러나 훨씬 간단한 방법은 정수를 2로 나눈 나머지 값이 0인지 아닌지를 판별하는 것으로 짝수와 홀수를 구분할 수 있다. 즉, **정수%2**의 값이 **0**이면 정수가 짝수라는 의미다.

"Think like a computer scientist", 즉 어떤 문제를 해결할 때 컴퓨터로 해결하기 쉬운 방법을 떠올릴 수 있는 것은 프로그래밍을 잘하는 데 있어서 핵심적인 기술 중 하나다. 그리고 이런 생각은 여러 가지 문제들을 접해 보고 해결해 가는 과정을 통해 습득할 수 있다. 특히 현실의 문제들 가운데는 자료구조와 함께 이를 해결하는 정형화된 알고리즘이 존재하는, 즉 패턴을 갖는 문제들이 많기 때문에 이러한 알고리즘에 대해 익숙해지는 것은 프로그래밍을 잘하는 데 있어 큰 도움이 된다. 이번 장에서는 경우의 수를 세는(counter) 패턴과 모든(all)과 어떤 (any) 조건의 만족 여부를 결정하는 패턴들을 지금까지 배운 리스트와 for 반복문을 통해 해결해 본다.

8.1 조건에 맞는 경우의 수를 세는 counter 유형

● **특정 조건에 맞는 항목의 개수 세기**

리스트로 표현되는 자료에 대한 많은 문제들은 for 반복문과 함께 해결할 수 있다. 먼저 특정 조건을 만족하는 항목의 개수를 세는 counter 유형의 문제에 대해 살펴보자.

예를 들어 정숫값들로 이루어진 리스트에서 홀수의 개수를 세는 문제를 생각해 보자.

📁 **코드 8-1**: 리스트에서 홀수 개수 세기   Chap08_L01.py

```python
01    def countOdd(numbers):
02        counter = 0                        # counter 0으로 초기화
03        for i in range(len(numbers)):      # for 반복문을 이용해 리스트 항목을 하나씩 루프 변수에 대입
04            if numbers[i] % 2 == 1:        # if 문을 이용해 조건을 검사하여
05                counter += 1               # 조건에 맞는 경우 counter를 증가
06        return counter                     # for 문이 끝났을 때 counter 값을 return
07
08    num = [ 1, 7, 2, 4, 2, 3, 7, 4, 5 ]
09    print(countOdd(num))
```

```
5
```

특정 조건을 만족하는 항목의 개수를 세는 문제들은 조건 부분만 다를 뿐 앞선 **코드 8-1**과 비슷한 형태를 갖는다. 즉, 주어진 리스트에서 홀수인 항목의 개수를 세거나, 주어진 리스트에서 값이 7인 항목의 개수를 세거나, 주어진 리스트에서 소수(prime number)의 개수를 세는 것과 같은 문제는 모두 동일한 counter 유형을 따른다.

이러한 문제를 푸는 첫 번째 단계는 counter를 위한 변수를 0으로 초기화 시키고, for 반복문을 이용하여 항목들을 하나씩 처리하는 것이다. 이때 if 문에 들어가는 조건 부분만이 문

제에 따라서 달라지는 부분이다. 앞선 코드 8-1에서 홀수의 개수를 세는 것과 같은 간단한 판단은 한 줄의 조건문으로 작성할 수 있고, 조건의 검사가 복잡해지는 경우는 부울 함수를 따로 작성하여 함수를 호출하는 방법으로 수행할 수 있다. 이렇게 for 구문이 모두 끝나고 나면 counter 값을 반환한다. 이러한 예를 몇 가지 더 살펴보도록 하자.

● 리스트 내에 k와 같은 수는 몇 개인가?

매개변수로 정수들로 구성된 리스트 numbers와 정숫값 k를 입력받아 numbers 내에 k와 동일한 숫자의 개수를 세는 프로그램은 코드 8-2와 같이 작성할 수 있다.

📁 **코드 8-2**: 리스트에서 특정 숫자의 개수 세기   Chap08_L02.py

```
01    def countNumber(numbers, k):
02        counter = 0
03        for i in range(len(numbers)):
04            if numbers[i] == k:          ──▶ 문제에 따라 변화되는 조건 부분
05                counter += 1
06        return counter
07
08    num = [ 1, 7, 2, 4, 2, 3, 7, 4, 5 ]
09    print(countNumber(num, 4))
```

2

● 보조 함수를 이용한 counter 유형

이번에는 조금 더 복잡한 조건을 갖는 counter 유형의 문제를 살펴보자. 연도(year)를 나타내는 양의 정수들로 이루어진 리스트를 입력받아 해당 리스트의 값 중에서 윤년(leap year)의 개수를 세는 함수를 작성해 보자. 이때 윤년 여부는 조건문에서 간단하게 판단할 수 없으므로 부울 함수 leapYear()를 보조 함수로 만들어 두고 이를 활용한다. 윤년 여부를 판단하는 방법은 5장의 연습문제 4번에서 설명한 것과 동일하다.

```
01   def leapYear(year):
02       if year%4 != 0:
03           return False
04       if year%100 != 0:
05           return True
06       return (year%400 == 0)
07
08   def countLeapYear(numbers):
09       counter = 0
10       for i in range(len(numbers)):
11           if leapYear(numbers[i]):        ────▶ 보조 함수를 이용해서 조건문 처리
12               counter += 1
13       return counter
14
15   print(countLeapYear([2008,2011,2012,2000]))
16   print(countLeapYear([2100,2300,2400,2200]))
```

```
3
1
```

8.2 어떤(any)/모든(all) 유형

● **논리학의 한정자 any와 all**

이번에는 '어떤(any)'이나 '모든(all)'이 들어 있는 명제의 True/False를 판단하는 유형을 연습해 보자. 예를 들어 다음과 같은 형태의 문제들이다.

- 주어진 리스트에 양수가 하나라도 포함되어 있는가?
- 주어진 리스트에 소수가 존재하는가?
- 주어진 리스트의 모든 수가 양수인가?

이와 같이 '어떤'이나 '모든'과 같은 형용사를 논리학에서는 **한정자**(quantifier)라 부른다. 이러한 형태의 문제는 보통 부울 함수를 활용하는 패턴으로 자연스럽게 표현할 수 있으며, 특히 for 반복문과 if 조건문을 사용하여 쉽게 표현할 수 있다.

다음과 같이 numbers 리스트에 정숫값들이 포함되어 있다고 가정해 보자.

① numbers에 양수가 존재하는가?
② numbers의 모든 항목이 양수인가?

numbers	numbers[i] > 0 for any i	numbers[i] > 0 for all i
1, 3, 2, 5, 2, 1	True	True
-1, -3, -2, -5, -2, -1	False	False
-1, -3, -2, 5, -2, 1	True	False

①의 경우는 리스트의 항목 중 하나라도 0보다 큰 양수가 있는 경우 True를 반환한다. 즉, "어떤"(for any) 형태의 명제는 하나라도 조건에 맞으면 True이다. 이에 반해 ②의 경우에는 "모든"(for all) 수가 양수여야 하므로 하나라도 양수가 아닌 경우에는 False를 반환해야 한다. 각각의 경우를 for 구문으로 바꾸어 보면 코드 8-4, 코드 8-5와 같다.

● 조건을 만족하는 것이 하나라도 있는가?

"어떤" 패턴의 경우는 for 문을 수행하면서 numbers[i] 중 하나라도 양수인 경우는 True를 반환한다. 모든 항목에 대해 if 문을 수행했지만 한 항목도 양수가 아니어서(즉, if 문의 조건을 만족하지 못하여) return True를 수행하지 못한 경우에만 for 문을 끝내고 나서 False를 반환하는 형태다.

📁 **코드 8-4**: 리스트에 양수 존재 여부 판단   Chap08_L04.py

```python
01    def anyPositive(numbers):
02        for i in range(len(numbers)):
03            if numbers[i] > 0:
04                return True
05        return False
```

● 모든 항목들이 조건을 만족하는가?

이에 반해서 numbers의 "모든" 항목이 양수인지 확인할 때는 하나라도 양수가 아닌 것을 발견하면 바로 False를 반환하고 for 문이 모두 끝날 때까지 한 번도 음수이거나 0인 것이 없었으면 True를 반환하는 형태다.

📁 **코드 8-5**: 리스트 항목이 모두 양수인지 판단   Chap08_L05.py

```python
01    def allPositive(numbers):
02        for i in range(len(numbers)):
03            if not(numbers[i] > 0):      # numbers[i] <= 0
04                return False
05        return True
```

이처럼 "모든" 것이 조건을 만족하는지를 묻는 패턴은 조건에 not을 붙여서 하나라도 아닌 것이 있는지를 묻는 "어떤"과 같은 형태로 처리하되, 반환하는 True와 False 값을 반대로 하면 된다.

● 드모르간의 법칙

이는 수학 시간에 배운 드모르간의 법칙(De Morgan's laws)으로도 설명할 수 있다. 즉, 다음이 성립한다.

$$\forall x \in X, \, p(x) \equiv \neg\big(\exists x \in X, \neg p(x)\big)$$

```
if 모든 x ∈ X  x에 대해서 p(x)를 만족한다.          for x ∈ X :
        return True                     →             if not p(x):
                                                          return (not True)  # False
                                                   return (not False)  # True
```

그림 8-1 '모든'과 '어떤' 패턴

많은 문제들이 "for any" 또는 "for all" 패턴에 포함된다. 몇 가지 예를 통해 살펴보자.

● 정수 n을 다른 두 정수의 제곱수의 합으로 표현할 수 있는가?

첫 번째 문제는 매개변수로 입력받은 정수 n이 다른 두 양의 정수의 제곱수의 합으로 표현되는 지 여부를 판단하는 문제다. 즉, 주어진 매개변수 $n=i^2+j^2$을 만족하는 양의 정수 i, j가 존재 하는지를 묻는 문제다. "어떤" i와 j가 존재하기만 하면 되는 문제이므로 for any 패턴이다. 그 러므로 for 반복문을 사용하여 모든 i, j를 검사하면서 하나라도 $n=i^2+j^2$을 만족하면 True 를 반환하고, 아니면 False를 반환하면 된다.

정수 두 개를 조사해야 하므로 for 문을 2개 중첩해서 사용해야 하는데, 이때 중요한 것은 i와 j의 범위를 바르게 결정하는 것이다. 우선, 양의 정수이므로 1보다 크거나 같고, 제곱하여 n보다 작아야 하므로 아무리 커도 $\sqrt{n}$ 보다는 작은 정수로 선택하면 될 것이다. 자, 이제 모두 준비되었으니, 이중 for 문을 통해 i, j의 범위를 1부터 $\sqrt{n}$ 까지 1씩 증가하면서 검사해 보자.

```
01    import math
02    def sumOfTwoSquares(n):
03        b = int(math.sqrt(n))
04        for i in range(1, b+1):        ──────▶ b+1이어야 b까지 검사를 수행
05            for j in range(1, b+1):
06                if ( n == i*i + j*j ) :     ──────▶ 하나라도 조건에 맞으면 True
07                    return True
08        return False
```

● **리스트의 정수들이 단조 증가 형태로 배열되어 있는가?**

이번에는 "모든" 형태의 문제를 살펴보자. 주어진 정수 배열의 수들이 단조 증가하도록 배열되어 있는지를 판단하는 문제다. 즉, 모든 인덱스 i에 대해 numbers[i]≤numbers[i+1] 조건을 만족하는지를 검사하는 "for all" 패턴이다. 그러므로 **for** 반복문을 사용하여 모든 i를 살펴보면서 하나라도 numbers[i]≤numbers[i+1] 조건을 만족하지 않으면 False를 반환하고, 모두 만족하면 True를 반환한다.

여기서 인덱스 i의 범위를 정할 때 주의할 점은 i 값이 0부터 length-2까지만 증가하도록 range(len(numbers)-1)로 설정해야 한다는 것이다. 왜냐하면 3번 줄의 비교식에서 numbers[i]≤numbers[i+1] 즉, 루프 변수 i+1까지 비교하기 때문이다.

```
01    def isIncreasingSequence(numbers):
02        for i in range(len(numbers)-1):
03            if not (numbers[i] <= numbers[i+1]):      # numbers[i] > numbers[i+1]
04                return False
05        return True
06
07    numbers1 = [ 2, 3, 6, 8, 11, 14 ]
08    numbers2 = [ 2, 3, 6, 8, 7, 14 ]
09    print(isIncreasingSequence(numbers1))
```

```
10    print(isIncreasingSequence(numbers2))
```

```
True
False
```

● 소수 판별 문제

널리 쓰이는 "모든" 패턴 문제의 예제 가운데 대표적인 것이 바로 소수(prime number) 여부를 판별하는 문제다. 어떤 수 p가 **소수라는 의미는 '1과 자기 자신 이외에는 약수를 갖지 않는다'**는 뜻이다. 그러므로 이를 프로그램으로 검사하려면 for 반복문의 변수 i를 2부터 p-1까지 차례로 증가시키면서 p%i 즉, p를 i로 나눈 나머지 값을 살펴보면 된다. 다시 말해 모든 i에 대해서 p를 i로 나눈 나머지가 0이 아닌 경우, 즉 나눠지지 않는다면 소수라고 판단할 수 있다.

이때 for 반복문의 변수 i의 범위를 어떻게 정해야 좋을지 생각해 보자. 먼저 시작은 2부터 해야 하며 p//2까지(사실 $\sqrt{p}$까지만 해도 충분) 검사해 보면 된다. 단, 이때 range() 함수에 인수를 넣을 때 range(2, p//2+1)로 설정하여 p//2 값까지 검사할 수 있도록 해야 한다. 이는 p의 값이 4일 때 range(2, p//2)라고 범위를 설정하면 p//2 값은 2가 되고 range(2, 2)에는 정숫값 2가 포함되지 않으므로 4를 소수라고 판별하는 오류가 발생하기 때문이다.

📁 **코드 8-8**: 소수 판별   Chap08_L08.py

```
01    def isPrime(p):
02        for i in range(2, p//2+1):    # 2부터 p/2에 이르는 숫자들로 나눠서
03            if p % i == 0:            # 하나라도 나누어 떨어지면 소수가 아님
04                return False
05        return True                   # 모두 나누어 떨어지지 않는 경우 소수로 판별
```

● 리스트 안에 포함된 소수의 개수 세기

이번에는 리스트 안에 포함된 소수의 개수를 세는 문제를 살펴보자. 어떤 숫자가 소수인지 판별할 때는 '모든' 패턴이 적용되고, 개수를 세는 부분에서는 counter 패턴이 적용되는 문제다.

소수 여부 판별과 같이 if 조건식으로 채워야 할 조건이 복잡한 경우에는 부울 함수를 사용하여 프로그램을 읽기 쉽게 구성한 후, 이를 if 문의 조건식에서 호출하도록 한다.

코드 8-9: 소수 개수 세기   Chap08_L09.py

```
01   def isPrime(p):
02       for i in range(2, p//2+1):        # 2부터 p//2에 이르는 숫자들로 나눠서
03           if p % i == 0:                # 나머지가 0, 즉 나눠지는 것이 하나라도 있으면 소수가 아님
04               return False
05       return True                       # 모두 나눠지지 않는 경우
06
07   def countPrime(numbers):
08       counter = 0
09       for i in range(len(numbers)):
10           if isPrime(numbers[i]):       # if isPrime(numbers[i]) == True와 동일한 의미임
11               counter += 1
12       return counter
13
14   num = [ 217, 287, 181, 143, 163, 319, 233, 399, 203]
15   print(countPrime(num))
```

3

8.3 루프 변수를 바람직하지 않게 사용하는 예

● **for 구문의 루프 변수를 몸체에서 변경하는 경우**

for 구문의 머리 부분에서 반복 횟수를 결정하기 위해 사용되는 변수를 루프 변수라 한다. 보통은 반복 가능한 객체의 항목을 가리키기 위한 인덱스를 표현하거나 항목 값 자체를 표현하는 데 쓰인다. 그런데 만약 코드 8-10처럼 반복문 몸체 안에서 루프 변수를 변경하면 어떻게

될까?

```
01    for i in range(5):
02        print( i, end=" ")      # 줄바꿈 없이 이어서 출력하도록 하기
03        i += 10                 # 반복문 몸체에서 루프 변수를 수정
04        print(i)
```

```
0 10
1 11
2 12
3 13
4 14
```

결과를 보면 **for** 구문의 반복 제어는 **for** 구문의 머리 부분에서 **range(5)**에 의해 **i** 값이 처리되기 때문에 반복문 몸체 안에서 루프 변수를 변경했다고 하더라도 반복문의 제어에 영향을 미치지는 않는다. 그러나 이처럼 루프 변수를 반복문 내부에서 변경하는 것은 오류가 발생하지는 않지만 프로그램을 이해하기 어렵게 만들기 때문에 바람직한 코딩 습관은 아니다.

Step by Step

정육면체(cube) 한 변의 길이를 나타내는 정수들의 리스트 L을 입력받아, L에 포함된 정숫값을 한 변의 길이로 하는 정육면체들의 부피 평균과 표준편차를 구한 후, 정육면체의 부피가 "부피들의 평균값 ± 표준편차" 범위 이내에 포함되는 것들의 개수를 세는 countWithinRange 함수를 작성하여라. 즉, A가 정육면체들의 평균 부피이고, B가 정육면체들의 부피의 표준편차라 할 때, 부피가 $[A-B, A+B]$ 사이에 포함되는 정육면체의 개수를 구한다.

숫자 $x_1, x_2, \cdots, x_n$의 평균(μ)과 표준편차(σ)를 구하는 식은 다음과 같다.

$$\mu = \frac{\sum_{i=1}^{n} x_i}{n}, \quad \sigma = \sqrt{\frac{\sum_{i=1}^{n} (x_i - \mu)^2}{n}}$$

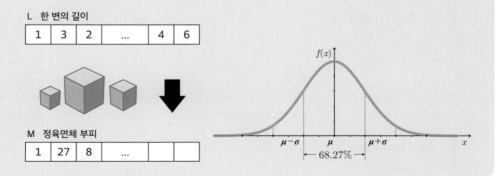

풀이 단계

01 문제가 길고 엄청 복잡해 보이지만 하나하나 조각을 내서 따로 생각하면, 결국 조건에 맞는 경우의 수를 세는 **counter** 유형의 문제이다. 조건에 맞는지 여부를 판단하는 부분은 나중에 생각하고 우선 전체적인 **countWithinRange** 함수의 구조를 만들어 보자. 함수의 머리 부분은 다음과 같다.

```
def countWithinRange(L):
```

02 문제에서 입력받은 L의 각 항에는 정육면체의 한 변의 길이가 들어오지만, 조건을 검사하는 기준은 각 정육면체의 부피이다. 그러므로 풀이를 위해서 입력 리스트 L과 동일한 길이의 정육면체 부피를 저장하는 리스트 M을 임시로 만들어 사용하자. 적절한 변수를 활용하는 것은 프로그램을 읽고 이해하기 쉽게 작성하는 하나의 방법이다.

```
n = len(L)
M = [None]*n
for i in range(n):
    M[i] = L[i]**3
```

03 이제 계산한 정육면체 부피 리스트 M을 이용하여 부피들의 평균과 표준편차를 구하면 된다. 일단 내부의 계산은 잠시 뒤로 미루고 보조 함수만 선언한 후 countWithinRange 함수에서 호출한다고 생각하고 진행해 본다.

```
def average(M):
    pass
def standardDeviation(M):
    pass
```

　정육면체들의 부피 평균과 표준편차를 구했다면 이제 리스트 M 값을 하나하나 순회하면서 조건에 맞는 정육면체의 개수를 세면 된다.

```
ave = average(M)              # cube 부피의 평균
sigma = standardDeviation(M)  # cube 부피의 표준편차
print (ave, sigma)            # 중간중간에 계산 결과를 프린트해 보는 것은 좋은 습관이다
counter = 0
for i in range(n):
    if ( ave-sigma <= M[i] <= ave+sigma) :   # 문제에서 주어진 조건을 검사
        counter += 1
return counter
```

　전체적인 구조가 완성되었다. 이제 남아 있는 보조 함수들을 작성해 보자. 평균은 전체 리스트 항목을 모두 더하여 리스트 길이로 나눠주면 된다. 보통 이와 같이 프로그램에서 보조 함수를 이용하는 경우에는 보조 함수를 완성하고 나서 반드시 함수 단독으로 입력값을 넣어서 정확하게 수행되는지를 확인한 후에 사용하도록 한다.

```
def average(M):
    n = len(M)
    total = 0
    for i in range(n):
        total += M[i]
    return total/n
```

　표준편차는 리스트의 각 항목에 대하여 (항목-평균값)의 제곱을 모두 더하고 리스트 길이로 나눈 값의 제곱근이다.

```
def standardDeviation(M):
    ave = average(M)
    n = len(M)
    total = 0
    for i in range(n):
        total += (M[i]-ave)**2
    return (total/n)**0.5
```

📁 Chap08 Step by Step   Chap08_P00.py

```python
01    def average(M):
02        n = len(M)
03        total = 0
04        for i in range(n):
05            total += M[i]
06        return total/n
07
08    def standardDeviation(M):
09        ave = average(M)
10        n = len(M)
11        total = 0
12        for i in range(n):
13            total += (M[i]-ave)**2
14        return (total/n)**0.5
15
16    def countWithinRange(L):
17        n = len(L)
18        M = [None]*n
19        for i in range(n):
20            M[i] = L[i]**3
21
22        ave = average(M)
23        sigma = standardDeviation(M)
24
25        # print (ave,sigma)  ──────▶  중간 확인용 print 구문은 나중에
26        counter = 0                    주석 처리한다
27        for i in range(n):
28            if ave-sigma <= M[i] <= ave+sigma:
29                counter += 1
30        return counter
31    print(countWithinRange([2,3,4,7,8,9,13,14,15]))
32    print(countWithinRange([11,12,13,14,15]))
```

```
7
3
```

연습문제

각각의 문제에 주석 처리된 # ADD ADDITIONAL CODE HERE!
부분을 지우고 해당 부분을 알맞게 채워서 프로그램을 완성하여라.

❶ 정수들로 이루어진 리스트 L과 범위의 하한값과 상한값을 나타내는 두 정수 lower와 upper를 매개변수로 입력받아 리스트의 항목들 가운데 하한값보다 크거나 같고, 상한값보다 작거나 같은, 즉 범위 내에 속한 항목들의 개수를 구하는 함수 countRange를 작성하여라(즉, lower≤x≤upper를 만족하는 리스트 내의 정숫값의 개수를 세는 함수).

```python
def countRange(numbers, lower, upper):          (Chap08_P01.py)
    # ADD ADDITIONAL CODE HERE!

print(countRange([0,6,2,1,3,4,7], 2,5))
print(countRange([8,9,10,2,4,5,9,7,2,3,7], 3,7))
```

```
3
5
```

❷ 정수들로 이루어진 리스트 L을 매개변수로 입력받아 L에 속한 항목들의 평균값보다 크기가 작은 항목의 개수를 세는 함수 countLower를 작성하여라.

❶힌트 먼저 리스트 L의 항목들의 평균값을 구한 후 비교한다.

```python
def countLower(L):                               (Chap08_P02.py)
    # ADD ADDITIONAL CODE HERE!

print(countLower([10,10,10,10,10]))
print(countLower([1,2,3,4,5,6,7,8,9,10]))
print(countLower([4,5,83,234,562,13,-976,-75,34]))
print(countLower([-123,32,4,346,7,-433,8,4,53,298,43]))
```

```
0
```

```
5
2
6
```

❸ 양의 정수 n을 매개변수로 입력받아 n이 서로 다른 세 개의 정수 제곱들의 합(예: $38=2^2+3^2+5^2$)으로 표현될 수 있는지를 검사하는 함수 sumOfThreeDistinctSquares를 작성하여라.

❶ **힌트** 서로 다른 세 개의 정수이므로 반복문의 루프 변수 i, j, k 값이 모두 달라야 한다. 그러므로 for 반복문을 시작하는 변수가 바깥 루프 변숫값에 영향을 받는다.

```
def sumOfThreeDistinctSquares(n):                          (Chap08_P03.py)
    # ADD ADDITIONAL CODE HERE!

for n in range(20, 31):
    print(n, sumOfThreeDistinctSquares(n))
```

```
20 False
21 True
22 False
23 False
24 False
25 False
26 True
27 False
28 False
29 True
30 True
```

❹

4-1 양의 정수로 이루어진 리스트 numbers를 입력받아 리스트의 항목 중 소수의 존재 여부를 점검하는 anyPrime 함수를 작성하여라.

4-2 양의 정수로 이루어진 리스트 numbers를 입력받아 리스트의 모든 항목이 소수인가를 점검하는 allPrime 함수를 작성하여라.

```
def isPrime(p):                                          (Chap08_P04.py)
    for i in range(2,p//2+1):
        if p%i == 0:
                return False
    return True

def anyPrime(numbers):
    # ADD ADDITIONAL CODE HERE!

def allPrime(numbers):
    # ADD ADDITIONAL CODE HERE!

num1 = [217, 287, 143, 163, 319]
num2 = [217, 287, 143, 169, 319]
num3 = [223, 281, 227, 151, 149]
print(anyPrime(num1), allPrime(num1))
print(anyPrime(num2), allPrime(num2))
print(anyPrime(num3), allPrime(num3))
```

```
True False
False False
True True
```

❺ 양의 정수들로 이루어진 리스트 L을 매개변수로 입력받아 L의 항목들 중 홀수가 없으면 0을 반환하고, 홀수가 있으면 홀수 중에서 최댓값을 반환하는 함수 maxOdd를 작성하여라.

```
def maxOdd(L):                                           (Chap08_P05.py)
    # ADD ADDITIONAL CODE HERE!

print(maxOdd([84,76,42,26,52,40,78,30,48,58]))
print(maxOdd([14,84,76,26,50,45,65,79,10,3]))
```

```
0
79
```

 **핵심 노트**

★ 항목 세기 counter 패턴: counter=0으로 초기화한 후 조건에 맞으면 1씩 증가

★ 조건을 모두(all) 만족하는지 묻는 패턴: 하나라도 맞지 않으면 False를 반환하고 전체 항목을 순회할 때까지 안 끝나면 True

★ 조건이 하나라도(any) 맞는지 묻는 패턴: 하나라도 맞으면 True를 반환하고 전체 항목을 순회할 때까지 안 끝나면 False

★ 소수 판별

```
def isPrime(p):
    for i in range(2, p//2+1):       # 2부터 p//2까지 모든 숫자들로 나눠서
        if p % i == 0:               # 나머지가 0, 즉 나눠지면 소수가 아님
            return False
    return True
```

chapter
9

while 반복문

📖 **학습목표**

- while 구문의 문법을 이해한다.

- while 구문을 이용하여 반복문을 작성할 수 있다.

- for 구문과 while 구문의 차이점을 이해하고 적절한 반복 구문을 선택할 수 있다.

- 반복문의 제어 흐름을 변경할 수 있는 break와 continue의 의미와 사용법을 이해한다.

● 반복 횟수가 정해지지 않은 while 반복문

지금까지 우리는 **for** 구문을 사용하여 반복문을 처리하는 방법에 대해 배웠다. **for** 반복문은 반복할 횟수가 결정되어 있는 경우에 적합한 반복문이다. 이번 장에서 다루게 될 **while** 반복문은 특정 조건을 만족하는 경우 계속 반복을 수행하다가, 해당 조건이 만족하지 않게 되었을 때 비로소 반복을 멈추게 되는 구조의 반복문이다. 보통 이론적으로는 **for** 반복문의 표현력과 **while** 반복문의 표현력은 동등하다고 하지만, 문제에 따라서 **for** 반복문으로 구현하는 것이 더욱 자연스러운 문제들이 있고 **while** 반복문으로 구현하는 것이 더욱 자연스러운 문제들도 있다.

예를 들어 보자. 단군 신화에 따르면 곰과 호랑이에게 마늘과 쑥을 먹으며 100일 동안 햇빛을 보지 않으면 사람이 된다고 했다. 이때 **100일 동안**처럼 기간이 정해져 있는 경우의 반복문은 **for** 구문으로 작성하기에 적합하다. 이에 반해 인디언 기우제는 항상 성공하는데, 그 이유는 비가 안온다면 비가 올 때까지 며칠이고 계속해서 기우제를 지내기 때문이다. 이때 "비가 안 온다면"과 같은 특정 조건을 만족하는 경우 계속 반복을 수행하다가, 조건을 만족하지 않을 때(이 경우 비가 올 때) 반복을 그만두는 경우는 **while** 문이 적합하다.

그림 9-1 for 반복문과 while 반복문이 적합한 예

9.1 while 반복문의 구조

● **while 구문의 머리 부분과 몸체 부분**

while 반복문의 문법은 매우 간단하다. 먼저 while이라는 키워드를 쓰고 이어서 부울형 조건식을 쓰고 콜론(:)을 찍어 while 문의 머리 부분을 완성한다. 이후 while 문의 몸체 부분은 들여쓰기를 하여 while 구문 안에 포함된 문장들임을 표시해 준다.

while 조건식 : ← while 구문의 머리 부분 끝을 나타내는 콜론(:)

들여쓰기 ┄┄→ **statements** } 조건식이 True 값인 동안 statements 부분을 반복

그림 9-2 while 구문

　　while 반복문은 조건식인 부울 표현식이 True인 동안 계속해서 while 문 안의 몸체 부분의 문장들(statements)을 반복 수행하는 구조다. 따라서 보통은 반복문의 수행 횟수를 미리 알 수 없거나 간단히 표현할 수 없을 때 주로 사용하게 된다. 또한 while 몸체 문장에서는 부울 조건식을 False로 바꾸어 줄 수 있는 문장이 포함되어야 무한 반복을 피할 수 있게 된다.

● **정수의 자릿수 구하기**

코드 9-1은 주어진 양의 정수 n을 십진수로 표현할 때 자릿수를 구하는 프로그램이다. 즉, 정수 n을 10으로 나눈 몫의 정수 부분은 원래의 숫자 n에 비해 자릿수가 하나 줄어든다는 점을 이용하여 while 구문을 한 번 수행할 때마다 n=n//10을 수행하고, counter를 하나씩 증가시켜서 입력받은 정수의 자릿수를 구한다.

```
01   def countDigits(n):
02       counter = 0
03       while n > 0:
04           counter += 1
05           n = n//10
06       return counter
07
08   print(countDigits(713))
09   print(countDigits(1357924680))
```

```
3
10
```

만약 n 값으로 713이 입력되었다고 가정해 보면 다음과 같은 과정을 거치게 된다.

```
countDigits(n = 713)

    while 713 > 0:

        counter = 1이 되고 n = 71로 변화

    while 71 > 0:

        counter = 2가 되고 n = 7로 변화

    while 7 > 0:

        counter = 3이 되고 n = 0으로 변화

    while 0 > 0:    이때 조건이 False이므로

        return counter = 3
```

9.2 for 구문과 while 구문 변환

● **for 구문을 while 구문으로 변환하는 3단계**

파이썬에서 반복을 수행하기 위한 대표적인 반복 구문인 for 문과 while 문은 서로 바꾸어 표현할 수 있는 경우가 대부분이며, 보통 반복해야 하는 횟수가 미리 결정되는 경우에는 for 반복문을 사용하는 것이 일반적이다. for 반복문으로 작성된 코드를 while 문으로 변경하려면 초깃값, 비교 구문, 그리고 비교 구문을 False로 바꾸기 위한 변경 구문 등 세 단계로 나누어 작성해야 한다.

그림 9-3을 보면 for 문에서는 range() 함수 결과를 이용하여 i 값이 0부터 n-1까지 n회 변경되는 것이 한 줄에 표시된다. 하지만 이를 while 문에서 처리하려면 먼저 i 값을 0으로 초기화시키고, while 문을 끝내기 위한 조건문이 필요하며, while 문 안에서 i 값을 변화시키는 구문을 포함하는 등의 3단계로 나누어 작성해야 한다.

```
                 초깃값 끝 조건 증가분
                    ↓   ↓   ↓
                 range(0, n ,1)과 동일
                                                    i = 0      ←───── 초깃값
for i in range(n):              ═══              while i < n: ← 끝 조건
    sum += i                                         sum += i
                                                     i += 1  ←───── 증가분
```

그림 9-3 for 구문과 while 구문 비교

● **while 문에서 발생하기 쉬운 무한 루프 오류**

while 문을 사용할 때 가장 빈번한 오류 중 하나는 while 문의 조건문을 False로 만들어 줄

문장이 반복문 몸체 안에 포함되지 않아서 무한 루프(infinity loop)를 돌게 되는 경우다. 코드 9-2를 살펴보자.

📁 **코드 9-2**: 무한 루프 발생   Chap09_L02.py

```
01    def infinity(n):
02        print ("루프를 시작한다.")
03        while (n > 0):
04            print (n)
05        print ("루프를 마칩니다.")
06
07    infinity(5)
```

```
5
5
5
...          ───────▶  무한 루프를 돈다
```

앞의 코드에는 while 문을 빠져나올 수 있도록 n 값을 변경하는 코드가 while 구문 몸체에 포함되어 있지 않아서 계속 5를 출력하면서 무한 루프를 돌게 된다.

9.3 반복문에서 흐름을 제어하는 break와 continue

● **프로그램의 흐름을 임의로 제어하는** break와 continue

파이썬에서는 for와 while 등의 반복문에서 반복을 끝까지 수행하지 않고 중간에 빠져나가는, 즉 프로그램의 흐름을 임의로 제어하는 방법으로 **break**와 **continue**를 제공한다. break 문은 해당 구문을 만나면 자신을 둘러싸고 있는 가장 안쪽 반복문을 즉시 빠져나가는 구문이

고, 이에 비해 **continue** 문은 반복문을 종료하는 것이 아니라 현재의 반복 단계에서 수행해야 하는 나머지 부분만을 건너뛰고 계속해서 반복문의 다음 단계를 진행하도록 하는 구문이다.

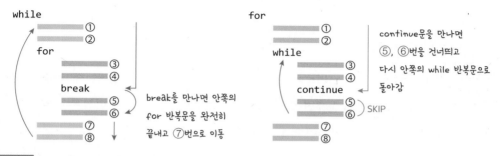

그림 9-4 break와 continue의 제어 흐름

📁 **코드 9-3**: break와 continue   Chap09_L03.py

```
01    for i in range(8):
02        if i == 5:
03            break          # i가 5가 되면 for 구문 자체를 끝내게 됨
04        print( i, end = " " )
05    print()               # 출력에서 줄바꿈 수행
06
07    for i in range(8):
08        if i in [3,5]:
09            continue       # i가 3 or 5일 때 print(i)를 수행하지 않고 다음 반복 단계로 계속 진행
10        print( i, end = " " )
11    print()
```

```
0 1 2 3 4
0 1 2 4 6 7
```

● **break는 해당 반복문을 바로 빠져나온다**

코드 9-3의 1번 줄에 있는 **for** 구문은 range(8) 함수 결과를 이용하므로 i 값이 0부터 7까지 8회 반복되어야 한다. i 값이 0부터 4까지는 2번 줄의 **if** 문을 만족하지 않아서 3번 줄의

break를 수행하지 않고 4번 줄에서 i 값을 출력한다. 그러나 i 값이 5가 되면 if i==5를 만족하게 되어 3번 줄의 break를 수행하게 되고, 그 결과 for 반복문 자체가 끝난다. 즉, i 값이 6, 7인 경우를 수행하지 않고 반복문을 종료한다.

● continue는 해당 반복문의 남은 문장들만 건너뛰고 계속 반복문을 수행한다

break와는 다르게 9번 줄의 continue 구문은 i 값이 3이나 5일 때 수행되는데, 해당 반복에서만 10번 줄의 출력을 건너뛸 뿐 7번 줄의 for 구문 자체를 끝내지 않고 반복문을 계속 수행하게 된다. 그 결과 3과 5 값이 제외된 0 1 2 4 6 7 값이 출력된다.

● 무한 루프에서 break를 이용하여 빠져나오는 구조

break와 continue 문장은 코드 구조를 복잡하므로 가능하면 사용을 피하는 것이 좋다. 그럼에도 불구하고 가끔 while 반복문이 복잡해지는 경우에 프로그램의 가독성을 높이기 위해 break 구문을 사용하기도 한다. 예를 들어 보자. 다음 코드에서 while 구문은 부울 표현식을 항상 True가 되도록 설정해서 무한 루프 형태로 전체 틀을 먼저 만들어준다. 그러고 나서 루프를 종료할 위치와 조건을 if 문장으로 식별하여 break하는 방식으로 프로그램을 작성하는 예다.

```
while n > 0:
    counter += 1
    n = n // 10
```

==

```
while True:
    counter += 1
    n = n // 10
    if n == 0:
        break
```

이런 구조는 사용자로부터 프로그램을 끝내기를 원하는 입력을 받기 전까지는 계속해서 프로그램을 반복하여 수행하도록 하는 게임 등에서 많이 사용한다.

```
while True:
    게임을 초기화한다.
    게임을 수행한다.
    ...
    게임 한 판이 끝난다.
    사용자로부터 게임을 종료할지 묻는다.
    if 게임을 종료한다면
        break
```

그림 9-5 게임을 다시 시작할지 묻기

while 문은 for 문과 함께 가장 자주 사용하는 파이썬의 반복 구문이다. 여러 가지 예를 연습해 보고 반드시 이해할 수 있도록 하자.

Step by Step

다음의 수열식은 e 값을 구하는 공식 중 하나다.

$$e = 1 + \frac{1}{1!} + \frac{1}{2!} + \frac{1}{3!} + \frac{1}{4!} + \cdots + \frac{1}{n!} + \cdots$$

이 공식을 활용하여 e의 근삿값을 파이썬에서 제공하는 math.e(2.718281828459045)와 값 차이가 10^{-4} 이하가 되도록 구하는 함수 estimateE를 작성하여라.

풀이 단계

01 이 문제는 반복문을 수행하기 전에 반복 횟수를 정확히 알 수 없는 형태로 while 구문이 필요한 대표적인 문제다. 입력 매개변수는 없고, 반복문을 종료하는 조건식에서 e 값을 사용하기 위해 math 모듈을 import한다. 함수 머리 부분을 작성해 보자.

```
import math
def estimateE():
```

02 함수에서 사용할 변수로 어떤 값들이 필요한지 생각해 보자. 먼저 최종 결과로 반환할 값인 누적 합계(total)와 반복 수행을 위한 변수 k가 필요하다. 또한 각 항목을 구할 때 팩토리얼을 계산해야 하는데, 이때 이전 항에서 사용한 팩토리얼 값을 활용하기 위해 변수 facto를 사용한다. 즉, n!==(n-1)!*n의 성질을 이용할 때 facto 변수를 활용한다. 세 개의 중간 변수들은 다음과 같이 초기화한다.

```
total = 1
k = 1
facto = 1
```

03 이제 while 구문을 작성해야 한다. 많은 while 구문에서 프로그램 구조를 간결하게 하는 방법의 하나로, 무한 루프(while True:) 구문을 만든 후 내부에서 if 조건에 맞는 경우 함수를 return하여 반복문을 빠져나가는 방법을 자주 사용한다. 이 문제에서 while 반복문을 빠져나가는 조건은 무엇인가? 식에서 구한 값과 math.e 값의 차이가 10^{-4} 이하가 되면 반복을 중단하므로 다음과 같이 if 문의 조건식을 작성할 수 있다. while 문의 전체 구조는 다음과 같다.

```python
while True:
    # total 값 변경
    if abs(math.e - total) <= 10**(-4):    # while 문을 빠져나갈 조건
        return total
    # 조건을 만족하지 않을 때 수행할 처리들
```

04 새로운 항목을 누적하면서 조건식을 검사하기 위해 total = total + 1/facto로 수정해야 하고, 조건에 만족하지 않았다면 다음 항목을 계산하여 누적해야 한다. 이때는 k 값을 1만큼 증가시키고 새로운 facto 값을 구해서 while 반복문을 진행시킨다. 프로그램 중간에 현재 상황을 살펴볼 수 있도록 적절한 print 구문을 추가하는 것은 프로그램을 작성하는 좋은 습관이다. while 문을 완성해 보자.

```python
while True:
    total = total + 1/facto
    if abs(math.e - total) <=10**(-4):
        return total
    print (k,total,math.e - total)    # 중간 결과 확인용 출력문. 최종 코드에서는 주석 처리
    k += 1
    facto = facto *k
```

최종 프로그램과 이를 수행한 결과는 다음과 같다. 수행 결과 6회의 반복을 수행한 후 조건에 맞는 값을 얻게 되는 것을 볼 수 있다. 최종적으로 결과를 확인한 후 중간에 점검을 위해 삽입한 print 구문을 주석으로 처리하면 된다.

Chap09 Step by Step   Chap09_P00.py

```
01    import math
02
03    def estimateE():
04        facto = 1
05        total = 1
06        k = 1
07
08        while True:
09            total = total + 1/facto
10            if abs(math.e - total) < 10**(-4):
11                return total
12            print (k, total, math.e - total)
13            k += 1
14            facto = facto *k
15    print( estimateE() )
```

```
1 2.0 0.7182818284590451
2 2.5 0.2182818284590451
3 2.6666666666666665 0.05161516179237857
4 2.708333333333333 0.009948495125712054
5 2.7166666666666663 0.0016151617923787498
6 2.7180555555555554 0.0002262729034896438
2.7182539682539684
```

→ 12번 줄의 중간 프린트 결과

연습문제

각각의 문제에 주석 처리된 `# ADD ADDITIONAL CODE HERE!`
부분을 지우고 해당 부분을 알맞게 채워서 프로그램을 완성하여라.

❶ 양의 정수 n을 매개변수로 입력받아 n 안에 포함된 자리 숫자가 짝수(even digits)인 개수를 세는 함수 **countEvenDigits**를 작성하여라. 예를 들어 4743 안에 포함된 자리 숫자 중 짝수는 100의 자리 4와 10의 자리 4, 즉 두 개이다.

❶ **힌트** 정수를 구성하는 숫자 하나하나를 대상으로 짝수인지를 검사해야 한다. 보통 십진수를 구성하는 숫자 하나하나를 검사할 때 n%10을 이용하면 일의 자리 숫자를 알아낼 수 있고, n//10과 같이 정수 나누기 연산자를 이용하면 1의 자리를 제외한 수를 구할 수 있다. 또한 n의 일의 자리 숫자가 짝수인가를 묻는 것과 n이 짝수인가를 묻는 것은 동일한 문제임을 이해하자.

```
def countEvenDigits(n)                                    (Chap09_P01.py)
    # ADD ADDITIONAL CODE HERE!

print(countEvenDigits(4743))
print(countEvenDigits(1326924870))
```

```
2
6
```

❷ 두 개의 양의 정수 a와 b를 입력받아 a, b의 최대공약수(greatest common divisor)를 구하는 함수 **gcd**를 작성하여라.

❶ **힌트** 유클리드 호제법(Euclidean algorithm)에 의하면 두 양의 정수 $a, b(a \geq b)$와 $r = a\%b(0 \leq r < b)$를 만족하는 r에 대하여 a, b의 최대공약수는 b, r의 최대공약수와 동일하다(gcd(a, b)==gcd(b, r)). 예를 들어 gcd(36, 20)==gcd(20, 16)==gcd(16, 4)==gcd(4, 0)==4와 같다. 그러므로 36과 20의 최대공약수는 4이다. 이와 같은 방법을 적용하면 두 정수 a, b의 최대공약수 gcd(a, b)는 b와 a%b의 최대공약수 gcd(b, a%b)와 같고, 이러한 변경 과정을 두 번째 인수 값이 0이 될 때까지 반복하여 최대공약수를 구할 수 있다. 이 방법에 대한 증명은 다음 사이트를 참고한다.

🔗 http://en.wikipedia.org/wiki/Euclidean_algorithm#Proof_of_validity

```
def gcd(a,b):                                                    (Chap09_P02.py)
    if a < b:            # 항상 a >= b를 만족시키기 위해 자리를 바꿔 줌
        a,b = b,a
    # ADD ADDITIONAL CODE HERE!


print(gcd(36, 20))
print(gcd(2408208, 2790876))
```

```
4
132
```

❸ 십진수로 표현된 양의 정수로 이루어진 리스트를 매개변수로 입력받아 각 숫자들을 이진수로 표현했을 때, 이진수로 표현된 수에 포함된 0의 총 개수를 구하는 `countAllZeros` 함수를 작성하여라. 예를 들어 [10, 20, 30]이 입력되었을 때 각각을 이진수로 표현하면 [1010, 10100, 11110]이고 각 이진수에 포함된 0의 개수인 2, 3, 1을 더한 6을 반환한다.

❶ **힌트** 각각의 십진수를 이진수로 변경하는 보조 함수와 이진수로 변경된 수에서 0의 개수를 세는 보조 함수를 작성하여 문제를 해결할 수 있다. 중학교 때 배운 방법에 따라 십진수 19를 이진수로 변경하는 과정은 다음 그림과 같다. 이때 최종적으로 생성되는 이진수는 $10011_{(2)}$로 각 단계별로 생성되는 값들을 역순으로 연결한 것이다.
하지만 이 문제에서는 변경된 이진수에 포함된 0의 개수만 세면 되기 때문에 이진수로 변경하는 단계에서 0이 나올 때마다 count를 증가하는 방식으로 보조 함수를 작성할 수도 있다.

```
2 | 19
2 |  9    1
2 |  4    1
2 |  2    0
     1    0
```

```
def countAllZeros(L):                                           (Chap09_P03.py)
    # ADD ADDITIONAL CODE HERE!


print(countAllZeros([10,20,30]))
print(countAllZeros([200,300,400]))
```

```
6
16
```

❹ 함께 생각해보기 원주율(π) 값은 무리수이고 다양한 수학적 방법으로 π의 근삿값을 구하는 공식들이 제시되고 있다. 또한 파이썬에서는 math 모듈에 있는 math.pi 값을 3.141592653589793으로 정의하고 있다. 다음 세 가지 방법을 이용하여 π의 근삿값을 구하는 함수 estimatePI를 while 구문으로 작성하여라.

4-1 인도의 수학자 라마누잔(Srinivasa Ramanujan)이 제안한 방법에 의하면 다음 식이 성립한다.

$$\frac{1}{\pi} = \frac{2\sqrt{2}}{9801} \sum_{k=0}^{\infty} \frac{(4k)!\,(1103 + 26390k)}{(k!)^4 \cdot 396^{4k}}$$

이 공식을 활용하여 π의 근삿값을 파이썬에서 제공하는 math.pi와 값 차이가 10^{-15} 이하가 되도록 구하는 함수 estimatePI_1을 작성하여라.

```
def estimatePI_1():                                    (Chap09_P04.py)
    # ADD ADDITIONAL CODE HERE!

print(estimatePI_1())

3.1415926535897936
```

4-2 또 다른 π의 근삿값을 구하는 공식은 다음과 같다.

$$\pi = \sqrt{6 \cdot \sum_{i=1}^{\infty} \frac{1}{i^2}}$$

이 공식을 활용하여 π의 근삿값을 파이썬에서 제공하는 math.pi와 값 차이가 10^{-4} 이하가 되도록 구하는 함수 estimatePI_2를 작성하여라.

```
def estimatePI_2():                                    (Chap09_P04.py)
    # ADD ADDITIONAL CODE HERE!

print(estimatePI_2())

3.141492654128464
```

4-3 또 다른 π의 근삿값을 구하는 공식은 다음과 같다.

$$\pi = 4 \cdot \left(1 - \frac{1}{3} + \frac{1}{5} - \frac{1}{7} + \frac{1}{9} - \cdots\right)$$

이 공식을 활용하여 π의 근삿값을 파이썬에서 제공하는 `math.pi`와 값 차이가 10^{-4} 이하가 되도록 구하는 함수 `estimatePI_3`을 작성하여라.

```
def estimatePI_3():                              (Chap09_P04.py)
    # ADD ADDITIONAL CODE HERE!

print(estimatePI_3())

3.1414926535900345
```

더불어 앞선 세 가지 방법들의 `while` 반복문 수행 횟수와 정확도를 서로 비교해 보자.

⑤ 함께 생각해보기   (Chap09_P05.py)

`break`와 `continue` 구문이 반복문 안에서 어떻게 작동하는지 다음 세 가지 코드의 실행 결과를 각자가 예측해 보고 서로의 예측을 비교해 보자. 만약 프로그램에서 오류가 발생한다면 그 원인에 대해 설명해 보자.

❶ 힌트 중첩 반복문 안에서 `break`와 `continue`를 사용하게 되면 `break`와 `continue`를 둘러싸고 있는 가장 내부의 반복문 제어에만 영향을 미치게 된다.

5-1 코드 A

```
i = 0
while i < 5:
    j = 0
    while j < 5:
        if i > 0:
            break      # 이 break 문은 안쪽 while j<5 구문에만 영향을 미친다.
```

```
        print(j, end = " ")
        j += 1
    print(i, end = " ")
    i += 1
```

5-2 코드 B

```
i = 0
while i < 5:
    j = 0
    while j < 5:
        if i > 0:
            continue        # 이 continue 문은 안쪽 while j<5 구문에만 영향을 미친다.
        print(j, end = " ")
        j += 1
    print(i, end = " ")
    i += 1
```

5-3 코드 C

```
for i in range(5):
    if i > 0:
        continue        # 이 continue 문은 for i in range(5) 구문에 영향을 미친다.
    j = 0
    while j < 5:
        if i > 0:
            break        # 이 break 문은 안쪽 while j<5 구문에만 영향을 미친다.
        print(j)
        j += 1
    print(i)
```

 핵심 노트

✦ while 반복문의 구조

while 조건식 **:**

들여쓰기 ┈┈▶ **statements** }

while 구문의 머리 부분
끝을 나타내는 콜론(:)

조건식이 True 값인 동안
statements 부분을 반복

✦ for 문과 while 문 변환

초깃값 끝 조건 증가분
↓ ↓ ↙
range(0, n ,1)과 동일

for i **in** range(n):

    sum += i

≡

i = 0 ←──── 초깃값

while i < n: ← 끝 조건

    sum += i

    i += 1 ←──── 증가분

✦ break는 만나면 즉시 가장 안쪽 루프를 빠져나감

✦ continue는 현재 반복문의 남은 부분만 건너 뛰고 계속 반복 수행

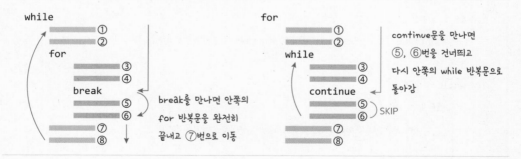

chapter 10

리스트의 다양한 활용

학습목표

- 리스트 슬라이싱 연산의 의미와 사용법을 이해한다.

- 리스트 자료형에 비교, 포함, 연결 연산자를 사용할 수 있다.

- 숫자형 리스트를 처리하는 내장 함수의 의미와 사용법을 이해한다.

- append( ), sort( ) 등 리스트 메서드의 의미를 이해하고 활용할 수 있다.

● 리스트를 보다 강력하게 해주는 연산자, 함수, 메서드

이번 장에서는 리스트 자료형을 좀 더 효과적으로 사용하기 위하여 리스트 자료형을 처리하는 연산자, 내장 함수 그리고 리스트의 메서드에 대해 학습한다.

10.1 슬라이싱

● 리스트를 얇게 썰어서 새로운 리스트로 만들어주는 슬라이싱 연산자

리스트를 다루는 중요한 연산 중 하나는 **슬라이싱**(slicing)을 수행하여 새로운 리스트를 생성하는 것이다. 슬라이싱이란, 말 그대로 일정 면을 얇게 잘라내는 것이다. 빵이나 치즈를 얇게 자르는 것처럼 리스트의 일정 부분을 잘라내어 새로운 리스트를 생성하는 슬라이싱은 콜론(:)을 이용하여 수행한다.

● 슬라이싱에서 두 개의 인덱스 의미

L[i:j]는 L[i]부터 L[j-1]까지 항목들을 선택하여 새로운 리스트를 생성한다. 이때 만들어진 부분 리스트(sublist)에 L[j]는 포함되지 않는다. 슬라이싱의 두 인덱스 중 처음 i가 생략되면, 리스트의 맨 처음 항목부터 시작하라는 의미이고, 두 번째 j가 생략되면 리스트의 마지막 항목까지 포함하라는 의미다. 또한 두 인덱스가 모두 생략된 L[:]로 슬라이싱을 수행하면 전체 리스트를 복사하여 새로운 복사본 리스트를 생성하게 된다. 중요한 점은 슬라이싱을 수행하면 새로운 리스트가 만들어지는 것이므로 원래 리스트에는 아무런 변화가 없다는 것이다. 다음 예를 살펴보자.

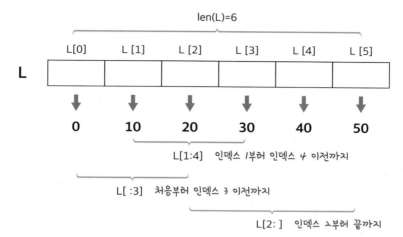

L = [0,10,20,30,40,50]

그림 10-1 리스트 슬라이싱과 인덱스

```
L = [0,10,20,30,40,50]
print(L[1:4])     # [10,20,30] (40은 포함되지 않음)
print(L[0:3])     # [0,10,20] (30은 포함되지 않음)
print(L[:3])      # [0,10,20] (L[0:3]과 같음)
print(L[2:6])     # [20,30,40,50]
print(L[2:])      # [20,30,40,50] (L[2:6]과 같음)
print(L[:])       # [0,10,20,30,40,50]
```

● **슬라이싱에서 세 개의 인덱스 의미**

만약 슬라이싱에서 인덱스가 L[i:j:k]와 같은 형태라면 L[i]부터 L[j-1]까지 항목들을 k만큼의 step으로 건너뛰면서 항목들을 선택하여 새로운 리스트를 생성한다. 즉, 리스트 슬라이싱에서 세 개 인덱스는 range(start, end, step) 함수에서 세 개의 매개변수를 사용할 때와 같은 의미를 갖는다.

```
L = [0,10,20,30,40,50,60,70,80,90]
print(L[1:9:2])         # [10,30,50,70] (2씩 건너뜀)
print(L[:9:2])          # [0,20,40,60,80]
print(L[1::2])          # [10,30,50,70,90]
print(L[1:-1:2])        # [10,30,50,70] (리스트 인덱스에서 -1은 맨 마지막 항목을 의미)
```

10.2 비교 / 포함 관계 / 연결 연산자

● 두 개의 리스트가 같은지 비교하는 연산자 ==

두 수가 서로 같은지를 비교하는 연산자 ==는 두 리스트가 동일한가를 비교하는 데도 사용한다. 두 리스트가 같다는 것은 두 리스트 항목들의 **값과 순서가 모두 동일하다**는 의미이다.

```
L = [1,2,3]
M = [1,2,3]
N = [1,3,2]
print(L == M)   # True
print(L == N)   # False
```

● 리스트에 특정 값이 포함되어 있는지 구분하는 연산자 in

리스트 안에 특정 항목이 속하는지, 속하지 않는지를 알아보는 연산자로 **in**과 **not in**을 사용할 수 있다.

```
L = [0,1,2,3,4,5]
print(3 in L)         # True
print(8 in L)         # False
print(8 not in L)     # True
```

```
print([1,2] in L)              # False
print([1,2] in [0, [1,2], 3])  # True
```

이때 [1, 2] in L이 의미하는 것은 1과 2로 이루어진 리스트 자체가 L의 항목인지를 묻는 것이지, 1과 2가 각각 리스트 L 안에 속해 있는지를 묻는 것이 아니다.

● **두 리스트를 연결하는 +, 리스트를 반복하는 * 연산자**

+와 ***** 연산자를 리스트에 적용하면 특별한 의미를 갖는다. +는 두 리스트를 연결(concatenation)하여 새로운 리스트를 생성하며, 리스트와 정수로 * 연산을 수행하면 해당 리스트의 항목들을 정수 배만큼 반복한 새로운 리스트를 생성하게 된다.

```
L = [0,1] + [2,3,4,5]     # [0,1,2,3,4,5] 연결
M = [0,1] * 3             # [0,1,0,1,0,1] 반복
```

10.3 숫자 리스트를 다루는 내장 함수

● sum(), max(), min()

리스트 자료형을 활용하는 다양한 내장 함수들이 있다. 리스트 L이 숫자로만 구성된 경우 sum(L), max(L), min(L) 등의 함수를 이용하면 리스트 항목들의 합계와 최댓값, 최솟값 등을 구할 수 있다.

```
L = [1,2,3,4,5]
print (sum(L))    # 15
print (max(L))    # 5
print (min(L))    # 1
```

10.4 리스트 메서드

파이썬을 이용하여 프로그래밍할 때 가장 자주 사용하는 자료형 가운데 하나가 리스트이다. 따라서 다양한 리스트 메서드에 대해 알고 있다면 프로그램을 쉽게 작성하는 데 큰 도움이 된다. 먼저 파이썬 셸(shell)을 이용하여 리스트가 갖고 있는 속성과 메서드에 대해 살펴보자.

```
>>> help(list)
Help on class list in module builtins:
class list(object)
 |  list(iterable=(), /)
 |  Built-in mutable sequence.
 |  If no argument is given, the constructor creates a new empty list.
 |  The argument must be an iterable if specified.
 |  Methods defined here:
 |  __add__(self, value, /)
 |      Return self+value
 ...
```

메서드들은 L.append(), L.sort()와 같이 **리스트이름.메서드이름()** 과 같은 형태로 호출한다. 대표적인 몇 가지에 대해 살펴보자.

● **리스트에 새로운 항목을 삽입하는 메서드 append()**

지금까지 우리가 배운 리스트를 생성하는 방법은 첫째, 초깃값을 부여하는 동시에 리스트를 생성하거나 둘째, 리스트 항목의 개수를 미리 None 등으로 초기화한 후 나중에 초깃값 대신 적당한 값을 채워 넣는 방식이다.

number = [2, 5, 8, 11, 14]	==	number = [**None**] * 5 # [None, None, None, None, None]이 생성됨 number[0] = 2 number[1] = 5 number[2] = 8 number[3] = 11 number[4] = 14

그러나 프로그램을 작성하다 보면 생성할 리스트의 크기를 미리 알 수 없는 경우가 있다. 이럴 때는 리스트의 메서드 중 하나인 **append()**를 활용하여 리스트의 값을 하나씩 늘려가면서 리스트의 크기를 변경할 수 있다.

📁 **코드 10-1**: append()를 활용한 리스트 값 추가   Chap10_L01.py

```
01   L = [1,2,3,4,5]
02   n = len(L)              # n은 리스트 L의 길이 5를 가짐
03   M = [ ]                 # M은 아무 값도 없는 빈 리스트
04   for i in range(n):
05       M.append(L[i] * 2)     # for 반복문을 돌 때마다 리스트 M의 크기가 하나씩 증가함
06       print(len(M), M[i])    # print 문을 통해 리스트 길이와 마지막 항목 값 확인


1 2
2 4
3 6
4 8
5 10
```

● **리스트의 항목 값을 정렬하는 메서드 sort()**

리스트의 또 다른 메서드 중 하나는 바로 리스트 항목들을 정렬할 수 있는 **sort()**이다.

📁 **코드 10-2**: sort를 활용한 리스트 정렬   Chap10_L02.py

```
01   L = [1,2,3,2,3,2]
02   L.sort()
```

```
03    print (L)
04
05    L = ["cc","a","ea","bc"]
06    M = L.sort()                    # L 자체만 변하고 M에게 None이 반환됨
07    print(M)                        # None
08    print(L)
```

```
[1, 2, 2, 2, 3, 3]
None
['a', 'bc', 'cc', 'ea']
```

sort()는 리스트의 숫자나 문자들을 정렬할 수 있지만 append()와 마찬가지로 리스트 자체가 변할 뿐 그 결과를 반환하지 않으므로 L.sort()의 반환값을 출력하는 경우 None이 출력된다.

● 리스트 자료형을 강력하게 해주는 다양한 메서드와 사용 예

그밖에도 리스트의 다양한 메서드가 사용된다. 메서드를 잘 활용하는 것은 여러분의 프로그램을 짧고 효율적으로 구현하는 데 도움이 될 것이다.

표 10-1 리스트 메서드

메서드	의미	메서드 종류
L.index(value)	value가 나타나는 첫 번째 인덱스를 반환 해당 값이 없는 경우 `ValueError` 발생	리스트 자체의 변화 없이 결괏값만 반환하는 Pure function
L.count(value)	리스트에서 값이 value와 같은 항목의 개수를 반환	
L.insert(index,value)	index 위치에 value를 삽입	리스트 자체가 변화되며 반환값은 None
L.remove(value)	리스트에서 처음 나타나는 value 항목을 제거	
L.extend(iterable)	리스트에 iterable의 항목을 모두 추가. 즉, iterable한 객체의 길이만큼 append를 반복하는 것과 동일한 결과	
L.reverse()	리스트 항목들을 역순으로 배열	

L.pop()	리스트의 마지막 항목을 제거하고 해당 값을 반환	리스트 자체도 변화
L.pop(index)	리스트에서 **index** 위치의 항목을 제거하고 해당 값을 반환	하고 결괏값도 반환

다음 코드는 다양한 리스트 메서드들을 적용한 예다.

📁 **코드 10-3**: 리스트 메서드들   *Chap10_L03.py*

```
01   L = [2,3,1,5,4,5]
02   print(L.index(3))              # value 3이 있는 인덱스를 반환
03   print (L.insert(0,1) , L)      # 0번 인덱스 위치에 value 1을 삽입하게 되며 반환값은 없음
04   print(L.count(5))              # value 5가 포함된 횟수 반환
05   print(L.remove(5) ,L)          # value 5 중 처음 항목을 제거. L 자체가 변하며 반환값은 없음
06   print (L.reverse(), L)         # L의 항목들의 순서를 거꾸로 뒤집음
07   print(L.pop()   , L)           # 인수 없이 pop()을 수행하면 맨 마지막 항목을 삭제한 후 값을 반환
08   print(L.pop(0) , L)            # pop()에 인덱스를 인수로 주면 해당 인덱스 항목을 삭제한 후 값을 반환
09   print(L.sort() , L)            # L을 정렬함
```

```
1
None [1, 2, 3, 1, 5, 4, 5]
2
None [1, 2, 3, 1, 4, 5]
None [5, 4, 1, 3, 2, 1]
1 [5, 4, 1, 3, 2]
5 [4, 1, 3, 2]
None [1, 2, 3, 4]
```

용어 **이터러블(iterable)**

파이썬에서 함수에 대한 설명이나 오류 메시지 등에 자주 등장하는 용어 중 하나가 **iterable**이다. 어떤 객체가 **iterable**하다는 의미는 리스트나 문자열과 같이 반복 가능한 작업을 지원할 수 있는 객체라는 의미다. 즉, for 구문이나 sort()와 같은 메서드에서 값을 하나씩 꺼내서 대입하거나 비교할 수 있도록 지원하는 객체로서 **list, dict, set, str, bytes, tuple, range** 타입의 데이터들은 모두 **iterable**하다.

builtins.TypeError: 'int' object is not iterable과 같이 정수나 실수가 **iterable**하지 않다는 오류 메시지는 매우 흔하게 발생하는 오류 중 하나다. 예를 들어 **L.extend(x)**에서 인수로 사용되는 x는 리스트와 같이 여러 개의 항목값을 갖는 **iterable**한 객체이고, 이때 각 항목을 하나씩 반복하여 리스트 L에 append하는 효과를 갖는다. 그러므로 **L.extend(1)**과 같이 반복적 처리를 지원하지 않는(즉, **iterable**하지 않은) 정수나 실수 등의 자료형이 extend()의 인수로 사용될 때는 **'int' object is not iterable**과 같은 오류가 발생한다.

 **아하, 그렇군요 11** append / extend / +

리스트의 메서드인 append()와 extend()를 사용하는 것과 + 연산자를 활용하여 두 리스트 합치는 것에는
어떤 차이가 있을까? 비슷해 보이지만 서로 약간의 차이가 있으므로 잘 구분하여 필요에 따라 적절하게 사용
해야 한다.

먼저 append()와 extend()는 모두 리스트 자체를 변화시킬 뿐 반환값은 없다. 차이점으로는 append()에
서 인수는 하나의 객체(object)로 인식되고, extend()에서 인수는 반복할 수 있는(iterable) 객체, 즉 리스트나
문자열처럼 항목 여러 개를 하나하나 처리할 수 있는 형식으로 인식한다. 다음의 예를 통해서 차이점을 살펴
보자.

```python
L = [1,2,3]
print(L.append(4))        # 하나의 객체가 append의 인수로 사용되며 반환값은 None
print(L)                  # [1, 2, 3, 4]가 출력됨, 즉 L 자체가 변화함
L = [1,2,3]
print(L.append([4,5,6]))  # 리스트도 하나의 객체로 취급해서 통째로 추가됨. 반환값은 None
print(L)                  # [1, 2, 3, [4, 5, 6]], 즉 L 자체가 변화함
L = [1,2,3]
print(L.extend(4))        # builtins.TypeError: 'int' object is not iterable
                          # 즉 extend()의 인수로 반복 가능한 객체가 아닌 정수는 사용할 수 없음
L = [1,2,3]
print(L.extend([4,5,6]))  # extend의 인수는 반복 가능한 객체, 반환값은 None
print(L)                  # [1, 2, 3, 4, 5, 6], 리스트의 모든 항목이 하나씩 항목으로 추가됨
L = [1,2,3]
print(L.extend("python")) # 반환 없이 자기 자신을 변화시키는 메서드는 None을 반환
print(L)                  # [1, 2, 3, 'p', 'y', 't', 'h', 'o', 'n'], 문자열도 반복 가능한 객체임
```

다음은 두 리스트를 + 연산자로 연결한 결과를 보여준다.

```python
L = [1,2,3]
M = [4,5,6]
print(L + M, L, M)  # [1, 2, 3, 4, 5, 6] [1, 2, 3] [4, 5, 6]
                    # L과 M은 변화하지 않고 L+M으로 새로운 리스트가 생성됨
```

각각의 차이점을 발견하였는가? 리스트의 메서드인 append( )나 extend( )를 사용하는 경우에는 리스트 자체가 변화할 뿐 결괏값은 None이다. 이에 반해서 두 리스트를 연결하는 연산자 +를 사용하면 두 리스트는 전혀 변화하지 않고 연산의 결과로 새로운 리스트가 생성된다.

10.5 리스트 축약 표현

● **한 줄로 조건에 맞는 새로운 리스트를 만드는 리스트 축약 표현**

새로운 리스트 객체를 생성하는 방법 가운데 하나로, 반복 가능한 객체를 사용하여 조건에 맞는 항목만으로 구성된 새로운 리스트 객체를 생성하는 **리스트 축약 표현**(list comprehension)이 있다.

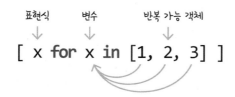

표현식　　변수　　반복 가능 객체

$$[\ x \ for \ x \ in \ [1, \ 2, \ 3] \ ]$$

리스트는 각 항목 1, 2, 3을 한 번씩 x에 대입하면서 새로운 리스트 [1, 2, 3]을 생성하게 됨

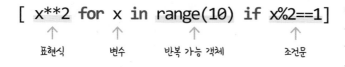

$$[\ x^{**}2 \ for \ x \ in \ range(10) \ if \ x\%2==1]$$

표현식　　　변수　　　반복 가능 객체　　　조건문

range(10)에 의해서 0부터 9까지 숫자가 생성되지만 그 가운데 x%2==1을 만족하는 값, 즉 홀수인 x 값만이 선택되고, x**2 즉 해당 값의 제곱으로 이루어진 리스트 [1, 9, 25, 49, 81]을 생성

그림 10-2 리스트 축약

　　리스트 축약 표현의 문법은 리스트를 생성하는 대괄호 []를 사용하여 문자열이나 리스트, range() 함수 등과 같이 반복을 지원하는 객체들의 항목을 하나씩 변수에 대입한 후, 해당 변

수를 이용한 표현식에 의해 새로운 항목 값을 생성하여 리스트를 만들어 준다. 이때 특정 조건에 맞는 항목만을 선택하여 표현식에 적용하기 위해서 if 문 뒤에 조건문을 추가할 수 있다.

● 리스트 축약 표현과 for 반복문을 이용한 리스트 생성 비교

그림 10-2의 [x**2 for x in range(10) if x%2==1] 구문을 일반적인 for 구문을 이용해 작성하면 다음과 같다.

```
a = [ ]
for x in range(10) :
    if x %2 == 1 :
        a.append(x**2)
```

● 다양한 리스트 축약 표현의 예

코드 10-4는 다양한 리스트 축약 표현을 이용한 리스트 생성 결과를 보여준다.

📁 **코드 10-4**: 리스트 축약 표현을 이용한 리스트 객체 생성   Chap10_L04.py

```
01    a= [x for x in "hello"]              # 문자열 "hello"의 각 문자를 한 번씩 x에 대입
02    b= [x**2 for x in range(6)]          # range(6)에 의해 x에는 0부터 5까지 x에 한 번씩 대입
03    c= [x**2 for x in range(10) if x%2==1]  # 생성되는 x 값 중 홀수인 것만 이용하여 x**2 생성
04    d= [[i+j for i in range(4)] for j in range(3)]
05    ''' 바깥에 있는 for 구문의 j가 1회 변경될 때마다 안쪽 for 구문의 i가 네 번씩
06        반복되는 중첩 반복문과 같은 형태. 다차원 리스트 생성 시 사용함 '''
07    print (a)
08    print (b)
09    print (c)
10    print (d)
```

```
['h', 'e', 'l', 'l', 'o']
[0, 1, 4, 9, 16, 25]
[1, 9, 25, 49, 81]
[[0, 1, 2, 3], [1, 2, 3, 4], [2, 3, 4, 5]]
```

문자열은 구성된 문자(character) 하나하나를 항목으로 갖는 반복 가능한 객체다. 그래서 코드 10-4의 1번 줄에서 [x for x in "hello"]를 수행하면 변수 x에 'h', 'e', 'l', 'l', 'o' 문자가 한 번씩 대입되고, 그 결과 새로운 리스트 ['h', 'e', 'l', 'l', 'o']가 생성된다. 4번 줄의 [[i+j for i in range(4)] for j in range(3)]은 리스트 축약 표현 안에 다른 리스트 축약 표현이 포함된 경우다. 이처럼 중첩된 리스트 축약 표현은 마치 중첩된 **for** 구문과 같이 바깥쪽 반복(j에 의한 0, 1, 2)이 한 번씩 수행될 때마다 내부에 속한 [i+j for i in range(4)] 구문이 수행되는 형태를 띠며 이러한 방법을 이용하여 13장에서 다루게 될 다차원 리스트를 생성할 수 있다.

 아하, 그렇군요 12   랜덤 모듈 (random)

파이썬에는 유용한 모듈이 정말 많다. 그 가운데 프로그램에 임의성(randomness)을 부여할 때 자주 사용하는 **random** 모듈이 있다. 만약 게임을 할 때 매번 같은 상황이 만들어진다면 재미가 없을 것이다. 이처럼 수행할 때마다 다른 환경이 필요한 프로그램이나 리스트의 많은 데이터를 임의로 섞어주는 등과 같은 작업을 할 때 **random** 모듈을 사용한다. random 모듈에 대한 자세한 사항은 다음 명령을 통해 확인할 수 있다.

```
>>> import random
>>> help(random)
```

몇 가지 자주 쓰이는 random 모듈의 함수들은 표 10-2와 같다. 예제를 통해 활용 방법을 확인해 보자.

표 10-2 random 모듈의 함수

함수	의미
randint(start, end)	양쪽 끝을 포함하는 start와 end 사이의 임의의 정수를 반환 randint(1, 10)은 1부터 10 사이의 정숫값을 임의로 반환
shuffle(x)	리스트 x의 항목들을 섞어 줌. 리스트 자체가 변화되는 modifier function
random()	0 이상 1 미만의 실숫값을 임의로 반환 [0.0, 1.0)

```
import random

a = [ ]                              # 맨 처음 빈 리스트를 생성한 후
for i in range(10):
    x = random.randint(1,10)         # 1부터 10 사이의 정수 생성하여
    a.append(x)                      # 리스트에 추가하기
print (a)   # [5, 10, 6, 8, 3, 9, 5, 7, 8, 7]
                                               수행할 때마다 다른 결과가 나옴

b = [ ]
for i in range(5):
    x = random.random()             # 0부터 1보다 작은 실수 생성
    b.append(x)
print (b)


c = [1,2,3,4,5,6,7,8,9,10]
random.shuffle(c)                    # 리스트 c를 임의로 섞어주는 효과
print (c)
```

```
[5, 10, 6, 8, 3, 9, 5, 7, 8, 7]  ──→  랜덤이므로 생성되는 수가 중복될 수 있다
[0.8812262271558412, 0.8423018704445228, 0.1654010936092568,
0.3403335216272809, 0.8032212808940513]  ──→  모든 경우가 수행할 때마다 다른 결과를 생성한다
[2, 6, 1, 9, 4, 3, 7, 5, 10, 8]
```

자, 그럼 random 모듈을 이용하여 로또 번호 생성기를 만들어 보자. 로또 번호는 1부터 45까지의 정수 가운데 6개를 생성하고 보너스 번호로 하나를 더 생성하면 된다. 단, 이때 중요한 점은 7개의 숫자 사이에 중복이 발생하면 안 된다.

맨 먼저 떠오르는 생각은 random.randint(1, 45)를 이용하여 7번의 반복을 수행하면 될 것 같다.

```
a = [ ]
for i in range(7):
    x = random.randint(1,45)
    a.append(x)
print (a)   # [19, 8, 31, 31, 16, 41, 30]
```

그러나 이렇게 작성하면 앞의 코드에서 본 것과 같이 중복이 발생할 수 있다. 그러므로 만약 이미 만들어진 숫자가 다시 나온다면 이를 제외하도록 코드를 수정해야 한다. 즉, 서로 다른 숫자가 7개 생성될 때까지 while 문을 수행하도록 변경한다.

```
a = [ ]
while len(a) < 7 :
    x = random.randint(1,45)
    if x not in a :        # not in 연산자를 이용하여 리스트 a에 없는 경우에만 추가하기
        a.append(x)
print (a)                  # [36, 39, 31, 19, 21, 8, 10]
```

다른 방법으로는 1부터 45로 이루어진 리스트를 임의로 섞어서 그 가운데 7개를 선택하는 방법을 사용할 수도 있다.

```
a = [None] * 45        # 크기가 45인 리스트를 None으로 초기화
for i in range (45):
    a[i] = i + 1        # 1부터 45까지 숫자로 이루어진 리스트 a를 생성하기
random.shuffle(a)       # 리스트 a의 항목을 섞음
b = a[0:7]              # 리스트 a의 처음 7개로 이루어진 새로운 리스트 b 생성
print (b)
```

이와 같이 random 모듈은 다양한 알고리즘에서 활용하므로 꼭 기억하도록 하자.

Step by Step

정수값으로 이루어진 리스트 L과 정수값 e를 입력받아, 리스트 L의 원소들 가운데 정수값 e 와 같은 원소를 모두 제거한 새로운 리스트를 생성하는 함수 `delete`를 작성하여라.

풀이 단계

01   문제에서 주어진 매개변수를 이용하여 함수의 머리 부분을 작성하자.

```
def delete(L, e):
```

02   주어진 리스트를 변경하여 새 리스트를 만들게 되므로 일단 함수 내에서 슬라이싱 연산자 [:]를 사용하여 입력 리스트와 동일한 새로운 리스트 M을 생성한다. M의 항목들을 하나씩 읽으면서 e 값과 비교해서 같은 항목을 리스트 M에서 제거하면 된다. 리스트에서 특정 항목을 제거하는 메서드는 remove( )이고, 특정 인덱스의 항목을 제거하는 메서드는 pop( )이다. 우리는 리스트의 인덱스를 이용하여 항목들을 순회하며 e 값과 비교할 것이므로 pop( )을 사용하도록 하자.

```
def delete(L, e):
    n = len(L)
    M = L[:]
    for i in range(n):
        if M[i] == e:
            M.pop(i)
    return M
```

그런데 함수를 작성한 후 확인을 위해 delete([2,5,7,3,2,8,3,3], 3)을 수행해 보니 builtins. IndexError: list index out of range 오류가 발생한다. 리스트의 인덱스 범위를 넘어갔다는 의미다. 오류가 왜 발생했는지 알 수 있는 가장 쉬운 접근법은 중간에 변수들이 어떻게 변화하는지를 확인해 보는 방법이다. for 구문을 수행하면서 리스트 M이 어떻게 변화하는지 살펴보기 위해 print 문을 추가한 후 실행해 보자.

```
...
    for i in range(n):
        print (M, i)    # if 문 앞에 확인을 위한 출력문 추가
        if M[i] == e:
...
```

```
[2, 5, 7, 3, 2, 8, 3, 3] 0
[2, 5, 7, 3, 2, 8, 3, 3] 1
[2, 5, 7, 3, 2, 8, 3, 3] 2
[2, 5, 7, 3, 2, 8, 3, 3] 3
[2, 5, 7, 2, 8, 3, 3] 4
[2, 5, 7, 2, 8, 3, 3] 5
[2, 5, 7, 2, 8, 3] 6
```

아하! e 값인 3을 만나서 pop()을 수행하니 원래 M의 리스트 길이가 줄어들게 되어 7번째 항목을 검사하는 순간 list index out of range 오류가 발생하였다. 그러므로 pop()을 수행하여 리스트에서 값을 삭제하는 대신 e 값과 다른 값들만 새로운 빈 리스트에 추가(append)하는 방식으로 프로그램을 수정해 보자.

```
...
    M = [ ]
    for i in range(n):
        if L[i] != e:
            M.append(L[i])
...
```

최종 프로그램과 이를 수행한 결과는 다음과 같다.

📁 Chap10 Step by Step   Chap10_P00.py

```
01   def delete(L, e):
02       n = len(L)
03       M = [ ]    # append할 것이므로 초깃값은 빈 리스트로 생성한다
04       for i in range(n):
05           if L[i] != e:
06               M.append(L[i])
07       return M
08
09   print(delete([2,5,7,3,2,8,3,3],3))
10   print(delete([2,3,7,3,2,8,3,3],3))
11   print(delete([3,3,7,3,2,8,3,3],3))
```

```
[2, 5, 7, 2, 8]
[2, 7, 2, 8]
[7, 2, 8]
```

연습문제

각각의 문제에 주석 처리된 # ADD ADDITIONAL CODE HERE!
부분을 지우고 해당 부분을 알맞게 채워서 프로그램을 완성하여라.

❶ 정숫값으로 이루어진 리스트 L을 입력받아 리스트 L의 항목 가운데 정숫값 3을 모두 제거한 새로운 리스트를 생성하여 반환하는 함수 deleteThree를 작성하여라.

❶ **힌트** L.pop()을 사용하는 경우 인덱스가 변하기 때문에 기존의 리스트에서 3을 빼는 것이 아니라 새로운 빈 리스트를 만들고 3이 아닌 값들을 추가한다고 생각해 보자.

```
def deleteThree(L):                                    (Chap10_P01.py)
    # ADD ADDITIONAL CODE HERE!

print(deleteThree([2,5,7,3,2,8,3,3]))
print(deleteThree([3,3,7,3,2,8,3,3]))

[2,5,7,2,8]
[7,2,8]
```

❷ 정숫값으로 이루어진 리스트 L과 정숫값 k를 입력받아, 리스트 L의 항목 가운데 k번째로 작은 정숫값을 찾는 함수 kthSmallest를 작성하여라. 이때 k의 값은 1부터 리스트 길이 사이의 값이 입력된다고 가정한다.

❶ **힌트** L.sort()를 사용하여 정렬한 후 인덱스를 활용하여 찾을 수 있다.

```
def kthSmallest(L, k):                                 (Chap10_P02.py)
    # ADD ADDITIONAL CODE HERE!

print(kthSmallest([3,4,2,8,8], 1))
print(kthSmallest([3,4,2,8,8], 3))
print(kthSmallest([3,4,2,8,8], 4))
```

```
2
4
8
```

❸ 정숫값으로 이루어진 리스트 L1과 L2를 입력받아 두 리스트가 순서에 상관없이 같은 항목들을 같은 개수만큼 갖고 있는지 검사하는 함수 same을 작성하여라.

❶힌트 L1==L2는 L1, L2의 항목들 순서까지 동일해야 True가 된다는 점을 기억하자.

```
def same(L1, L2):                                              (Chap10_P03.py)
    # ADD ADDITIONAL CODE HERE!

print(same([2,3,2,7],[2,7,2,3]))
print(same([2,5,7,8],[2,3,4,5]))

True
False
```

❹ 정숫값으로 이루어진 리스트 L을 입력받아, 해당 항목들을 중복 없이 정확히 하나씩만 포함하는 정렬된 리스트를 생성하는 함수 makeSet을 작성하여라.

❶힌트 나중에 집합 자료형을 배우면 쉽게 해결할 수 있으나 여기서는 형변환 함수를 사용하지 말고 in이나 not in과 같은 연산자를 활용하여 해결해 보자.

```
def makeSet(L):                                                (Chap10_P04.py)
    # ADD ADDITIONAL CODE HERE!

print(makeSet([1,1,3,5]))
print(makeSet([2,1,2,8,8]))
print(makeSet([3,4,5,6,7,3,4]))

[1,3,5]
[1,2,8]
[3,4,5,6,7]
```

❺ 두 정수 리스트 L1, L2를 입력받아 L1에 속한 모든 숫자들이 L2에 속한 어떤 숫자의 배수가 되는 조건을 만족하는지 점검하는 함수 `multiple`을 작성하여라(∀x∈L1, ∃y∈L2, x는 y의 배수).

예를 들어 `multiple([14,24,18,35,39], [6,13,7])`은 True를 반환하는데 14, 35는 7의 배수, 24, 18은 6의 배수, 39는 13의 배수이기 때문이다.

```
def multiple(L1, L2):                              (Chap10_P05.py)
    # ADD ADDITIONAL CODE HERE!


print(multiple([14,24,18,35,39], [6,13,7]))
print(multiple([14,24,18,35,39], [5,13,7]))
```

```
True
False
```

✴ 슬라이싱

L = [0,10,20,30,40,50]

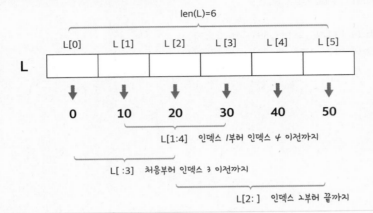

✴ 비교 == / 포함 in, not in / 연결 연산자 +

✴ append()는 리스트에 항목을 추가   number.append(5)

✴ sort()는 리스트 자체를 정렬   number.sort()

✴ 리스트 축약 표현

표현식   변수   반복 가능 객체
 ↓   ↓   ↓
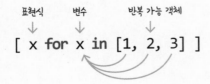
[x for x in [1, 2, 3]]

리스트는 각 항목 1, 2, 3을 한 번씩 x에 대입하면서 새로운 리스트 [1, 2, 3]을 생성하게 됨

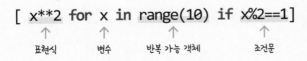
[x**2 for x in range(10) if x%2==1]
  ↑   ↑   ↑   ↑
표현식   변수   반복 가능 객체   조건문

range(10)에 의해서 0부터 9까지 숫자가 생성되지만 그 가운데 x%2==1을 만족하는 값, 즉 홀수인 x 값만이 선택되고, x**2 즉 해당 값의 제곱으로 이루어진 리스트 [1, 9, 25, 49, 81]을 생성

문자열

📖 **학습목표**

● 문자열 자료형에 적용되는 인덱스의 의미를 이해한다.

● 문자열 자료형에 비교, 포함, 연결 연산자를 사용할 수 있다.

● 문자열 자료형의 다양한 메서드들의 의미를 이해하고 사용할 수 있다.

● print( ) 함수의 포매팅 방법을 이해하고 원하는 형태대로 결과를 출력할
수 있다.

● **문자들로 이루어진 변경할 수 없는 자료형 - 문자열**

지금까지 문자열(String)은 주로 **print()** 함수의 인수로써 메시지나 결과를 출력하는 용도로 사용하였다. 그러나 사실 문자열은 **문자(character)들로 이루어진 변경할 수 없는 리스트**라고 말할 수 있을 만큼 리스트와 비슷하며, 다양한 연산자와 메서드를 사용할 수 있는 파이썬의 중요한 자료형 가운데 하나다.

11.1 문자열의 인덱스

파이썬에서 문자열을 나타낼 때는 큰따옴표(")혹은 작은따옴표(')를 사용한다. 즉, 파이썬 코드에서 **"computer"**와 **'computer'**는 완전히 동일하다. 또한 리스트의 많은 연산자와 메서드들은 문자열에서도 동일하게 수행된다. 즉, 문자열에서 **len()** 함수를 활용하여 문자열의 길이를 구하고, 대괄호([]) 안의 인덱스를 활용하여 각 문자에 접근할 수 있다.

```
s = "computer"
for i in range(len(s)):
    print(s[i])
```

이와 같은 코드를 수행하면 **"c"**, **"o"**, **"m"**, **"p"**, **"u"**, **"t"**, **"e"**, **"r"** 문자들이 한 글자씩 수직으로 화면에 출력된다. 또한 **s[-1]**은 마지막 글자인 **"r"**을 가리키게 된다.

그러나 리스트 자체를 변경하는 연산과 메서드는 문자열에 적용할 수 없다. 즉, 문자열에서 인덱스를 사용하여 문자 하나하나를 읽을 수는 있지만 문자열의 일부분을 인덱스를 사용하여 변경할 수는 없다. 만약 **s[0]="C"**와 같이 문자열 일부를 변경하려 하면 다음과 같은 오류가 발생한다.

builtins.TypeError: 'str' object does not support item assignment

'str', 즉 '문자열 객체는 대입을 지원하지 않는다'는 의미의 오류 메시지다.

11.2 문자열의 슬라이싱

문자열에서도 리스트 자료형과 마찬가지로 슬라이싱 연산을 통해 새로운 부분 문자열을 생성할 수 있다.

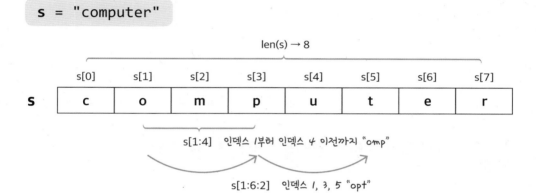

s = "computer"

그림 11-1 문자열 슬라이싱과 인덱스

● **슬라이싱 연산자를 이용하여 새로운 문자열 생성하기**

코드 11-1은 문자열에 슬라이싱 연산자를 적용한 결과를 보여준다.

📁 **코드 11-1**: 문자열의 인덱스   Chap11_L01.py

```
01   s = "computer"
02   for i in range(len(s)):
03       print(s[i], end =" ")     # 한 줄로 출력하기 위해서, end ="" 추가
04   print()
05
06   print(s[1:4])
```

```
07    print(s[0:3])
08    print(s[:3])        # s[0:3]과 같음
09    print(s[2:6])
10    print(s[2:])
11    print(s[1:6:2])
```

c o m p u t e r ──→ 문자열을 print로 출력하면 따옴표가 표시되지 않는다
omp
com
com
mput
mputer
opt

11.3 비교 / 포함 관계 / 연결 연산자

● **문자열 비교 연산**

리스트와 마찬가지로 주어진 두 문자열 **s1, s2**에 대한 크기를 비교할 때는 비교 연산자를 사용할 수 있다.

- s1 == s2 → s1과 s2가 같으면 True, 아니면 False
- s1 != s2 → s1과 s2가 같지 않으면 True, 같으면 False
- s1 < s2 → s1이 사전 순서로 s2보다 빠르면 True, 아니면 False

이때 <u>사전에 등장하는 순서(lexicographic order)</u>라는 의미는 사전에 먼저 나오는 단어가 더 작다고 판단하는 것이다. 또한 파이썬 문자열에서 소문자와 대문자는 서로 다른 문자로 취급하며 모든 **대문자는 소문자보다 작다**(ASCII 코드 순서상 대문자가 소문자 앞에 오기 때문)고 판단한다.

```
01   s1 = "computer"
02   s2 = "science"
03   print (s1 == s2)
04   print (s1 != s2)
05   print (s1 < s2)
06   print ('abc' < "XYZ")
```

```
False
True
True
False
```

● **특정 문자열이 포함되어 있는지를 검사하는 in 연산자**

문자열이 특정 문자열을 포함하는지, 포함하지 않는지 검사하는 연산자로 리스트와 마찬가지로 **in** 과 **not in**을 사용할 수 있다.

```
01   s1 = "computer"
02   print("c" in s1)
03   print("OM" in s1)         # 파이썬은 대소문자를 구분함
04   print("OM" not in s1)
05   print("com" in s1)        # 문자열이 다른 문자열 안에 포함되는지 여부도 판단 가능
06   print("cmo" in s1)        # 문자들의 순서가 달라질 때 in 연산자는 포함하지 않는다고 판단
```

```
True
False
True
True
False
```

● **문자열의 연결과 반복을 수행하는 + 와 * 연산자**

리스트와 마찬가지로 문자열에서도 **+**와 * 연산자를 활용하여 두 문자열의 연결 (concatenation)과 반복(repeat)을 수행할 수 있다.

s = "Com" + "puter"	# "Computer"
t1 = "hi" * 3	# "hihihi"
t2 = 3 * "ha"	# "hahaha"

코드 11-4는 **"Computer"**라는 문자열의 각 문자의 순서를 거꾸로 뒤집어서 새로운 문자열을 생성한다. 이때 맨 처음 r을 빈 문자열로 초기화한 후, **for** 반복문을 수행하면서 문자열 s의 마지막 문자부터 거꾸로 한 글자씩 읽어서 r과 + 연산자로 연결한다.

📁 **코드 11-4**: +를 이용한 문자열 reverse　　　　　　　　　　　　　　　Chap11_L04.py

```
01   s = "Computer"
02   r = ""
03   for i in range(len(s)):
04       r = r + s[len(s)-1-i]        # s의 문자들을 마지막 문자부터 하나씩 거꾸로 읽어서 r에 연결
05   print(r)
```

retupmoC

● **회문 판별 프로그램**

문자열의 인덱스를 활용하는 유명한 문제 중 하나는 회문(palindrome) 여부를 결정하는 문제다. 회문이란 거꾸로 읽어도 똑바로 읽는 것과 같은 문장이나 숫자, 문자열 등을 말한다. 한글로는 '기러기', '토마토' 영어로는 'radar', 'sos' 등이 회문이다. 문자열을 입력받아 회문 여부를 확인하는 함수 **is_palindrome()**은 코드 11-5와 같이 구현할 수 있다. 문자열 길이의 절반만큼만 **for** 반복문을 수행하면서 처음에 맨 앞과 맨 뒤의 문자를 비교하고, 루프를 진행하면서 앞쪽의 인덱스는 증가하고 뒤쪽의 인덱스는 감소하면서 두 개씩 앞, 뒤 문자들을 비교하다가 하나라도 틀린 것이 있으면 회문이 아니고, 모두 같으면 회문이라고 판단한다.

```python
01  def is_palindrome(s):
02      for i in range(len(s)//2):      # 문자열 길이의 반만 비교
03          if s[i] != s[len(s)-1-i]:    # 처음과 마지막을 하나씩 비교하면서 인덱스를 변경하기
04              return False             # 하나라도 틀리면 False를 반환
05      return True
06
07  print(is_palindrome('radar'))
```

```
True
```

11.4 문자열 메서드

● 다양한 문자열 메서드와 수행 예

문자열은 값 자체가 변화하지 않는(immutable) 자료형이므로 문자열의 메서드는 모두 자기 자신에 대한 수정을 허용하지 않는다. 파이썬 셸에서 **help(str)**을 수행해 보면 다양한 문자열 메서드가 정의되어 있는 것을 볼 수 있는데, 그 가운데 몇 가지 자주 사용하는 것들을 정리하면 표 11-1과 같다.

용어 mutable / immutable

파이썬에서 객체의 특징을 말할 때 매우 중요한 기준 가운데 하나로 mutable과 immutable이 있다. 사전적인 의미로 mutable은 값이 변할 수 있다는 뜻이고, immutable은 값이 변하지 않는다는 뜻이다. 즉, 정수, 실수, 문자열, 튜플 타입의 객체와 같이 한번 값이 정해지면 더 이상 수정되는 일이 없는 객체는 immutable하다고 한다. 이에 반해 리스트나 집합 타입의 객체는 프로그램을 수행하는 중간에 해당 값을 변경할 수 있다.

이때 주의할 것은 "정수형 객체가 immutable하다"의 의미가 정수를 가리키는 변수가 변할 수 없다는 뜻이 아니고 정수 객체의 값 자체가 변할 수 없다는 뜻이다. 그러므로 정수형 변수에 다른 값을 대입하면 기존 객체의 값을 바꾸는 것이 아니고, 새로운 값의 다른 객체를 참조하도록 변경된다. 이는 동적 바인딩과도 연관되는 매우 중요한 파이썬의 개념이다.

표 11-1 문자열 메서드

메서드	의미	사용 예 s = "Python is Easy."
s.count(subStr)	subStr의 포함 횟수	s.count('s') → 2
s.upper()	모두 대문자로 변경	s.upper() → PYTHON IS EASY.
s.lower()	모두 소문자로 변경	s.lower() → python is easy.
s.find(str)	s 내에 str이 처음 나온 인덱스를 반환 str이 없다면 -1을 반환	s.find('th') → 2 s.find('x') → -1
s.index(str)	s 내에 str이 처음 나온 인덱스를 반환 해당 str이 없다면 ValueError 발생	s.index('i') → 7 s.index('x') → builtins.ValueError: substring not found
s.isalpha()	s가 알파벳으로 이루어졌으면 True	"Hello".isalpha() → True "Python is Easy".isalpha() → False 공백은 알파벳이 아님
s.isdigit()	s가 숫자로 이루어졌으면 True	"1234.3".isdigit() → True
s.strip()	문자열 앞 뒤의 공백(white space) 제거	a = " Hi! " b = a.strip() print(len(a), len(b), b) → 9 3 Hi!
s.split()	문자열을 구분자를 기준으로 나눠서 리 스트로 반환 구분자의 기본값은 공백(white space)	s.split() → ['Python', 'is', 'Easy.']
s.replace(old, new)	문자열 내의 old를 new로 바꾸어 반환	s.replace('Easy', 'Good') → "Python is Good."
str.join(iterable)	iterable한 문자열을 str로 연결하여 하나의 문자열을 반환	'.'.join(['ab', 'cd', 'ef']) → 'ab.cd.ef' "-".join("Python") → 'P-y-t-h-o-n'

11.5 보기 좋은 출력을 위한 print() 함수 포매팅

● **문자열 포맷 연산자 %를 활용하여 출력 형태 조정하기**

프로그램의 품질을 보여주는 척도 중 하나로 보기 좋은 출력물을 꼽을 수 있다. 지금까지 print() 함수를 이용하여 문자열과 함께 숫자를 표현할 때는 숫자에 str() 함수를 이용하여 형변환을 수행한 후 + 연산자로 연결하여 출력하였다. 그러나 다양한 숫자를 이런 방식으로 출력하는 데는 한계가 있다. 이때 포맷 연산자 **%**를 사용하여 문자열("") 내의 출력 위치에 **%포맷 형식**을 표시하고, 문자열이 끝난 후에 **%(변수들)** 형식으로 실제 값들을 기술하는 방법으로 다양한 출력을 표현할 수 있다.

문자열의 포맷 형식은 다양하나 일반적으로 사용하는 것은 표 11-2와 같다. 숫자 출력을 위해 자릿수를 정해주면 해당 자릿수를 채워서 출력할 수 있고, 기본적인 설정은 오른쪽 정렬이지만 앞에 마이너스(-) 표시가 붙으면 왼쪽으로 정렬된다.

표 11-2 문자열 포맷 형식

기호	의미
%d	정수
%f	부동 소수(floating point) 소수점 이하 6자리까지 기본으로 표시 %10.2f의 의미는 소수점 아래로 두 자리까지 표시하며 전체는 10자리로 표시한다는 의미
%s	문자열
-	왼쪽 정렬

코드 11-6을 통해 다양한 출력 방법에 대해 이해하고 적절히 사용할 수 있도록 하자.

📁 **코드 11-6**: print() 함수의 포매팅   Chap11_L06.py

```
01   x0, x1, val = 1, 123456789, 314.123456789
02   print("정수 [" + str(x0) + "] 정수9자리 [" + str(x1) + "]  실수 [" + str(val) + "]")
03   print("정수 [%d] 정수9자리 [%d]  실수 [%f]" % (x0, x1, val))
04   print("정수 [%5d] 정수9자리 [%5d]  실수 [%10.2f]" % (x0, x1, val))
05   print("정수 [%-5d] 정수9자리 [%-15d]  실수 [%-10.2f]" % (x0, x1, val))
```

```
정수 [1] 정수9자리 [123456789]  실수 [314.123456789]
정수 [1] 정수9자리 [123456789]  실수 [314.123457]
정수 [    1] 정수9자리 [123456789]  실수 [    314.12]
정수 [1    ] 정수9자리 [123456789      ]  실수 [314.12    ]
```

2번 줄에서는 각각의 변숫값을 **str()** 함수를 이용하여 문자열로 변환한 후 + 연산자를 이용하여 문자열들을 연결하여 출력하였다. 3번 줄은 변수들을 % 포매팅을 이용하여 각각 정수 및 부동 소수점 형태로 출력하였고, 이때 **%f**로 표현되는 실숫값은 기본적으로 소수점 아래 6자리까지 반올림하여 표현된다. 4번 줄에서는 각각 자릿수를 지정하는 방법을 보여주는데 비록 포매팅이 **%5d**라 하더라도 5자리 이상의 정수는 모두 표현된다. 실수 표현에서는 **%10.2f**인 경우 소수점 아래 2자리까지만 표시된다. 또한 5번 줄과 같이 – 표시를 붙이면 왼쪽 정렬을 수행하게 된다.

● **이스케이프 시퀀스**

문자열 포매팅과 함께 파이썬에서 특별한 기호를 표시하기 위해 사용되는 **이스케이프 시퀀스**(escape sequence)에 대해 알아보자. 우리는 이미 **print()** 함수 내의 문자열에서 한 줄을 띄우기 위해서 '\n'을 사용하는 예를 살펴보았다. 이와 같이 프로그램에서 표시하기 어려운 특수한 기능이나 문자를 표시하기 위해서 '\'(backslash) 문자와 뒤이어 나오는 문자를 합쳐서 특별한 의미를 부여한 것을 이스케이프 시퀀스라고 한다. 자주 사용하는 예는 표 11-3과 같다.

표 11-3 이스케이프 시퀀스

기호	의미
\\	문자 \
\n	줄바꿈 (new line)
\"	큰따옴표
\'	작은따옴표

지금까지 리스트와 문자열을 이용한 다양한 연산자와 함수들을 살펴보았다. 문자열은 변경할 수 없는 리스트라고 할 만큼 리스트와 비슷한 점이 많다. 다양한 형태의 문제를 통해서 두 자료형에 대해 익숙해질 수 있도록 연습하자.

Step by Step

대칭 소수(palindromic prime)란 11, 101과 같이 앞뒤로 대칭인 소수를 말한다. 사용자로부터 하나의 양의 정수 n을 입력받아, n보다 큰 대칭 소수 가운데 가장 작은 수를 구하는 함수 `palindPrime`을 작성하여라.

풀이 단계

01   문제가 복잡해 보이지만 자세히 살펴보면 while 문을 돌면서 조건에 맞는 숫자를 찾는 문제이다. 이때 조건은 소수이면서 동시에 대칭을 만족해야 한다. 즉, 두 개의 작은 부울 함수를 만들고 while 문에서 두 조건을 모두 만족하도록 구성하면 된다. 먼저 세 개의 함수 머리 부분을 작성하자.

```python
def isPalindrome(s):
    pass
def isPrime(p):
    pass
def palindPrime(n):
    pass
```

02   우선 보조 함수가 완성되었다고 가정하고 while 구문을 이용하여 조건에 맞는 숫자를 찾는 부분을 완성해 보자. 즉, 어떤 숫자 n을 입력받아 n을 1씩 증가시키면서 두 가지 보조 함수의 조건을 동시에 만족하는 숫자를 찾는 과정은 다음과 같다.

```
def palindPrime(n):
    pp = n        # 입력 매개변수를 변경하지 않고 다른 변수에 대입하여 이를 변경하는 방법
    while not (isPalindrome(pp) and isPrime(pp)) :
        pp += 1
    return pp
```

즉, 두 조건을 모두 만족할 때 조건문 앞쪽의 not에 의해서 False가 되므로 while 문을 빠져나오는 구조이다.

03   이제 숫자가 소수인지를 검사하는 isPrime()을 완성해 보자. 소수란 1과 자기 자신 이외에는 약수가 없는 숫자이다. 이는 전형적인 for all 패턴의 문제이다.

```
def isPrime(p):
    if p <= 1: return False
    for i in range(2, p//2+1):
        if p % i == 0:           # not (p % i != 0)
            return False
    return True
```

04   다음은 어떤 숫자가 대칭인지를 검사하는데, 숫자로 각 자릿수를 비교하는 것보다는 이를 문자열로 변환하고 인덱스를 이용하여 비교하는 방법이 훨씬 간편하다. 그러므로 str() 함수를 이용하여 입력 숫자를 먼저 문자열로 변경하고 나서 비교하자. 이 함수도 전형적인 for all 패턴의 문제이다.

```
def isPalindrome(s):
    s = str(s)
    n = len(s)
    for i in range(n//2):        # 맨 앞과 맨 뒤의 문자에서 시작하여 인덱스를 하나씩 이동하기
        if s[i] != s[n-1-i]:
            return False         # 하나라도 다르면 무조건 False를 반환하기
    return True
```

최종 프로그램과 이를 수행한 결과는 다음과 같다.

📁 Chap11 Step by Step　　　　　　　　　　　　　　　　　　　　Chap11_P00.py

```python
01  def isPalindrome(s):
02      s = str(s)
03      n = len(s)
04      for i in range(n//2):
05          if s[i] != s[n-1-i]:
06              return False
07      return True
08
09  def isPrime(p):
10      if p <= 1: return False
11      for i in range(2, p//2+1):
12          if p % i == 0:          # not (p % i != 0)
13              return False
14      return True
15
16  def palindPrime(n):
17      pp = n
18      while  not ( isPalindrome(pp) and isPrime(pp)) :
19          pp += 1
20      return pp
21
22  print(palindPrime(1))
23  print(palindPrime(10))
24  print(palindPrime(300))
25  print(palindPrime(700))
```

```
2
11
313
727
```

연습문제

❶ 알파벳으로 이루어진 문자열 s와 단일 문자 c를 입력받아 해당 문자열 s 가운데 c가 몇 번 포함되어 있는지 세는 함수 countChar를 작성하여라. (단일 문자는 "a"와 같이 길이가 1인 문자열을 의미함.)

```
def countChar(s, c):                          (Chap11_P01.py)
    # ADD ADDITIONAL CODE HERE!

print(countChar("AbAA","b"))
print(countChar("AbAA","A"))
print(countChar("DbDD","D"))
print(countChar("bcdAAAdfAA","A"))
print(countChar("abc","A"))
```

```
1
3
3
5
0
```

❷ 문자열 s를 입력받아 s를 거꾸로 뒤집은 새로운 문자열을 생성하는 함수 reverse를 작성하여라.

❗ 힌트 빈 문자열 ""로 초기화한 후 + 연산자를 이용하여 문자를 하나씩 붙여 나가면서 새로운 문자열을 만든다.

```
def reverse(s):                               (Chap11_P02.py)
    # ADD ADDITIONAL CODE HERE!

print(reverse("abc"))
print(reverse("abcDF"))
print(reverse("abcd"))
```

```
cba
FDcba
dcba
```

❸ 주민등록번호의 앞 7자리를 입력받아 생년월일과 남녀를 구분하여 출력하는 함수 `printBirth`를 구현하여라. 주민번호의 앞의 6자리는 생년월일을 의미하고, 7번째 자리는 남녀의 구분을 표시하는데, 1999년도까지 태어난 남자는 1, 여자는 2를, 2000년도 이후에 출생한 남자는 3, 여자는 4의 값을 갖는다. 예를 들어 주민번호 6904092는 1969년 4월 9일이 생일이고 여자라는 의미다. 또한 0012303은 2000년 12월 30일에 태어난 남자를 의미한다.

```
def printBirth(code):                                          (Chap11_P03.py)
    # ADD ADDITIONAL CODE HERE!


printBirth("6904092")
printBirth("0012303")
```

```
1969년 4월 9일   여자
2000년 12월 30일   남자
```

❹ 두 개의 문자열을 입력받아 두 문자열의 가장 긴 공통 접두어의 길이를 출력하는 함수 `lenPrefix`를 작성하여라.

```
def lenPrefix(s1,s2):                                          (Chap11_P04.py)
    # ADD ADDITIONAL CODE HERE!


print(lenPrefix("ababade", "ababeee"))
print(lenPrefix("predicate", "prediction"))
print(lenPrefix("ababade", "xabds"))
```

```
4
6
0
```

❺ "hhmm"(시간과 분) 형식으로 두 개의 시각을 입력받아 두 시각 사이의 간격이 몇 시간 몇 분인지를 계산하는 함수 duration을 작성하여라. 즉, "0910"과 "1350"을 입력받으면 4시간 40분을 출력한다.

○가정: 시간은 24시간 체계를 사용하며 의미 있는 시간(0~23시, 0~59분)만이 입력된다고 가정한다.

```
def duration(t1,t2):                                      (Chap11_P05.py)
    # ADD ADDITIONAL CODE HERE!

print(duration("1800","0920"))
print(duration("0910","0910"))
print(duration("0910","1310"))


8시간40분
0분
4시간
```

❻ 함께 생각해보기 학생들의 ID와 이름을 표시하는 문자열이 번갈아 포함된 문자열 리스트를 입력받아 학생들의 ID를 기준으로 정렬한 결과를 생성하는 함수 sortId를 작성하여라.

❶ 힌트 ID를 기준으로 정렬하기 위해서 L[::2]를 활용하여 ID만으로 이루어진 리스트를 생성할 수 있다. 또한 y=L.index(x)라고 하면 y 값으로 문자열 L에 등장하는 첫 번째 x의 인덱스를 구할 수 있다.

```
def sortId(L):                                            (Chap11_P06.py)
    # ADD ADDITIONAL CODE HERE!
print(sortId(["20-012","Kim","20-009","Kang","22-005","Na","21-003","Kim"]))

['20-009','Kang','20-012','Kim','21-003','Kim','22-005','Na']
```

✱ 문자열은 변경할 수 없는 리스트 → 인덱스, 슬라이싱 등 모두 같지만 변경 ✗

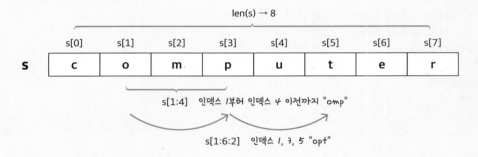

s = "computer"

len(s) → 8

| s[0] | s[1] | s[2] | s[3] | s[4] | s[5] | s[6] | s[7] |

s | c | o | m | p | u | t | e | r |

s[1:4] 인덱스 1부터 인덱스 4 이전까지 "omp"

s[1:6:2] 인덱스 1, 3, 5 "opt"

✱ 비교 == / 포함 in, not in / 연결 연산자 + → 리스트와 동일

✱ 부등호 > < 순서는 사전 등장 순서이고 대문자가 항상 소문자보다 작다.

✱ 문자열 메서드 중요!

  s.upper(), s.lower(), s.index(), s.isalpha(), s.strip(), s.join() …

✱ 함수 포매팅: print()에 문자열을 +로 잇는 것 대신 문자열 내에 포맷을 정하고 뒤에 %(변수들)

  로 설정할 수 있다.

  %d 정수, %f 실수, %s 문자열, - 왼쪽 정렬

chapter 12

파일 입출력

 **학습목표**

- open( ) 함수를 사용하여 파일 객체를 획득할 수 있다.

- read( ) 함수를 사용하여 텍스트 파일을 읽은 후 문자열 리스트 형태로 변환할 수 있다.

- write( ) 함수를 사용하여 파일에 문자열을 기록할 수 있다.

- close( ) 함수를 사용하여 파일 객체와 연결을 끊을 수 있다.

- 파일과 디렉터리의 관계를 이해하고 상대 경로와 절대 경로의 차이점을 설명할 수 있다.

● 처리할 데이터의 양이 많아지면 파일이 필요하다

지금까지 프로그램에서 필요한 데이터는 모두 사용자로부터 입력받고, 프로그램의 결과는 print() 함수를 통해 직접 화면에 출력하였다. 그러나 사용하는 데이터의 양이 많아지거나, 결과를 지속적으로 저장하고 싶은 경우에는 파일(file)을 통해 데이터를 읽거나 결과를 저장해야 한다.

컴퓨터 파일이란 **컴퓨터의 저장 장치 내에 데이터를 저장하기 위해 사용하는 논리적인 단위**를 말한다. 즉, 필요한 내용을 하드 디스크나 외장 디스크 등에 저장한 후, 필요할 때 불러서 다시 사용할 수 있도록 하는 것이다.

● 확장자를 이용한 파일 종류 구분

컴퓨터 안에는 다양한 종류의 파일들이 있는데 점(.) 뒤의 확장자를 이용하여 어떤 종류인지 구분한다. 예를 들어 Word 문서는 .docx 엑셀 문서는 .xlsx 그리고 다양한 이미지 문서는 jpg, bmp, png 등의 확장자로 저장된다. 이번 장에서는 가장 기본적인 파일 형식인 문자열을 저장하는, 확장자가 txt인 파일을 이용하여 파일로부터 데이터를 읽는 방법과 프로그램에서 생성한 결과를 파일로 저장하는 방법에 대해 살펴본다.

12.1 파일 열고 닫기

● 파일 객체를 획득하는 함수 open()

파일을 읽거나 쓰려면 파일을 열어서 파일 객체를 획득해야 하는데, 이때 사용하는 함수가 open()이다. 이 함수는 인수로 넘겨 받은 파일 이름과 일치하는 파일을 시스템에서 찾아 파일을 연다. 이때 모드에 따라 읽거나, 쓸 수 있다.

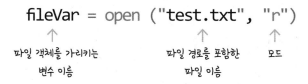

그림 12-1 파이썬의 파일 열기 함수 open()

● **수행할 업무에 따라 다른 모드로 파일 열기**

파일 열기의 모드 가운데 가장 자주 사용하는 것은 읽기(read) 모드인 **'r'**, 쓰기(write) 모드인 **'w'**와 이미 존재하는 파일 뒤에 내용을 추가(append)하는 **'a'** 모드가 있다.

표 12-1 파일 열기 모드

파일 모드	설명
'r'	파일에서 데이터를 읽을 때 사용. 만약 해당하는 이름의 파일이 존재하지 않으면 오류 발생
'w'	파일에 데이터를 저장할 때 사용. 해당하는 파일 이름이 없으면 새로 생성하고, 이미 존재하는 파일은 덮어씀
'a'	파일 마지막에 새로운 내용을 추가할 때 사용

● **파일이 저장된 위치를 알려주는 파일 경로**

파일 경로(path)는 하드 디스크에 저장된 전체 파일 구조를 가장 상위 계층부터 표시하는 절대 경로와, 현재 저장된 파이썬 프로그램의 위치를 기준으로 표시하는 상대 경로로 나눌 수 있다. 만약 파이썬 프로그램과 동일한 디렉터리에 위치한 다른 파일을 읽을 때는 파일 이름만 써줘도 된다.

● **파일을 닫는 함수 close()**

파일을 열어 작업을 수행한 후에는 파일을 닫아주어 안전하게 디스크에 저장해야 한다. 이를 처리하는 함수는 **close()**다. open() 함수의 결과를 f라는 파일 객체에 저장하였다면 **f.close()** 구문을 통해 파일을 닫아준다.

12.2 파일에서 읽기

● **텍스트 파일을 읽어서 단어들의 리스트 생성하기**

문자열을 저장한 파일 input.txt를 읽어 해당 파일 내에 포함된 단어들로 구성된 리스트를 생성해 보자.

📁 **코드 12-1** : 텍스트 파일을 읽어 리스트에 저장   Chap12_L01.py

```
01    fin = open("input.txt", "r")    # 파일 "input.txt"를 읽기 전용으로 열고
02    content = fin.read()            # 파일의 전체 내용을 한 개의 문자열 content에 대입
03    words = content.split()         # 문자열 content를 단어별로 쪼개서 해당 단어들로 이루어진 리스트 반환
```

앞선 세 줄의 코드를 다음과 같이 한 줄로 줄여서 쓸 수도 있다.

```
words = open("input.txt", "r").read().split()
```

이처럼 함수를 연속으로 .(dot)로 연결하는 경우에는 앞쪽에서부터 함수를 수행하고, 그 결과로 생성되는 객체를 대상으로 다음 함수를 차례대로 수행한다. 즉, 먼저 **open()** 함수로 획득한 객체를 이용하여 **read()** 함수를 수행하고, 그 결과를 이용하여 **split()** 함수를 수행하며, 최종적으로 생성된 리스트를 words 변수에 대입하게 된다.

존 레논(John Lennon)의 'Love' 가사의 일부를 담고 있는 input.txt 파일을 이용하여 코드 12-1을 수행하면 최종적으로 생성되는 문자열 리스트인 words는 오른쪽과 같다.

[input.txt]	[words 리스트]
Love is real, real is love Love is feeling, feeling love Love is wanting to be loved.	['Love', 'is', 'real,', 'real', 'is', 'love', 'Love', 'is', 'feeling,', 'feeling', 'love', 'Love', 'is', 'wanting', 'to', 'be', 'loved.']

결과를 보면 알 수 있듯이 파일에 들어 있는 각 단어들은 whitespace(공백, 줄바꿈, tab 등)를 기준으로 나누어지고 각각의 문자열은 리스트의 항목들로 저장된다.

● 파일에 있는 단어 중 가장 길이가 긴 단어 찾기

자, 그럼 매개변수로 입력된 파일을 이용하여 파일 안에 들어 있는 단어 중 가장 길이가 긴 단어를 찾는 코드를 살펴보면서 지금까지 익힌 내용을 적용해 보자.

📂 **코드 12-2**: 텍스트 파일 안의 가장 긴 단어 찾기   Chap12_L02.py

```
01    def maxWord(filename):
02        words = open(filename,"r").read().split()    # 파일을 읽어서 단어로 구분된 리스트 생성
03        n = len(words)
04        maxword = ""                                  # 맨 처음 가장 긴 단어를 공백 문자로 초기화
05        maxlen = 0
06
07        for i in range(n):
08            s = words[i]
09            if maxlen < len(s):                       # 더 긴 단어가 나올 때마다 최댓값 바꾸기
10                maxword = s
11                maxlen = len(s)
12        return maxword
13
14    print(maxWord("input.txt"))
```

feeling,

앞의 코드는 전형적인 최댓값을 구하는 패턴이다. 이때 가장 긴 단어의 길이가 아니고 해당 단어 자체를 반환해야 하기 때문에 **maxlen**만으로는 부족하고 **maxword**도 유지해야 한다.

12.3 파일에 쓰기

● **파일에 데이터를 기록하는 write() 함수**

문자열을 파일에 쓸 때는 'w' 모드로 open된 파일 객체 f를 이용하여 write() 함수를 수행한다.

$$\underset{\substack{\uparrow \\ \text{파일 객체를 가리키는} \\ \text{변수 이름}}}{\text{fileVar.\textbf{write}}} \left(\underset{\substack{\uparrow \\ \text{파일에 기록할 문자열}}}{\text{"Python"}}\right)$$

그림 12-2 파이썬의 파일 출력 함수 write()

파일에 문자열을 기록할 때는 줄바꿈('\n')이 자동으로 수행되지 않기 때문에 필요하다면 명시적으로 넣어주어야 한다.

● **파일에 들어 있는 단어를 알파벳 순서로 정렬하여 새로운 파일에 저장하기**

자, 그럼 텍스트 파일을 읽어서 파일에 들어 있는 모든 단어를 알파벳 순서로 정렬하여 출력하는 함수 **sortWord()**를 작성해 보자. 이때 대소문자나 쉼표(,) 혹은 마침표(.) 등을 제외하기 위해서 각각의 문자열에서 알파벳이 아닌 문자들을 제외하고, 모두 소문자로 바꾸어 반환해주는 **onlyLowerAlpha()** 함수를 보조 함수로 사용한다. 또한 출력용 파일에 단어들을 기록할 때 코드 12-3의 19번 줄과 같이 (words[i-1]!=words[i]) 구문을 통해 정렬된 순서에서 이전 단어와 동일한 단어는 중복하여 포함되지 않도록 한다.

```python
01    def onlyLowerAlpha(s) :
02        w = ""                                # 초기화
03        for i in range(len(s)):
04            if s[i].isalpha() :               # 읽은 문자가 알파벳인 경우에만 문자열에 연결
05                w = w + s[i]
06        return (w.lower())                    # 단어를 모두 소문자로 변경
07
08    def sortWord( infile , outfile ):         # infile은 입력 파일, outfile은 출력 파일 이름
09        fin = open(infile, "r")               # 매개변수로 전달된 "input.txt"를 읽기 전용으로 열고
10        content = fin.read()                  # 파일의 전체 내용을 한 개의 문자열 content로 대입
11        words = content.split()               # 문자열 content를 단어 단위로 잘라서 저장한 리스트
12        for i in range( len(words) ):
13            words[i]  = onlyLowerAlpha( words[i] )    # 각 단어를 알파벳 소문자만 포함하도록 변경
14        words.sort()
15
16        fout = open(outfile,"w")              # 파일에 기록하기 위해 'w' 모드로 open
17        fout.write( words[0] + "\n")
18        for i in range(1,len(words)):
19            if (words[i-1] !=  words[i]) :    # 정렬된 리스트에서 이전 단어와 같은 경우 건너뜀
20                fout.write(words[i] + "\n")   # 줄바꿈 추가
21        fin.close()                           # open된 파일 객체는 반드시 close()로 닫는다
22        fout.close()
23
24    sortWord("input.txt", "sorted.txt")
```

```
sorted.txt - Windows 메모장        —    □    ✕
파일(F)  편집(E)  서식(O)  보기(V)  도움말(H)
be
feeling
is
love
loved
real
to
wanting
```

→ 이와 같은 sorted.txt 파일이 생성됨

12.4 파일과 디렉터리

● **파일들이 모여 있는 공간, 디렉터리**

파일을 이야기하면서 함께 이해해야 하는 개념 중 하나가 바로 디렉터리(directory)다. **디렉터리란 파일들이 함께 저장된 공간**을 말한다. 윈도우에서는 **폴더**라는 용어로도 사용된다.

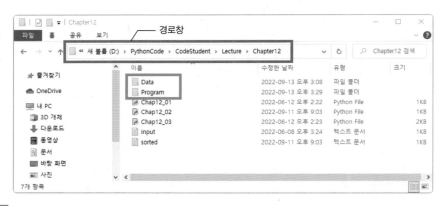

그림 12-3 윈도우의 디렉터리 1

윈도우에서 파일 탐색기를 열면 서류철 모양의 아이콘이 있는데, 이들 각각이 바로 디렉터리를 나타낸다. 각각의 디렉터리 안으로 들어가면 포함된 다른 디렉터리나 파일들을 볼 수 있다.

그림 12-3은 [내 PC]의 [D 드라이브] 아래에 자료실에서 내려받은 [CodeStudent] → [Lecture] → [Chapter12] 디렉터리의 모습이다. 탐색기에서 파일의 경로창을 클릭하면 실제 파일이 저장된 위치를 보여준다(그림에서 위쪽 상자 안의 내용).

[Chapter12] 디렉터리 안에는 그림 12-3과 같이 두 개의 디렉터리 [Data]와 [Program]이 있다. 파일과 디렉터리의 관계를 설명하기 위해, 각각의 디렉터리 아래에는 그림 12-4와 같이

test1.py, input1.txt, input2.txt 파일이 포함되어 있다고 하자. 이제부터 test1.py 파이썬 프로그램에서 각각의 파일 input1.txt와 input2.txt를 open하기 위해 경로를 지정하는 방법에 대해 알아보자.

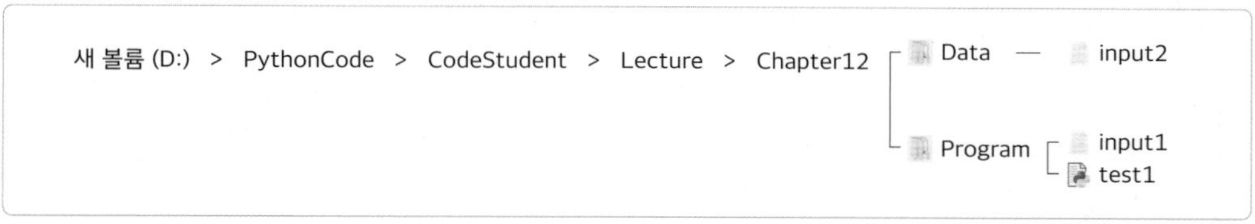

새 볼륨 (D:) > PythonCode > CodeStudent > Lecture > Chapter12 ┌ Data ─── input2
                                                              └ Program ┌ input1
                                                                        └ test1

그림 12-4 윈도우의 디렉터리 2

● 같은 디렉터리의 파일은 이름만으로 접근 가능

파이썬에서는 현재 자신이 저장된 파일 위치를 중심으로 다른 파일들의 위치를 탐색한다. 예를 들어 [Program] 디렉터리 아래의 test1.py 파일에서 자신이 저장된 디렉터리 안에 함께 위치한 input1.txt라는 파일은 특별히 경로를 표시하는 과정 없이 open("input.txt", "r")과 같이 접근할 수 있다.

● 절대 경로와 상대 경로

그러나 프로그램과 다른 디렉터리에 저장된 input2.txt 파일을 열기 위해서는 경로를 명확하게 표시해 주어야 한다. 이때는 다음과 같이 전체 경로를 표시하는 절대 경로를 써주거나, 자신의 현재 경로를 점(.)으로 표시한 후 그 위치를 중심으로 상대 경로를 표시해야 한다.

```
open("D:\PythonCode\CodeStudent\Lecture\Chapter12\Data\input2.txt", 'r')   # 절대 경로
open(".\..\Data\input2.txt", 'r')   # 상대 경로
```

● 디렉터리 경로

파일 경로에서 역슬래시(\) 혹은 시스템에 따라 원 표시(₩)는 디렉터리 사이를 구분하는 기호다. 또한 파일의 상대 경로를 표시할 때 점(.) 하나는 프로그램이 존재하는 현재 위치를 나타내

고, 점이 두 개 연속으로 표시되면(..) 자신의 상위 디렉터리를 의미한다.

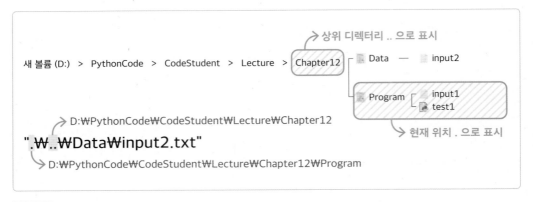

그림 12-5 상대 경로 표현 방법

따라서 그림 12-5의 [Program] 디렉터리 아래의 **test1.py**에서 [Data] 폴더 아래의
input2.txt 파일을 읽으려면 먼저 자신의 상위 디렉터리로 이동한 다음 [Data] 디렉터리로
이동하여 **input2.txt** 파일에 접근해야 한다. 이때는 ".\..\Data\input2.txt"와 같이 기술한
다. 이때 점 하나는 프로그램이 위치하고 있는 [D:₩PythonCode₩CodeStudent₩Lec-
ture₩Chapter12₩Program] 디렉터리를 의미하고, 그 상태에서 점 두 개를 연결하여 상위
디렉터리인 [D:₩PythonCode₩CodeStudent₩Lecture₩Chapter12]를 거치게 되고, 이
어서 [Data] 디렉터리로 이동하는 과정을 표시한다.

Step by Step

단어 리스트가 들어 있는 두 개의 텍스트 파일을 읽어서 하나의 결과 파일로 합치는 함수 mergeFile을 작성하여라. 이때 각각의 입력 파일에 들어 있는 단어들 가운데 중복되는 것은 합병된 결과 파일에 한 번만 포함되도록 하고, 결과 파일은 알파벳 순서로 정렬한다. 예를 들어 file1.txt와 file2.txt가 다음과 같다면 결과 파일인 result.txt는 그림과 같다.

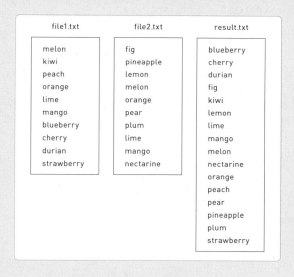

file1.txt	file2.txt	result.txt
melon	fig	blueberry
kiwi	pineapple	cherry
peach	lemon	durian
orange	melon	fig
lime	orange	kiwi
mango	pear	lemon
blueberry	plum	lime
cherry	lime	mango
durian	mango	melon
strawberry	nectarine	nectarine
		orange
		peach
		pear
		pineapple
		plum
		strawberry

풀이 단계

01 이 문제에서는 두 개의 입력 파일을 읽어 하나의 출력 파일을 생성한다. 세 개의 파일 이름을 입력 매개변수로 받도록 함수의 머리 부분을 작성해 보자.

```
def mergeFile(infile1, infile2, outfile) :
```

02 각 파일을 처리할 파일 객체 fin1, fin2, fout을 적절한 파일 열기 모드를 이용하여 설정해 보자.

```
fin1 = open(infile1, "r")
fin2 = open(infile2, "r")
fout = open(outfile, "w")
```

03 입력 파일에 들어 있는 각각의 단어들을 중복 없이 정렬하기 위해서 먼저 두 파일의 단어들을 읽어 각각 리스트에 넣는다. 그러고 나서 두 리스트를 합쳐 하나의 리스트로 만들어 정렬한다.

```
wordlist1 = fin1.read().split()
wordlist2 = fin2.read().split()
mergelist = wordlist1 + wordlist2
mergelist.sort()
```

04 정렬된 리스트를 처음부터 읽으면서 이전의 단어와 다른 경우에 한하여 새로운 결과 파일에 기록하도록 for 구문을 작성한다. 파일에 기록할 때 줄바꿈을 수행하려면 명시적으로 줄바꿈 "\n"을 추가해 주어야 한다.

```
fout.write( mergelist[0] + "\n")    # 처음 단어는 항상 들어가므로

for i in range(1,len(mergelist)):
    if (mergelist[i-1] != mergelist[i]) :
        fout.write(mergelist[i] + "\n")
```

05 프로그램에서 파일을 open했다면 반드시 프로그램이 끝나기 전에 close해야 한다. 세 개의 파일 객체를 close() 함수로 닫는다.

```
fin1.close()
fin2.close()
fout.close()
```

최종 프로그램과 이를 수행한 결과는 앞선 그림의 result.txt와 같다.

```python
01  def mergeFile(infile1, infile2, outfile) :
02      fin1 = open(infile1, "r")
03      wordlist1 = fin1.read().split()
04      fin2 = open(infile2, "r")
05      wordlist2 = fin2.read().split()
06
07      mergelist = wordlist1 + wordlist2
08      mergelist.sort()
09
10      fout = open(outfile,"w")
11      fout.write( mergelist[0] + "\n")
12
13      for i in range(1,len(mergelist)):
14          if (mergelist[i-1]    !=   mergelist[i]) :
15              fout.write(mergelist[i] + "\n")
16
17      fin1.close()
18      fin2.close()
19      fout.close()
20
21  mergeFile("file1.txt", "file2.txt", "result.txt")
```

연습문제

각각의 문제에 주석 처리된 # ADD ADDITIONAL CODE HERE! 부분을 지우고 해당 부분을 알맞게 채워서 프로그램을 완성하여라.

[dictionary1.txt]

1번부터 5번까지의 문제들은 이 책의 자료실에서 내려받은 템플릿과 함께 포함된 dictionary1.txt와 dictionary2.txt 파일을 이용하는 문제다. dictionary1.txt 파일에는 "a"부터 시작하여 "zyzzyvas"에 이르는 109,584개의 영어 단어가 다음과 같은 모양으로 저장되어 있고, dictionary2.txt는 dictionary1.txt의 일부분으로 이루어진 파일이다.

만약 문제를 풀 때 다음과 같은 오류 메시지를 만나게 된다면 이는 코드에서 읽고자 하는 dictionary1.txt 파일이 적당한 위치에 존재하지 않기 때문이다.

builtins.FileNotFoundError: [Errno 2] No such file or directory: 'dictionary1.txt'

이때는 dictionary1.txt 파일을 해당 문제의 파이썬 코드와 동일한 디렉터리로 복사하면 오류를 해결할 수 있다.

만약 dictionary1.txt, dictionary2.txt 파일을 내려받을 수 없다면 직접 만들어서 사용할 수도 있다. 예를 들어 네이버나 구글에 "영어 단어 리스트" 등과 같이 검색하면 다양한 영어 단어를 내려받을 수 있는 페이지들이 나온다. 그중에서 한 가지를 택해서 내려받은 후 테스트에서 사용할 파일 이름(예를 들면 dictionary.txt)으로 저장한 후 사용할 수 있다.

간혹 인터넷에서 내려받은 파일을 읽을 때 인코딩이 맞지 않는 오류가 발생한다면 다음과 같이 인코딩을 맞춰주면 된다.

```
f = open(filename, 'r', encoding = 'utf-8')
```

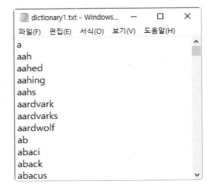

검색창에서 단어 리스트 찾기(https://www.ef.co.kr/english-world/english-vocabulary/top-3000-words/)

❶ 파일 이름을 매개변수로 입력받아 해당하는 파일에 들어 있는 단어들이 사전 순서(dictionary order)로 정렬되어 저장되어 있는지를 점검하는 함수 `inOrder`를 작성하여라.

❗ **힌트** 만약 인터넷에서 파일을 내려받아 사용한다면 사전 내에 대소문자가 모두 포함되어 있을 수 있다. 이때 파이썬에서는 모든 알파벳 대문자는 소문자보다 작다고 판단한다는 점을 기억하자. 따라서 단어들을 대소문자와 상관없이 비교하려면 단어를 먼저 소문자로 변환하여("ABC".lower()→"abc") 비교해야 한다.

```python
def inOrder(filename):
    # ADD ADDITIONAL CODE HERE!


print(inOrder("dictionary1.txt"))
print(inOrder("dictionary2.txt"))
```
(Chap12_P01.py)

```
True
False
```

❷ 파일 이름을 매개변수로 입력받아 해당하는 파일에 들어 있는 단어들 가운데 알파벳 "e"를 포함하는 단어의 개수를 찾는 함수 `countWordWithE`를 작성하여라.

```python
def countWordWithE(filename):
    # ADD ADDITIONAL CODE HERE!


print(countWordWithE("dictionary1.txt"))
print(countWordWithE("dictionary2.txt"))
```
(Chap12_P02.py)

```
75473
23
```

❸ 파일 이름을 매개변수로 입력받아 해당하는 파일에 들어 있는 단어들 가운데 가장 긴 회문 단어를 찾는 함수 `maxPalindrome`을 작성하여라. 회문이란 순서를 거꾸로 읽어도 제대로 읽은 것과 같은 단어나 문장을 말한다. 만약 가장 긴 회문 단어가 두 개 이상 있으면 가장 먼저 나타나는 것을 반환한다.

❗ **힌트** 코드 11-5의 isPalindrome 코드 이용하기

```
def isPalindrome(s):                                    (Chap12_P03.py)
    # ADD ADDITIONAL CODE HERE!

def maxPalindrome(filename):
    words = open(filename,"r").read().split()
    n = len(words)
    # ADD ADDITIONAL CODE HERE!

print(maxPalindrome("dictionary1.txt"))
print(maxPalindrome("dictionary2.txt"))
```

```
malayalam
deified
```

❹ 파일 이름을 매개변수로 입력받아 해당하는 파일에 들어 있는 단어들 가운데 abecedarian, 즉 단어를 구성하는 모든 글자가 알파벳 순서로 정렬된 형태의 단어 개수를 찾는 함수 countAbecedarian을 작성하여라. abecedarian 단어의 예로는 "aaabb", "acknow", "acorsy", "adempt", "beknow" 등이 있다. 프로그램 작성을 위해 먼저 어떤 문자열이 abecedarian 조건을 만족하는지를 점검하는 보조 함수인 isAbecedarian을 작성하고 이를 활용한다.

```
def isAbecedarian(s):                                   (Chap12_P04.py)
    # ADD ADDITIONAL CODE HERE!

def countAbecedarian(filename):
    # ADD ADDITIONAL CODE HERE!

print(countAbecedarian("dictionary1.txt"))
print(countAbecedarian("dictionary2.txt"))
```

```
582
10
```

❺ 파일 이름을 매개변수로 입력받아 해당하는 파일에 들어 있는 단어들 가운데 단어의 길이가 소수인 단어의 개수를 찾는 함수 countPrime을 작성하여라.

❶ 힌트 소수를 판별하는 isPrime 함수를 보조 함수로 사용하는 counter 유형의 문제

```python
def isPrime(p):                                  (Chap12_p05.py)
    if p <= 1: return False
    for i in range(2, p//2+1):
        if p % i == 0:          # not (p % i != 0)
            return False
    return True

def countPrime(filename):
    # ADD ADDITIONAL CODE HERE!

print(countPrime("dictionary1.txt"))
print(countPrime("dictionary2.txt"))
```

```
37114
72
```

 **핵심 노트**

✴ 파일 열기: 'r' 읽기, 'w' 쓰기, 'a' 추가

$$fileVar = open ("test.txt", "r")$$

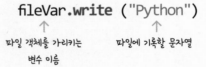

파일 객체를 가리키는   파일 경로를 포함한   모드
변수 이름   파일 이름

✴ 절대 경로 / 상대 경로

✴ . 은 현재 디렉터리, .. 은 상위 디렉터리, \ 는 디렉터리 사이 구분

✴ 파일 닫기: fileVar.close()

✴ 파일 읽어서 단어별 리스트 만들기

```
words = open("input.txt", "r").read().split()
```

✴ 파일에 쓰기

$$fileVar.\mathbf{write} ("Python")$$

파일 객체를 가리키는   파일에 기록할 문자열
변수 이름

✴ 파일에 쓸 때는 줄바꿈 '\n' 넣어줘야 함

다차원 리스트

학습목표

- 2차원 리스트의 의미를 이해하고 정의할 수 있다.

- 인덱스를 활용하여 2차원 리스트 항목에 접근할 수 있다.

- 3차원 이상 다차원 리스트의 의미를 이해하고 정의할 수 있다.

- 리스트 축약 표현을 활용하여 다차원 리스트를 초기화할 수 있다.

- 다차원 리스트의 별명을 이용한 접근 방법을 이해한다.

● 리스트의 항목으로 다른 리스트 포함하기

리스트의 항목에는 3, 3.14 등과 같은 정수형 데이터와 실수형 데이터뿐 아니라 "abc"와 같은 문자열이 올 수도 있고, [1, [2,3], 4]와 같이 리스트 안에 다른 리스트를 항목으로 가질 수도 있다. 이번 장에서는 2차원 배열인 행렬(matrix)을 표현할 때 2차원 리스트를 이용하는 방법과 3차원 이상의 다차원 배열을 표현하는 다차원 리스트(Multi-Dimensional List)에 대해서 알아보자.

● 다차원 리스트가 필요한 경우

다음 표 13-1은 1991년부터 2020년 11월까지 각 지점의 기후에 대해 정리한 내용이다. 우리가 실생활에서 처리하는 많은 데이터는 이와 같이 2차원 혹은 3차원 표의 형태로 제공되는 경우가 많다. 이러한 경우 각각의 데이터에 대해 변수 이름을 부여하고, 이를 프로그램에서 사용하는 것은 매우 소모적인 작업이다. 파이썬에서는 이와 같은 2차원 혹은 3차원 이상의 다차원 배열을 다루기에 적절한 자료구조인 다차원 리스트를 제공한다.

표 13-1 지역별 기후 평년값(출처: data.kma.go.kr)

지점	평균 기온(℃)	최고 기온(℃)	최저 기온(℃)	강수량(mm)
속초	12.1	16.8	7.3	2.1
철원	7.4	14.7	0.8	1
동두천	9.1	16.5	3.1	0.9
파주	8.6	16.2	2.1	1
대관령	5.4	11.4	-0.3	1.3
춘천	8.3	15.5	2.5	0.9
백령도	11.1	14	8.7	1.7

자, 그럼 이제부터 이와 같은 다차원 리스트를 파이썬에서 어떻게 구현하는지 살펴보자.

13.1 2차원 리스트의 생성

● **값을 대입하는 방법으로 2차원 리스트 생성하기**

파이썬에서는 table=[[1,2,3], [4,5,6]]과 같이 직접 값을 대입하는 방법으로 2차원 리스트를 생성할 수 있다. 이렇게 생성한 2차원 리스트는 수학의 2×3 행렬과 같은 모양이라고 생각할 수 있고, 파이썬 표현으로는 2×3 리스트로 생각할 수 있다. 주의할 점은 그림 13-1에서 보는 것과 같이 수학은 1행부터 시작하지만 파이썬 리스트의 인덱스는 0부터 시작한다.

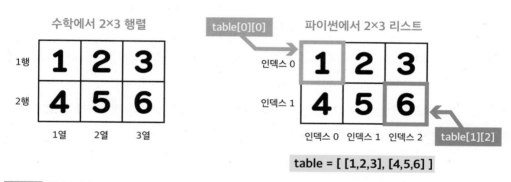

그림 13-1 행렬과 다차원 리스트

● **인덱스를 이용하여 2차원 리스트의 각 항목에 접근하기**

생성한 2차원 리스트는 table이라는 이름으로 접근하며 대괄호 안의 인덱스를 이용하여 각 항목에 접근할 수 있다. 즉, table[0]은 2차원 리스트의 첫 번째 행인 리스트 [1, 2, 3]을 가리키게 되며, 그중에 첫 번째 항목인 1은 table[0]이라는 리스트의 첫 번째 항목과 같은 의미로 table[0][0]으로 접근할 수 있다. 그림 13-2는 각 항목에 접근하는 단계를 보여준다.

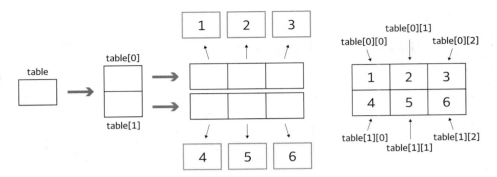

그림 13-2 2차원 리스트의 인덱스

파이썬에서 변수는 데이터 값을 직접 포함하는 것이 아니라 **참조**한다고 했다. 마찬가지로 다차원 리스트에서도 각각의 데이터 값(여기 예에서는 **1, 2, 3**과 같은 정수 객체)이 **table** 리스트 안에 직접 포함되는 것이 아니라, 그림 13-2의 왼쪽과 같이 리스트 자료구조가 각 데이터 값을 가리키고 있는 형태로 구성된다. 간혹 오른쪽 그림과 같이 다차원 리스트 안에 값이 포함되어 있는 것과 같이 표현하는 경우가 있는데 이는 참조 관계를 간단하게 표현한 것일 뿐, 실제로 다차원 리스트가 데이터 값을 포함하고 있는 것은 아니다. 이러한 관계를 명확하게 알고 있어야 향후 다차원 리스트의 별명(alias)에 의한 접근을 쉽게 이해할 수 있다.

● **None으로 초기화한 2차원 리스트 생성하기**

코드 13-1은 직접 값을 설정하면서 리스트를 초기화하는 대신, 먼저 행과 열의 개수에 따라 **None**으로 빈 리스트 모양을 만든 후에 값을 채워 넣는 리스트 초기화 방법을 보여준다.

📁 **코드 13-1**: 2차원 리스트 초기화   Chap13_L01.py

```
01   height = 2        # 행(row)의 수
02   width = 3         # 열(column)의 수
03   table = [ [None] * width for i in range(height)] # height * width 형태의 다차원 리스트 생성
04
05   for i in range(height):          # 행
06       for j in range(width):       # 열
```

```
07            table[i][j] = ( i*3 + j +1 )
08  print (table)
```

```
[[1, 2, 3], [4, 5, 6]]
```

3번 줄의 **[[None]*width for i in range(height)]** 부분은 리스트 축약 표현을 이용하여 2차원 리스트를 생성하는 방법이다. for i in range(height), 즉 i 값이 0, 1로 변하면서 한 번씩 [None]*width, 즉 [None, None, None]을 생성하라는 의미가 된다. 그 결과 [[None,None,None], [None,None,None]]이 생성되어 변수 table에 대입된다.

● 중첩 for 문을 이용한 2차원 리스트 항목 접근하기

5~7번 줄의 중첩 for 문을 보면 바깥쪽 루프 변수 i는 행렬의 행을 다루고, 안쪽 루프 변수 j는 열을 가리키는 것을 알 수 있다. 즉, 하나의 행이 인덱스 값으로 결정되면 해당 행(table[i])의 각각의 열에 인덱스 j를 변경하면서 접근하는 형태다.

13.2 3차원 리스트의 생성

● 3차원 리스트 구조

만약 2차원 배열이 아니고 좀더 차원이 높아진다면 어떻게 될까? 3차원 배열을 리스트로 만들어보면 어떻게 확장되는지 명확하게 알 수 있다. 2×3×4 형태로 이루어진 3차원 table이 있다고 생각해 보자. 이는 그림 13-3처럼 table이 두 개의 층으로 이루어져 있고, 각 층에는 3×4 형태의 2차원 배열이 각각 대입되어 있다고 생각할 수 있다. 물론 각각의 2차원 배열은 앞에서 배운 것처럼 각각 3개의 행으로 이루어져 있고 각 행에는 4개의 열이 있는 리스트가 대입되어 있는 구조다.

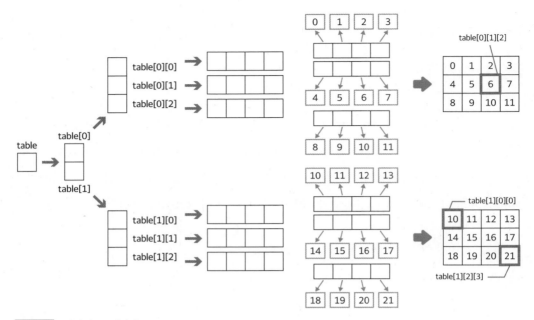

그림 13-3 3차원 리스트의 인덱스

그림 13-3에서 `table[0]`은 첫 번째 층인 2차원 배열 `[[0,1,2,3], [4,5,6,7], [8,9,10,11]]`을 가리키고 `table[0][1]`은 첫 번째 층의 두 번째 행인 1차원 배열 `[4,5,6,7]`을, 그리고 `table[0][1][2]`는 첫 번째 층의 두 번째 행 가운데 세 번째 열인 6을 가리킨다.

● 3차원 리스트에 값을 대입하여 초기화하기

2×3×4 형태의 3차원 리스트의 초기화는 다음과 같이 수행한다.

`table=[[[0,1,2,3], [4,5,6,7], [8,9,10,11]], [[10,11,12,13], [14,15,16,17], [18,19,20,21]]]`과 같이 직접 초기화하면서 생성할 때는 대괄호가 3중으로 겹쳐진다는 것을 주의 깊게 살펴보자. 코드 13-2는 먼저 **None**으로 채워진 빈 리스트를 크기에 맞게 생성한 후, 값을 대입하는 형태를 보여준다.

```python
01    depth = 2       # 층의 수
02    height = 3      # 행의 수
03    width = 4       # 열의 수
04    table = [ [ [None] * width for j in range(height)] for i in range(depth) ]
05
06    for i in range(depth):
07        for j in range(height):
08            for k in range(width):
09                table[i][j][k] = (i*10 + j* 4 + k)
10    print (table)
```

● 리스트 축약 표현으로 다차원 리스트 생성하기

코드 13-2에서 **table**의 형태를 만들 때 리스트 축약 표현이 중첩되어 있다. 이때는 맨 뒤쪽부터 앞으로 가면서 해석하면 된다. 즉, for i in range(depth)를 통해 i 값이 0과 1로 변화하면서 한 번씩 for j in range(height), 즉 j 값이 0, 1, 2로 변화하고, 그때마다 한 번씩 [None]*width, 즉 [None, None, None, None]을 생성하라는 의미가 된다.

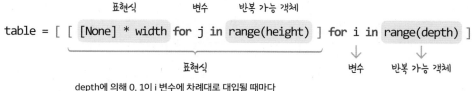

그림 13-4 리스트 축약 표현으로 다차원 리스트 생성하기

그리고 이어지는 중첩 **for** 구문을 보면 바깥쪽 루프 변수 **i**는 배열의 층을 다루고, 안쪽 루프 변수 **j**는 행을 다루며, 맨 안쪽 루프 변수 **k**는 열을 가리키는 것을 알 수 있다.

조금 헷갈릴 수 있지만 매우 중요한 개념이니 정확히 이해하도록 여러 가지 예를 통해 연습하도록 하자.

13.3 다차원 리스트의 하위 리스트에 대한 별명

다차원 리스트의 하위 리스트를 다른 변수에 대입하면 하위 리스트에 대한 별명(alias)이 만들어진다. 즉, 다음과 같은 코드를 수행할 때 메모리의 참조 관계는 그림 13-5와 같고, 이때 nation[0]과 변수 a는 동일한 객체를 가리키는 별명 관계가 형성된다.

```
nation = [['대한민국', '서울'], ['미국', '워싱턴'], ['중국','베이징']]
a = nation[0]
b = nation[1]
c = nation[2]
```

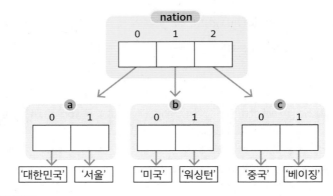

그림 13-5 리스트 객체의 별명

이 예에서 a[1]은 nation[0][1]과 동일한 문자열인 '서울'을 가리키고 있다. 이때 a[1]='부산'을 대입하면 그림 13-6과 같이 nation[0][1]의 값 역시 '부산'으로 변하게 된다. 이때 주의할 점은 '서울'이라는 변할 수 없는 문자열이 '부산'으로 변하는 것이 아니라 변경이 가능한 리스트 a[1]의 값이 '서울'을 가리키던 연결을 끊고 새롭게 '부산'이라는 문자열을 가리키는 것이다.

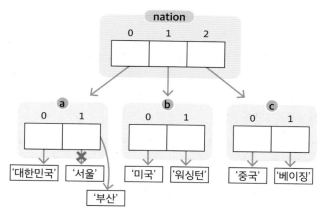

그림13-6 리스트 객체를 변경한 결과가 별명에 동일하게 적용되는 예

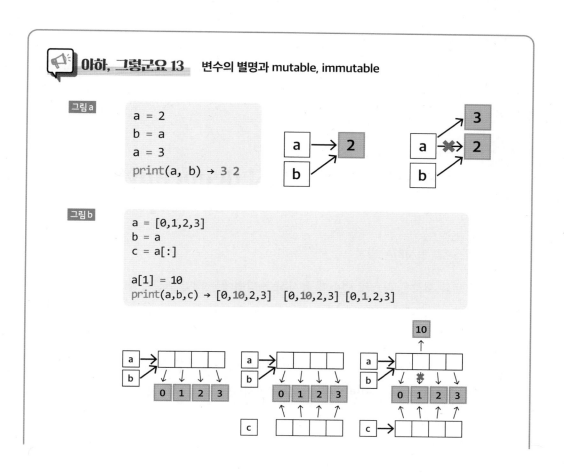

파이썬에서는 b=a, c=a와 같이 하나의 변수를 다른 변수에 대입하면 두 변수가 결국 하나의 객체를 참조하게 된다. 이와 같이 파이썬에서 두 변수가 하나의 객체를 가리킬 때 **별명(alias)**을 갖는다고 한다. 이때 중요한 개념이 mutable, immutable이다. 즉, 정수나 문자열처럼 변경이 불가능한 객체의 경우에는 같은 객체를 가리키던 별명이 다른 객체를 가리키게 될 때 기존 변수는 아무 상관이 없다. 즉, 그림 (a)에서 a=3으로 변경하더라도 변수 b는 계속 2를 가리키게 된다.

그러나 리스트와 같이 mutable 객체는 객체 자체가 변경될 수 있기 때문에 하나의 변수에서 수정이 일어나면 나머지 별명이 가리키던 값들도 함께 변화하게 된다. 즉, 그림 (b)에서 a[1]=10을 수행하게 되면 a와 b는 동일한 객체를 가리키고 있었고 a[1]이 가리키는 객체가 정수 1에서 정수 10으로 변경되기 때문에 그 결과 변수 b의 내용이 [0, 10, 2, 3]으로 변경된다.

리스트의 슬라이싱 연산 결과는 새로운 리스트 객체가 생성되는 것이므로, 변수 c는 변수 a와 같은 크기의 정수 리스트를 만들고 각각 동일한 값을 참조하게 된다. 따라서 향후 a[1]=10을 수행하더라도 변수 c의 리스트 값은 변화하지 않는다.

13.4 다차원 리스트의 복사 deepcopy()

● 다차원 리스트를 복사하는 방법

다차원 리스트를 새로운 리스트 변수에 복사하는 방법에는 대입 연산자를 이용하는 방법, 슬라이싱 연산자를 이용하는 방법, 그리고 copy 모듈의 deepcopy() 함수를 이용하는 방법 등이 있다.

리스트 객체 a를 다른 변수 b에 대입(=) 연산자를 이용하여 할당하는 경우에는 동일한 리스트 객체를 가리키는 두 개의 변수가 생성되는 것이므로, 의도하지 않는 수정이 일어날 수도 있다. 이를 막기 위해서 리스트 변수 a를 대상으로 전체 슬라이싱 연산을 수행하여(a[:]) 다른 변수에 대입하는 방법을 이용할 수 있지만, 이때도 다차원 리스트의 경우에는 첫 번째 단계의 구조만 새롭게 생성될 뿐 내부적으로는 참조하는 객체들은 서로 공유하는 구조를 지니게 된다.

따라서 여러 단계의 내부 객체들까지 모두 새롭게 독립적으로 생성하고자 할 때는 copy 모듈의 deepcopy() 함수를 이용할 수 있다. 코드 13-3은 다차원 리스트의 복사 방법에 따른 결과의 차이점을 보여준다.

📁 **코드 13-3**: 다차원 리스트의 복사   Chap13_L03.py

```
01    import copy
02    a = [1,2,3,4]
03    b = a
04    c = a[:]
05    a[1] = 20
06    print (a,b,c)
07
08    a = [[1,2], [3,4], [5,6]]
09    b = a          # 별명을 지정하기, 즉 같은 객체를 가리키는 두 개의 변수
10    c = a[:]        # 리스트 a의 첫 번째 구조를 새로 생성한 후 각각이 가리키는 변수를 공유
11    d = copy.deepcopy(a)   # 리스트 a의 하위 구조를 모두 새롭게 생성하여 독립적인 리스트 생성
12    a[1][1] = 40
13
14    print("a = ", a)
15    print("b = ", b)
16    print("c = ", c)
17    print("d = ", d)
```

```
[1, 20, 3, 4] [1, 20, 3, 4] [1, 2, 3, 4]
a =  [[1, 2], [3, 40], [5, 6]]
b =  [[1, 2], [3, 40], [5, 6]]
c =  [[1, 2], [3, 40], [5, 6]]
d =  [[1, 2], [3, 4], [5, 6]]
```

Step by Step

정수들로 구성된 2차원 리스트를 입력받아 리스트의 가로, 세로, 또는 대각선 방향으로 연속하여 동일한 숫자가 세 개 이상 존재하는지 검사하는 함수 `checkContinue`를 작성하여라. 예를 들어 다음과 같은 경우는 모두 True를 반환한다.

1	1	1	2
5	6	3	3
6	5	4	4
8	2	2	1

3	5	6	7
2	3	7	5
8	3	3	4
9	0	8	3

1	4	1	2
5	4	3	3
6	4	4	5
8	2	2	1

3	5	6	7
2	1	7	5
8	7	3	4
9	0	8	3

풀이 단계

01   이 문제는 2차원 리스트에 속해 있는 어떤(any) 숫자든지 가로, 세로, 대각선 중 한 방향이라도 연속되는 세 개의 숫자가 있는 경우에 True를 반환하는 전형적인 "어떤" 문제 유형이다. 먼저 함수 `checkContinue`와 보조 함수들, 즉 가로, 세로, 오른쪽 대각선, 왼쪽 대각선의 연속 여부를 체크하는 함수 머리 부분을 작성한다.

```python
def checkRight(M,i,j):
    pass
def checkDown(M,i,j):
    pass
def checkRDiagonal(M,i,j):
    pass
def checkLDiagonal(M,i,j):
    pass
def checkContinue(M):
    pass
```

02 우선 각 보조 함수가 모두 완성되었다고 가정하고, 2차원 리스트의 모든 항목을 대상으로 조건에 맞는 경우가 있는지를 체크하는 이중 for 반복문을 작성해 보자. 각 조건은 가로, 세로, 양쪽 대각선 가운데 한 가지 방향이라도 만족하면 되므로 or로 연결한다.

```
def checkContinue(M):
    for i in range (len(M)):
        for j in range (len(M[0])):
            if(checkRight(M,i,j) or checkDown(M,i,j) or \
               checkRDiagonal(M,i,j) or checkLDiagonal(M,i,j)) :
                return True
    return False
```

03 이제 M[i][j]를 시작점으로 하여 가로로 3개의 값이 연속되는지를 확인해 보자. 즉, M[i][j]==M[i][j+1]==M[i][j+2]를 만족하는지를 살펴봐야 한다. 그런데 리스트의 연산에서 항상 주의해야 하는 점은 접근하고자 하는 인덱스가 리스트 안에 존재하는지부터 체크해야 한다는 점이다. 이 경우 M[i][j+1]이나 M[i][j+2]가 리스트 안에 존재하지 않으면 list index out of range 오류가 발생한다. 그러므로 항상 리스트의 항목에 접근하기 전에 인덱스 값이 허용되는 범위 안에 있는지를 검사해야 한다. 오른쪽으로 진행하는 가로 방향에서는 M[i][j+2]를 점검하면 된다.

```
if (0 <= i < len(M)) and ( 0 <= j+2 < len(M[0]) ) :
    if (M[i][j] == M[i][j+1] == M[i][j+2]) :
```

04 그런데 이러한 범위 체크는 가로, 세로, 양쪽 대각선 함수 모두에서 사용한다. 따라서 주어진 인덱스가 적합한 범위 안에 있는지를 체크하는 보조 함수 **inBoundary**를 작성하는 것이 좋겠다. 즉, 리스트 M과 두 인덱스를 가리키는 정수 i와 j를 입력받아 M[i][j]가 유효한 접근인지를 체크하는 함수를 작성한다.

```
def inBoundary(M,i,j):
    if (0 <= i < len(M)) and ( 0 <= j < len(M[0]) ) :
        return True
    return False
```

05 새로 작성한 보조 함수 inBoundary를 이용하여 가로로 세 개의 숫자가 연속되는지를 확인하는 함수를 완성해 보자.

```
def checkRight(M,i,j):
    if inBoundary(M,i,j+2) and ( M[i][j] == M[i][j+1] == M[i][j+2] ):
        return True
    return False
```

06 이때 주의해야 하는 중요한 사항이 있다. 앞선 코드의 if 문에서 두 조건의 순서를 바꿔 if (M[i][j]==M[i][j+1]==M[i][j+2]) and inBoundary(M,i,j+2):로 하면 list index out of range 오류가 발생한다. 이는 M[i][j+2]가 유효한 인덱스가 아닌 경우에 inBoundary 함수에서 범위를 체크하기 전에 먼저 앞부분 조건에서 M[i][j+2]에 접근하기 때문이다.

그렇다면 두 조건의 순서가 if inBoundary(M,i,j+2) and (M[i][j]==M[i][j+1]==M[i][j+2]):일 때는 왜 오류가 발생하지 않을까? 이는 논리 연산자 and와 or의 특성에 기인한 숏서킷(short-circuit) 평가 방식 때문이다. 즉, inBoundary 함수를 먼저 수행하게 되면 그 결과가 False인 경우에는 뒤쪽의 조건식은 수행 자체를 하지 않고 바로 전체 식이 False라고 판단하게 되고, 따라서 list index out of range 오류를 피할 수 있다. 이처럼 리스트에서 인덱스의 유효 범위 조건을 체크할 때는 반드시 논리 연산자의 숏셔킷 평가 방법을 기억하여 인덱스의 범위를 체크하는 조건을 논리 연산자 조건의 앞쪽에 위치하도록 해야 한다.

용어 논리 연산자의 숏서킷 평가(short-circuit evaluation)

다음 표를 보면 논리 연산자를 평가할 때 A and B에서 and 연산자의 첫 번째 조건 A가 False인 경우에는 두 번째 조건 B의 결과와 상관없이 항상 False가 나온다. 이와 마찬가지로 A or B에서 or 연산자의 첫 번째 조건 A가 True인 경우에는 두 번째 조건 B의 결과와 상관없이 항상 True가 된다. 그러므로 and 연산자를 처리하면서 첫 번째 조건이 False인 경우에는 두 번째 조건은 수행하지 않고 바로 False를 반환하고, or 연산자를 처리하면서 첫 번째 조건이 True인 경우에는 두 번째 조건은 수행하지 않고 바로 True를 반환하는 수행 방식을 숏서킷 평가 방식이라고 한다.

A and B	A or B
True and True → True	True or True → True
True and False → False	True or False → True
False and True → False	False or True → True
False and False → False	False or False → False

07 비슷한 방식으로 세로로 세 개의 숫자가 연속되는지를 확인하는 함수를 완성해 보자.

```python
def checkDown(M,i,j):
    if inBoundary(M,i+2,j) and (M[i][j] == M[i+1][j] == M[i+2][j]) :
        return True
    return False
```

08 오른쪽 대각선으로 세 개의 숫자가 연속되는지를 확인하는 함수는 다음과 같다.

```python
def checkRDiagonal(M,i,j):
    if inBoundary(M,i+2,j+2) and (M[i][j] == M[i+1][j+1] == M[i+2][j+2]) :
        return True
    return False
```

09 왼쪽 대각선으로 세 개의 숫자가 연속되는지를 확인하는 함수는 다음과 같다.

```python
def checkLDiagonal(M,i,j):
    if inBoundary(M,i+2,j-2) and (M[i][j] == M[i+1][j-1] == M[i+2][j-2]) :
        return True
    return False
```

10 최종 프로그램과 이를 수행한 결과는 다음과 같다.

📁 Chap13 Step by Step   Chap13_P00.py

```python
01   def inBoundary(M,i,j):
02       if (0 <= i < len(M)) and ( 0 <= j < len(M[0]) ) :
03           return True
04       return False
05
06   def checkRight(M,i,j):
07       if inBoundary(M,i,j+2) and (M[i][j] == M[i][j+1] == M[i][j+2] ):
08           return True
09       return False
10
```

```
11   def checkDown(M,i,j):
12       if inBoundary(M,i+2,j) and (M[i][j] == M[i+1][j] == M[i+2][j]) :
13           return True
14       return False
15
16   def checkRDiagonal(M,i,j):
17       if inBoundary(M,i+2,j+2) and (M[i][j] == M[i+1][j+1] == M[i+2][j+2]) :
18           return True
19       return False
20
21   def checkLDiagonal(M,i,j):
22       if inBoundary(M,i+2,j-2) and (M[i][j] == M[i+1][j-1] == M[i+2][j-2]) :
23           return True
24       return False
25
26   def checkContinue(M) :
27       for i in range (len(M)):
28           for j in range (len(M[0])):
29               # print(i,j, end=" ")
30               if(checkRight(M,i,j) or checkDown(M,i,j) or \
                      checkRDiagonal(M,i,j) or checkLDiagonal(M,i,j)) :
31                   return True
32       return False
33
34   print ( checkContinue( [ [1,1,1,2],[5,6,3,3],[6,5,4,4],[8,2,2,1] ] ) )
35   print ( checkContinue( [ [3,5,6,7],[2,3,7,5],[8,3,3,4],[9,0,8,3] ] ) )
36   print ( checkContinue( [ [1,4,1,2],[5,4,3,3],[6,4,4,5],[8,2,2,1] ] ) )
37   print ( checkContinue( [ [3,5,6,7],[2,1,7,5],[8,7,3,4],[9,0,8,3] ] ) )
38   print ( checkContinue( [ [1,2,3,4],[1,2,5,6],[7,8,9,0],[1,2,9,0] ] ) )
```

```
True
True
True
True
False
```

연습문제

각각의 문제에 주석 처리된 `# ADD ADDITIONAL CODE HERE!` 부분을 지우고 해당 부분을 알맞게 채워서 프로그램을 완성하여라.

❶ 3차원 배열을 표현하는 정수 리스트를 입력받아 배열 안에 속해 있는 숫자 0의 개수를 세는 함수 countZero를 작성하여라.

```python
def countZero(a):                                    # (Chap13_P01.py)
    depth = len(a)
    height = len(a[0])
    width = len(a[0][0])
    # ADD ADDITIONAL CODE HERE!

print(countZero([[[1,2],[0,0]],[[0,0],[0,0]]]))
print(countZero([[[1,2],[0,0]],[[0,0],[0,0]],[[0,0],[0,0]]]))

6
10
```

❷ 2차원 배열을 표현하는 정수 리스트를 입력받아 해당하는 배열의 모든 항목이 각 행과 열별로 오름차순으로 정렬되어 있는지를 점검하는 함수 isSorted를 작성하여라.
예를 들어 다음 배열은 각 행과 열별로 오름차순 정렬되어 있다.

2	3	7	9	11	12
5	6	8	10	12	15
7	7	8	10	12	15
8	9	10	10	13	17

```python
def isSorted(a):                                     # (Chap13_P02.py)
    # ADD ADDITIONAL CODE HERE!

test1 = [
    [2,3,7,9,11,12],
    [5,6,8,10,12,15],
    [7,7,8,10,12,15],
    [8,9,10,10,13,17] ]
test2 = [
```

```
        [2,3,7,9,11,12],
        [5,6,8,10,12,15],
        [7,7,8,10,12,18],
        [8,9,10,10,13,17] ]

print(sorted(test1))
print(sorted(test2))
```

```
True
False
```

❸

3-1 2차원 평면상에서 x축과 y축에 평행인 직사각형을 표현하는 사각형의 top, bottom, left, right 값과 한 점의 좌표를 나타내는 x, y 값을 매개변수로 입력받아, 해당 점이 사각형 내부(경계도 포함)에 포함되는지 여부를 True/False로 반환하는 함수 withinRect를 작성하여라. 예를 들어 사각형의 (top, bottom, left, right) 값이 (2, -4, -5, 6)인 경우는 다음 그림과 같은 사각형의 내부와 경계를 의미한다.

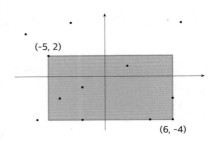

```
def withinRect(top, bottom, left, right, x, y):        (Chap13_P03.py)
    # ADD ADDITIONAL CODE HERE!

print(withinRect(2,-4,-5,6, -5,2))
print(withinRect(2,-4,-5,6, 6,-1))
print(withinRect(2,-4,-5,6, 0,1))
print(withinRect(2,-4,-5,6, -6,0))
print(withinRect(2,-4,-5,6, 0,3))
```

```
True
True
True
False
False
```

3-2 앞에서 정의한 withinRect 함수를 이용하여 축에 평행한 사각형의 top, bottom, left, right를 나타내는 정숫값과 평면상의 점들의 좌표를 나타내는 리스트 p를 입력받아, 주어진 점들의 리스트 가운데 사각형과 그 내부에 속하는 점의 개수를 세는 함수 countWithinRect를 작성하여라.

```
def countWithinRect(top, bottom, left, right, p):          (Chap13_P03.py)
    # ADD ADDITIONAL CODE HERE!

points = [[2,1],[7,5],[-5,2],[-3,5],[-7,4],[-2,-1], \
          [-2,-4],[-4,-2],[-6,-4],[4,-4],[6,-2]]
print (countWithinRect(2,-4,-5,6, points))
```

```
7
```

❹ [x, y] 리스트로 표현되는 2차원 평면상 점들의 리스트를 매개변수로 입력받아, 해당 점들 가운데 가장 가까운 두 점 사이의 거리를 계산하는 함수 closestPair를 작성하여라. 입력 매개변수의 예가 [[4,-4], [7,5], [2,1], [-2,-1], [-3,5]] 과 같다면 이는 2차원 평면상의 점들 (4,-4), (7, 5), (2, 1), (-2, -1), (-3, 5)를 의미한다.

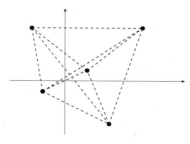

```
def distSquared(p1, p2):                                    (Chap13_P04.py)
    return ((p2[0]-p1[0])**2 + (p2[1]-p1[1])**2 ) ** 0.5


def closestPair(p):
    n = len(p)
    min = distSquared(p[0], p[1])    # 최솟값을 찾는 문제는 맨 처음 값을 최소로 두고 변경
    # ADD ADDITIONAL CODE HERE!

points = [[4,-4],[7,5],[2,1],[-2,-1],[-3,5]]
print(closestPair(points))
```

```
4.47213595499958    ⟶  [2,1]과 [-2,-1] 사이의 거리
```

❺ 2차원 정수 리스트 M을 입력받아 M의 각 행에 음수가 존재하는지를 점검하는 함수 check를 작성하여라. 즉, 모든 행에 대해 하나씩이라도 음수가 존재해야 하므로 for all과 for any의 두 가지 조건을 모두 체크해야 한다.

```
def check(M):                                          (Chap13_P05.py)
    # ADD ADDITIONAL CODE HERE!

M1 = [
    [1,9,-1,0,2],
    [-3,7,1,1,4],
    [3,9,1,-9,-2] ]
M2 = [
    [1,9,1,0,2],
    [-3,7,1,1,4],
    [3,9,-1,-9,2] 0]

print(check(M1))
print(check(M2))

True
False
```

❻ 함께 생각해보기 지뢰가 있는 곳은 T, 없는 곳은 F로 표시되는 부울값 리스트를 입력받아, 이웃(neighbor)하는 지뢰의 수를 표현하는 지뢰밭 배열(mine-field)을 생성하는 함수 countMines를 작성하여라. 이때 지뢰밭에서 이웃이란 자신을 포함하여 자신과 바로 인접한 좌우 두 개의 항목까지를 말하며 이웃에 존재하는 지뢰들의 개수의 합을 각 항목에 저장하는 형태이다.

예를 들어 지뢰의 위치가 왼쪽 배열과 같은 경우 생성되는 지뢰밭 배열은 오른쪽과 같다. 이때 어떤 인덱스가 리스트 안에 정상적으로 포함되는지 여부를 점검하는 보조 함수 withinBoundary를 이용하여 리스트의 인덱스 유효 범위를 벗어나지 않도록 한다.

T	F	F	T	T	T	T	F	T	F	➡	1	1	1	2	3	3	2	2	1	1

```
def withinBoundary(size, i):                                          (Chap13_P06.py)
    return i>=0 and i<size

def countMines(mineField):
    # ADD ADDITIONAL CODE HERE!

T = True       # True 값을 T라는 변수에 넣어 쉽게 초기화할 수 있도록 함
F = False
mineField1 = [T, F, F, T, T, T, T, F, T, F]
mineField2 = [T, F, T, T, T, F, F]

print(countMines(mineField1))
print(countMines(mineField2))

[1,1,1,2,3,3,2,2,1,1]
[1,2,2,3,2,1,0]
```

❼ 함께 생각해보기 6번 문제를 2차원으로 확대하여 보자. 지뢰가 있는 곳은 T, 없는 곳은 F로 표시되는 2차원 부울값 리스트를 매개변수로 입력받아 이웃하는 지뢰의 수를 표현하는 지뢰밭 배열을 생성하는 함수 countMines를 작성하여라. 이때 지뢰밭에서 이웃이란 자기 자신을 포함하여 바로 인접한 8개의 항목까지 총 9개의 항목을 말하며, 이웃에 존재하는 지뢰들의 개수의 합을 각 항목에 저장하는 형태다. 예를 들어 지뢰의 위치가 왼쪽 배열과 같은 경우 생성되는 지뢰밭 배열은 오른쪽과 같다.

T	F	F	F	F	T
F	F	F	F	F	T
T	T	F	T	F	T
T	F	F	F	F	F
F	F	T	F	F	F
F	F	F	F	F	F

➡

1	1	0	0	2	2
3	3	2	1	4	3
3	3	2	1	3	2
3	4	3	2	2	1
1	2	1	1	0	0
0	1	1	1	0	0

```
def withinBoundary(height, width, i, j):                              (Chap13_P7.py)
    return i>=0 and i<height and j>=0 and j<width

def countMines(mineField):
    # ADD ADDITIONAL CODE HERE!
```

```
def main():        # 테스트할 내용을 main()이라는 함수로 따로 정의하기
    T = True
    F = False
    mineField = [
        [T, F, F, F, F, T],
        [F, F, F, F, F, T],
        [T, T, F, T, F, T],
        [T, F, F, F, F, F],
        [F, F, T, F, F, F],
        [F, F, F, F, F, F]
    ]
    mines = countMines(mineField)

    for i in range(len(mines)):
        print(mines[i])

main()   # 맨 아래에서 테스트용 함수를 호출하는 방법으로, 많은 프로그래머가 즐겨 사용하는 방식임
```

```
[1, 1, 0, 0, 2, 2]
[3, 3, 2, 1, 4, 3]
[3, 3, 2, 1, 3, 2]
[3, 4, 3, 2, 2, 1]
[1, 2, 1, 1, 0, 0]
[0, 1, 1, 1, 0, 0]
```

✱ 다차원 리스트 생성

표현식   변수 반복 가능 객체

table = [[[None] * width for j in range(height)] for i in range(depth)]

              ↓   ↓

         표현식   변수 반복 가능 객체

depth에 의해 0, 1이 i 변수에 차례대로 대입될 때마다

height에 의해 0, 1, 2 값이 j 변수에 차례대로 대입되는 것이 반복되고

그때마다 [None]*width, 즉 [None, None, None, None]이 생성됨

```python
depth = 2    # 층의 수

height = 3    # 행의 수

width = 4    # 열의 수

table = [[[None] * width for j in range(height)] for i in range(depth)]

for i in range(depth):

    for j in range(height):

        for k in range(width):

            table[i][j][k] = (i*10 + j* 4 + k)
```

✱ 리스트에 별명으로 접근하면 원래 리스트 값도 같이 변한다.

```
a = [0,1,2,3]
b = a
c = a[:]

a[1] = 10
print(a,b,c) → [0,10,2,3]  [0,10,2,3] [0,1,2,3]
```

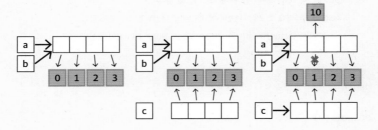

✱ 다차원 리스트를 하위 구조까지 복사할 때는

import copy 이후 d=copy.deepcopy(a) 수행

chapter 14

클래스와 객체

 학습목표

- 클래스와 객체의 개념을 이해한다.

- 클래스를 정의하고 __init__() 메서드를 사용하여 객체를 생성할 수 있다.

- __str__() 메서드를 사용하여 객체를 출력할 수 있다.

- self의 의미를 이해하고 사용할 수 있다.

- 객체의 속성을 읽고 수정할 수 있다.

- getter() 메서드와 setter() 메서드의 의미와 특징을 구분할 수 있다.

- 객체를 함수의 인수로 받거나 return 값으로 전달할 수 있다.

- pure 함수와 modifier 함수의 특징과 차이점을 설명할 수 있다.

- 함수와 메서드의 차이점을 설명할 수 있다.

14.1 객체 지향 언어

● 파이썬의 데이터는 모두 특정 클래스에 속한 객체이다

파이썬이나 Java와 같은 프로그래밍 언어를 객체 지향 언어(Object Oriented Programming Language)라 한다. 사실 파이썬 프로그램의 모든 데이터는 하나하나가 특정 클래스에 속한 객체(object)이다. 즉, 우리가 보아왔던 정수, 문자열, 리스트와 같은 자료형이 바로 클래스에 해당하며, 해당 클래스의 특징을 지니고, 해당 자료형에서 제공하는 함수를 수행할 수 있는 `1`, `"hello"`, `[1, 2, 3]` 등이 각각 정수 객체, 문자열 객체, 그리고 리스트 객체이다.

용어 **객체 지향 프로그래밍(Object Oriented Programming)**

프로그램을 개발하는 방법의 하나로 해당 프로그램에서 고유한 역할을 수행하는 객체들을 먼저 설계하고 각 객체들의 행동과 객체 사이의 관계에 의해서 알고리즘이 진행되도록 프로그램을 작성하는 기법을 객체 지향 프로그래밍이라 한다. 기존의 절차적 프로그래밍(procedure programming) 기법과 비교하여 객체 지향 프로그래밍을 설명하고자 계산기 프로그램을 예로 들어 보자.

절차적 프로그래밍 방식으로 텍스트를 기반으로 산술 연산을 수행하는 프로그램을 작성한다면 어떤 단계가 필요한가? 먼저 계산에 필요한 두 개의 값을 사용자로부터 입력받고, 사용 가능한 산술 연산자의 종류를 나열한 후, 그 가운데 하나를 사용자가 선택하도록 제시하는 과정을 통해 프로그램이 진행될 것이다. 즉, 프로그래머가 설계한 절차에 따라서 단계별로 프로그램을 진행하게 된다.

이와 비교하여 객체 지향 프로그래밍 방식으로 계산기를 구현하는 방법은 일반적으로 사용하는 계산기 앱을 생각하면 된다. 무엇이 필요한가? 각각의 숫자 버튼과 연산자 종류별 버튼 그리고 계산을 수행하라는 의미의 '=' 버튼과 기존의 계산 결과를 모두 지우는 'C' 버튼 등을 떠올릴 수 있다. 이러한 계산기 프로그램의 진행에서는 사용자에게 지금 값을 넣으라거나, 연산자를 선택하라고 절차를 제시하지 않는다. 단지 각 버튼을 누를 때마다 미리 정해진 버튼의 행위에 따라 프로그램이 진행되게 할 뿐이다. 이처럼 프로그램을 구성하는 객체별로 속성값과 그 값을 이용하는 함수(행위)를 클래스 내에 정의하고, 이들의 관계에 따라 작업을 수행하는 방법을 객체 지향 프로그래밍이라 하고 이러한 방법을 지원하는 프로그래밍 언어를 객체 지향 언어라 한다.

이번 장에서는 객체와 객체를 생성하는 클래스(class)의 개념에 대해 배우고, 프로그래머 스스로 새로운 클래스를 정의하는 방법에 대해 알아본다. **객체**는 **프로그램 상에서 사용하는 속성과 동작을 모아 놓은 집합체**라고 할 수 있고, 클래스는 그러한 **객체를 생성할 수 있는 틀 혹은 설계도**라고 볼 수 있다.

● 객체와 클래스의 관계는 소나타 설계도와 내 차와의 관계와 같다

예를 들어 보자. 소나타라는 차를 설명한다고 생각하면 엔진, 색상, 연비 등의 속성을 갖고 있고, 엑셀레이터를 밟으면 가속하고, 브레이크를 밟으면 감속하고, 핸들을 돌리면 진행 방향이 바뀌는 등의 동작을 수행한다고 할 수 있다. 이렇게 클래스가 속성과 동작을 정의한 설계도라고 하면 우리집 소나타는 가솔린 1.6 엔진에 빨간색, 그리고 연비가 10km/l라는 속성값을 갖는 하나의 객체가 되는 것이다. 물론 우리집 차는 소나타 클래스에서 정의한 가속, 감속 및 방향 전환의 동작을 모두 수행할 수 있다.

그림 14-1 객체의 속성과 동작

각각의 객체는 클래스에서 정의한 속성(attribute)에 대한 속성값을 갖는다. 또한 클래스에서 정의한 동작을 수행하는 함수, 즉 메서드(method)를 수행할 수 있다.

● 객체의 메서드 실행 방법

예를 들어 a=[1, 2, 50, 4, 3]일 때 a.sort()를 수행하면 리스트 a의 각 값들이 정렬된다. 이와 같이 **객체.동작()** 형태로 처리하는 것이 바로 객체 a에게 해당 객체가 속한 클래스인 리스트가 정의한 sort()라는 동작을 수행하라고 명령하는 것이다. 이는 마치 '내 차의 엑셀레이터를 밟는다'는 의미는 하나의 소나타 객체인 내 차에게 소나타라는 클래스에서 정의한 가속 기능(동작)을 수행하라고 명령하는 것과 동일한 개념이다.

14.2 클래스의 정의

클래스란 미리 정의해 둔 속성들을 갖고, 정의된 행동(즉, 메서드)들을 수행할 수 있는 객체들을 만들어 내는 틀이라고 했다. 파이썬은 프로그래밍 언어 자체에서 미리 정의하여 제공하는 클래스 외에도 사용자가 직접 클래스를 정의할 수 있다. 각각의 응용 프로그램의 목적에 따라 적절한 속성과 메서드를 갖는 클래스를 잘 정의할 줄 아는 것은 파이썬 프로그래밍 실력을 한 단계 올려주는 매우 중요한 기술이다. 지금부터 여러 가지 클래스를 직접 정의하면서 클래스 정의와 관련된 중요한 특성들에 대해 알아보자.

● 점(Point) 클래스의 정의

맨 처음 우리가 생성할 클래스는 2차원 평면상에서 한 점을 나타내는 점(Point) 클래스다. 클래스를 정의한다는 것은 클래스가 가져야 하는 속성과 클래스 객체가 수행할 동작을 정의한다는 뜻이다. 간단하게 한번 생각해 보자. 2차원 평면상에서 하나의 점을 정의하기 위해 필요한 정보는 무엇일까? 바로 점의 위치, 즉 x와 y 좌표값이다. 자, 그럼 먼저 x, y 좌표 값을 갖는 Point 클래스를 정의해 보자.

📁 **코드 14-1**: Point 클래스 정의와 객체 생성   Chap14_L01.py

```
01   class Point:                        # Point class 정의
02       def __init__(self, px, py):
03           self.x = px                 # 단계별 들여쓰기를 주의 깊게 살펴보자
04           self.y = py
05
06   p1 = Point(1,2)                      # Point 객체 생성
07   p2 = Point(4,6)
```

● 클래스 정의 구문의 구조

클래스를 정의하는 키워드는 바로 **class**이고 코드 14-1에서 정의한 클래스의 이름은 Point다. 보통 **클래스 이름은 대문자로 시작**한다. 그리고 클래스 선언의 머리 부분인 첫 줄의 끝에 콜론(:) 을 붙인다. 다음 줄부터 나오는 클래스 몸체는 들여쓰기가 한 단계 적용된다.

● 생성자 함수 __init__()

맨 처음 정의한 메서드는 바로 **__init__()**이라는 **생성자 함수**(constructor)다. 생성자 함수란 클래스의 객체를 만들 때 자동으로 호출되는 메서드로서, 생성자 함수의 이름은 어떤 클래스를 정의하든지 항상 같은 이름 __init__()을 사용한다.

● 클래스 메서드의 특별한 매개변수 self

Point 클래스 생성자 함수의 매개변수로 (self, px, py)를 사용한다. 이때 px와 py는 바로 점의 좌표 (x, y)를 나타내는 값이며 사용자로부터 입력받을 값이다. 그럼 맨 앞에 있는 **self**는 무엇일까? 다른 객체 지향 언어와 달리 파이썬에서는 클래스 함수인 메서드의 첫 매개변수는 항상 **self**로 객체 자신을 명시하도록 약속되었다. 이는 메서드가 소속되어 있는 객체 자신을 가리키는 값이다.

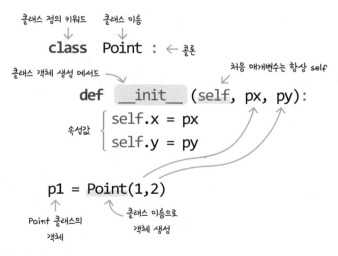

그림 14-2 파이썬의 클래스와 객체 정의

14.3 객체의 생성

● 클래스 이름을 통해서 객체 생성하기

정의된 클래스의 객체를 만드는 방법은 다음과 같다.

```
p1 = Point(1,2)
```

즉, 클래스 이름을 쓰고 2개의 인수로 점의 x, y 좌표 값을 입력하면 클래스에 정의된 생성자 함수인 __init__()이 자동으로 호출된다. 이때 주의해서 살펴볼 것은 **모든 메서드의 정의와 메서드 호출 사이에는 매개변수 개수가 한 개씩 차이가 난다**는 점이다. 이는 메서드가 수행될 때 어떤 객체에 대한 호출인지 구분해 주기 위해서 self 변수를 이용하여 메서드를 호출한 객체를 참조하도록 하기 때문이다. 즉, 모든 메서드의 첫 번째 매개변수 self는 객체 자신을 가리키도록 약속되어 있기 때문에 객체 생성 시 괄호 안에 입력되는 인수의 개수는 클래스 정의 시 명시된 매개변수보다 항상 한 개가 적다.

● 객체 생성 시 속성값 설정하기

p1=Point(1, 2)가 수행되면 Point 클래스의 __init__() 메서드가 자동으로 호출되고, 그 결과 self.x=1, self.y=2로 속성값들이 대입된다. 즉, 생성된 Point 객체는 두 개의 속성 x와 y를 갖게 되고 각각의 값에 1과 2가 대입된다. 이렇게 생성된 Point 객체는 반환되면서 p1이라는 변수에 대입된다. 이러한 과정을 그림으로 나타내면 그림 14-3과 같다.

```
class  Point :
    def __init__ (self, px, py):
        self.x = px
        self.y = py
```

➡ Point 객체 구조

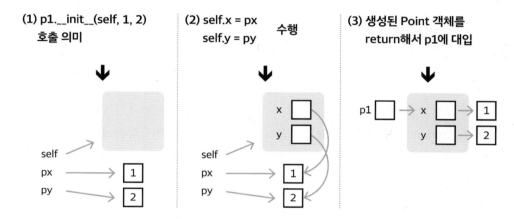

```
p1 = Point(1,2)
```

(1) p1.__init__(self, 1, 2)
호출 의미

(2) self.x = px
self.y = py   수행

(3) 생성된 Point 객체를
return해서 p1에 대입

self
px → 1
py → 2

self
px → 1
py → 2

p1 □ → x □ → 1
              y □ → 2

그림 14-3 _init_() 함수에서 객체의 속성 설정하기

마찬가지로 p2=Point(4, 6)을 수행하면 두 개의 속성 x와 y를 갖는 Point 객체 p2가 생성된다.

이때 각 클래스의 생성자 함수에서 초기화되는 속성으로 점(.) 앞에 **self**가 붙은 속성들을 객체의 **상태 변수**(state variable)라 하며 각각의 객체들이 고유하게 갖는 값을 의미한다.

14.4 객체의 출력

● **사용자가 정의한 객체를 print하면 메모리 주솟값이 출력된다**

점 객체를 생성했으니 이제 생성한 점 객체를 출력해 보자.

```
p1 = Point(1,2)
print (p1)
```

```
<__main__.Point object at 0x00000232C38A27F0>
```

객체를 print() 함수로 출력했으나 이상하게 생긴 값(메모리 주소)이 출력된다. 이는 해당 메모리 주소에 Point형 객체가 있다는 메시지를 보여주는 것인데, 이렇게 보여주어서는 사람이 객체를 구분할 수 없다.

● **사람이 구분 가능한 문자열로 객체를 출력하기 위한 함수 __str__()**

사용자가 정의한 클래스의 객체를 사람이 구분 가능한 방법으로 출력하기 위해서는 특별한 메서드 **__str__()**을 이용해야 한다. 즉, __str__() 메서드는 해당 클래스로 생성한 객체를 print() 함수의 인수로 사용하여 출력하고자 할 때, 원하는 형태의 문자열로 표현될 수 있도록 정의해 주는 함수로서 그 이름이 미리 약속된 메서드다.

📁 **코드 14-2**: Point 객체 출력(Point class 내에 선언됨)   Chap14_L01.py

```
01    class Point:
02        def __init__(self, px, py):
03            self.x = px
04            self.y = py
05
06        def __str__(self):          # Point 객체를 print 함수로 출력하면 자동으로 호출되는 메서드
```

```
07              return "(" + str(self.x) + "," + str(self.y) + ")"
                # (1,2)와 같은 문자열 형태를 반환함
08
09    p1 = Point(1,2)    # Point 객체 생성을 위해 자동으로 _init_() 함수가 호출됨
10    p2 = Point(4,6)
11    print(p1)          # 자동으로 Point 클래스의 _str_() 함수를 호출하게 됨
```

```
(1,2)
```

__str__() 메서드의 정의를 추가한 후 print(p1) 문을 수행하면 (1,2)와 같이 우리가 원하는 형태로 출력되는 것을 볼 수 있다. print() 함수에 사용자가 정의한 객체를 인수로 전달하면 해당 클래스에 정의된 __str__() 메서드가 자동으로 호출되고, 여기서 반환된 문자열이 출력된다는 것을 기억하자. __str__()도 메서드이므로 첫 번째 매개변수는 항상 **self**다. 또한 메서드 안에서 객체의 상태 변숫값(속성값)에 접근할 때는 **self.x**, **self.y**와 같이 **self**를 명시하며, 이때 **self**는 바로 객체 자신인 **p1**이 된다. 즉, **p1.x** 값 1과 **p1.y** 값 2가 출력된다.

출력할 때 문자열을 연결하기 위해 + 연산자를 사용한다. 이를 위해 **self.x**와 같은 숫자는 문자열로 변경해야 하므로 str() 함수를 이용하여 형변환을 수행하였다.

14.5 객체 읽고 수정하기

● **객체의 속성값을 직접 읽고 수정하기**

이번에는 각 객체의 상태 변수의 값들을 읽거나 수정하는 메서드를 정의해 보자.

```
p1 = Point(1,2)
print (p1.x)          # 1
p1.x = 5
print(p1)             # (5,2)
```

이 코드에서 보면 생성된 Point 객체 **p1**의 속성인 **p1.x**에 바로 접근하여 읽거나 새로운 값으로 대입하는 것을 볼 수 있다. 물론 이렇게 사용해도 되지만 프로그램의 보안성 측면에서 생각하면 자신의 정보를 밖에서 누구나 접근해서 읽거나 수정하는 것은 바람직하지 않다. 그래서 클래스를 정의할 때 상태 변수에 접근해서 읽거나 수정하기 위한 메서드를 함께 정의하는 것을 추천한다.

● 게터 메서드와 세터 메서드

일반적으로 객체의 상태 변숫값을 읽는 메서드는 **getXXX**와 같이 **get**으로 시작하고 속성값을 반환한다. 물론 다른 이름으로 정의해도 되지만 공통으로 사용하는 방식에 따라 이름을 정의하는 것이 프로그램의 이해도를 높이는 한 방법이다. **get**으로 시작한다고 해서 보통 이런 메서드를 <u>게터 메서드(getter method)</u>라 한다.

이에 비해서 상태 변수를 수정하는 메서드는 **setXXX**와 같이 **set**으로 시작하고 인수 값을 이용하여 속성값을 수정하며 반환값은 없다. 마찬가지로 **set**으로 시작한다고 해서 보통 이런 메서드를 <u>세터 메서드(setter method)</u>라 한다.

게터 메서드는 객체 값 자체를 변화하지 않고 반환값을 만들기만 하는 함수이므로 pure function이고, 세터 메서드는 객체의 속성값을 변화시키는 형태의 함수이므로 modifier function이다.

게터 메서드와 세터 메서드를 활용하여 **Point** 클래스를 수정해 보자.

📁 **코드 14-3**: getter/setter 메서드(Point class 내에 선언됨)　　　　　　　Chap14_L01.py

```
01   def getX(self):        # 게터 메서드는 속성값을 반환
02       return self.x
03
04   def getY(self):
05       return self.y
06
07   def setX(self, v):     # 세터 메서드는 매개변수로 받은 값으로 속성값을 변경함
```

```
08      self.x = v
09
10  def setY(self, v):
11      self.y = v
```

정의한 게터 메서드와 세터 메서드를 호출한 결과는 다음과 같다

```
p1 = Point(1,2)
print(p1.getX() )        # 1
print(p1.setX(5) )       # 객체의 속성값을 바꾸는 세터 메서드의 결과는 None
print(p1)                # (5,2)로 속성이 바뀜
```

14.6 다양한 클래스 메서드의 정의와 호출

클래스 내에서 정의되어 해당 클래스의 객체에 의해 수행되는 함수를 특별히 메서드(method)
라고 부른다. 다양한 형태의 메서드를 정의하는 예를 통해 클래스에 대해 좀 더 이해해 보자.

14.6.1 객체를 매개변수로 받는 메서드

● 두 개의 Point 객체 사이의 거리 계산하기

Point 클래스 안에 두 점 사이의 거리를 계산하는 함수를 메서드로 작성해 보자. 이때는 한
점으로부터 다른 점까지 거리를 계산해야 하므로, 거리를 구하는 메서드 distance()에는 두
개의 점에 대한 정보가 필요하다. 이러한 메서드의 정의와 사용 예를 살펴보자.

```
01   def distance(self, p):
02       dx = self.x - p.x
03       dy = self.y - p.y
04       return (dx**2+dy**2)**0.5
```

정의한 distance() 메서드를 호출한 결과는 다음과 같다.

```
p1 = Point(1,2)
p2 = Point(4,6)
print(p1.distance(p2)) # 5.0
print(p2.distance(p1)) # 5.0
```

● 메서드 호출 시 매개변수의 대응

distance() 메서드의 정의에는 두 개의 매개변수를 사용했다. 첫 번째 매개변수는 **self**, 즉 distance() 메서드를 호출하는 Point 객체를 의미하고 두 번째 매개변수에는 또 다른 Point 객체가 입력된다.

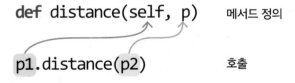

def distance(self, p)   메서드 정의

p1.distance(p2)   호출

그림 14-4 메서드의 정의와 호출

distance() 메서드는 p1.distance(p2)의 형태로 호출한다. 이때 괄호 () 안에 한 개의 인수 p2가 있다. 왜냐하면 distance() 메서드의 첫 번째 인수는 바로 distance() 앞에 있는 **p1**이 **self**로 대입되기 때문이다.

아하, 그렇군요 14　　함수와 메서드

보통 메서드는 클래스 안에서 정의된, 클래스 객체가 사용하는 함수라고 설명한다. 그러나 일반적인 함수와 메서드 사이에는 사용법에 차이가 있다. 예를 들어 리스트 L의 항목을 정렬하는 방법에는 sorted(L)과 같이 sorted() 함수에 리스트 L을 매개변수로 넣어서 사용하는 방법도 있고, 리스트 자체의 메서드인 sort()를 사용할 수도 있다. 객체의 메서드를 사용할 때는 항상 L.sort()와 같이 객체 이름 뒤에 점(.)을 찍고 메서드 이름을 호출하는 형식을 따른다.

L = [1,7,3,5,2,6,4]	
M= L.sort()	*# dot notation, 즉 점을 찍고 메서드 이름 호출하기*
print (M)	*# None*
print (L)	*# [1, 2, 3, 4, 5, 6, 7]*
L = [1,7,3,5,2,6,4]	
M = sorted(L)	*# 함수에 리스트를 입력 인수로 넣어 호출*
print (M)	*# [1, 2, 3, 4, 5, 6, 7] 함수 결과가 저장된 새로운 리스트 M*
print (L)	*# [1, 7, 3, 5, 2, 6, 4] 인수로 사용된 리스트 L은 변화가 없음*

위쪽 코드와 같이 함수를 사용할 때는 함수 이름 뒤에 적용할 객체를 인수로 사용하지만, 클래스의 메서드를 활용할 때는 항상 클래스의 객체(여기 코드에서는 리스트 L) 뒤에 점(dot)을 찍고 메서드 이름을 호출한다. 이런 방법을 <u>dot notation</u>이라 한다.

● **메서드 내에서 self가 없는 변수는 객체의 속성이 아니다**

또 한 가지 눈여겨봐야 하는 부분은 코드 14-4에서 사용한 dx, dy 앞에는 self가 없다는 점이다. 즉, 클래스 정의에서 객체의 속성값을 갖는 상태 변수에는 self.x, self.y와 같이 항상 self가 붙어 있고, self가 없는 dx, dy 같은 변수들은 클래스의 속성이 아닌 임시 변수로서 메서드 수행이 끝나면 사라지는 값들이다.

14.6.2 새로운 객체를 메서드 안에서 생성하여 반환하기

● 두 점의 벡터 합 계산하기

이번에는 두 점의 벡터 합을 계산하는 메서드 add()를 작성해 보자. distance() 메서드와 마찬가지로 두 점의 정보가 필요하지만, 이번에는 새로운 Point 객체를 메서드 안에서 생성하여 반환한다.

코드 14-5: 두 점을 더하여 새로운 점 객체를 생성(Point class 내에 선언됨)   Chap14_L01.py

```
01    def add(self, p):
02        x = self.x + p.x        # x와 y는 임시 변수
03        y = self.y + p.y
04        return Point(x,y)        # Point()를 이용하여 새로운 Point 객체를 생성하여 반환
```

정의한 add() 메서드를 호출한 결과는 다음과 같다.

```
p1 = Point(1,2)
p2 = Point(4,6)
print(p1.add(p2))    # (5,8)
p3 = p2.add(p1)    ──────→  새로운 객체가 p3 이름으로 대입됨


print(p1)  # (1,2)  ┐    p1과 p2의 값은 변화가 없는
print(p2)  # (4,6)  ┘──→  pure function임
print(p3)  # (5,8)
```

Pure Function과 Modifier

클래스의 메서드들은 크게 호출한 객체의 속성은 변화시키지 않고 반환값만을 전달하는 pure function 형태와 호출한 객체의 속성 자체를 변화시키고 반환값이 없는(None을 반환함) modifier 형태로 나누어진다. 리스트 클래스의 메서드인 sort(), append()가 리스트 자체를 변경시키는 대표적인 modifier 형태의 메서드다. 코드 14-5에서 정의한 벡터 합을 표현하는 메서드 add()는 새로운 객체를 생성하여 반환하는 pure function 형태이므로 메서드를 호출한 p1은 전혀 변화하지 않는다. 이번에는 add() 메서드를 modifier 형태로 바꿔 보자.

● 매개변수 객체의 벡터만큼 자신의 위치를 변경하기

📁 **코드 14-6**: 매개변수 객체의 벡터만큼 자신을 변경하는 add_as_modifier   Chap14_L01.py

```
01   def add_as_modifier(self, p):
02       self.x = self.x + p.x
03       self.y = self.y + p.y
```

코드 14-6에서 add_as_modifier() 메서드는 호출한 객체의 속성값 자체를 변화시키도록 작성되었다. 이러한 메서드를 사용한 결과를 살펴보면 다음과 같이 메서드를 호출한 점 객체의 속성값 자체가 변화하는 것을 볼 수 있다. 즉, add_as_modifier() 메서드를 호출한 p1의 속성값이 변화하였고, 반환값이 없는 modifier function이므로 p3 값은 None이 출력된다.

```
p1 = Point(1,2)
p2 = Point(4,6)


p3 = p1.add_as_modifier(p2)
print(p3)          # None
print(p1)          # (5,8)
```

클래스 메서드 가운데 __init__()과 세터 메서드들은 객체를 변화시키므로 항상 modifier이고 __str__()과 게터 메서드들은 항상 pure function이다. 나머지 메서드들은 메서드의 의미에 따라 적절하게 pure function 혹은 modifier의 형태가 되도록 정의하여 사용해야 한다.

최종적으로 완성된 **Point** 클래스는 코드 14-7과 같다.

📁 **코드 14-7**: Point 클래스 정의와 사용 예   Chap14_L01.py

```
01    class Point:                              # Point class 정의
02        def __init__(self, px, py):           # Point 클래스의 생성자로 modifier
03            self.x = px                        # Point 클래스에는 x와 y라는 두 개의 속성이 정의됨
04            self.y = py
05
06        def __str__(self):                     # Point 객체를 print() 함수로 출력할 때 호출되는 메서드
07            return "(" + str(self.x) + "," + str(self.y) + ")"   # 문자열 형태를 반환함
08
09        def getX(self):            # getter method는 속성값을 반환
10            return self.x
11
12        def getY(self):
13            return self.y
14
15        def setX(self, v):         # setter method는 인수로 받은 값으로 속성값을 변경함
16            self.x = v             # return 값이 없으므로 None이 반환됨
17
18        def setY(self, v):
19            self.y = v
20
21        def distance(self, p):     # Point 객체 p를 매개변수로 입력받아 두 점 간의 거리를 계산
22            dx = self.x - p.x
23            dy = self.y - p.y
24            return (dx**2 + dy**2)**0.5
25
26        def add(self, p):          # 두 점의 벡터 합으로 새로운 Point 객체를 생성하여 반환
27            x = self.x + p.x       # x와 y는 임시 변수
28            y = self.y + p.y
```

```
29            return Point(x,y)        # Point()를 이용하여 새로운 Point 객체를 생성하여 반환
30
31        def add_as_modifier(self, p):    # 매개변수 객체의 벡터값을 Point 객체에 더하는 modifier
32            self.x = self.x + p.x
33            self.y = self.y + p.y
34
35    def point_main() :        # 테스트를 위한 함수
36        p1 = Point(1,2)        # Point 객체를 생성하고자 _init_()이 자동 호출됨
37        p2 = Point(4,6)
38        print(p1, p2)        # p1._str_()과 p2._str_()이 호출됨
39
40        print(p1.distance(p2))
41        print(p2.distance(p1))
42
43        p3 = p1.add(p2)
44        print(p3)
45        print(p1)
46
47        p4 = p1.add_as_modifier(p2)
48        print(p4)
49        print(p1)
50
51        p1.setX(7)
52        print(p1)
53        print(p1.getX())    # 게터 메서드로 p1 객체의 x 값이 반환되어 출력됨
54        print(p1.setX(9))    # 세터 메서드로 p1의 x 값이 변경, 반환값은 없으므로 None 출력
55
56    if __name__ == '__main__':
57        point_main()        # import된 것이 아닌 main으로 수행할 때만 실행하기
```

```
(1,2) (4,6)
5.0
5.0
(5,8)
(1,2)
None
(5,8)
(7,8)
7
None
```

클래스와 객체 그리고 메서드를 정의하고 사용하는 것은 이해하기 어렵지만 반드시 알아야 하는 중요한 개념이다. 여러 가지 예를 통해서 반드시 자기 것으로 만들어 두자.

 아하, 그렇군요 15   if __name__ == '__main__':

Point 클래스 코드 맨 아래쪽에서 if __name__ =='__main__': point_main()이라는 코드를 볼 수 있다. 이 코드의 의미는 해당하는 파이썬 코드가 독립적으로 수행되는 경우에만, 즉 다른 코드에 import되어 수행되는 것이 아니라 '해당 코드가 main으로 수행될 때만 point_main()을 수행하라'는 의미이다. 파이썬에는 __name__이라는 내장 변수가 있는데 이 변수는 해당 코드를 포함한 파일이 직접 main으로 수행되면 '__main__'이라는 문자열 값을 갖게 되고, 다른 파일에서 해당 파일을 import하여 사용하는 경우에는 python 파일 이름을 갖게 되기 때문이다.

예를 들어 Point.py에 Point 클래스가 정의되어 있고 해당 Point 클래스를 테스트하기 위한 point_main() 코드가 함께 정의되고 수행된다고 가정하자. 이때 Point.py가 아닌 다른 파이썬 코드 Circle.py에서 Point.py에서 정의된 Point 클래스를 사용하려면 import Point 구문을 포함하여 사용해야 한다. 그러나 이처럼 다른 파일에 import되는 경우에는 Point 클래스를 테스트할 때 사용하는 point_main() 코드를 수행할 필요는 없다. 즉, Point.py를 main으로 수행할 때만 point_main()을 수행하라는 의미로 사용하는 구문이 바로 if __name__ =='__main__': point_main()이다.

파이썬에서는 많은 파일들이 서로 import를 통해 포함되기 때문에, 필요 없는 테스트 코드의 수행을 막기 위해서 자주 사용하는 구문이니 꼭 익혀두도록 하자.

Step by Step

2차원 좌표상에서 x축과 y축에 평행한 가로와 세로를 갖는 직사각형을 나타내는 클래스 Rectangle을 생성하고 직사각형 클래스에 필요한 여러 메서드를 주어진 조건에 따라 생성하여라. 하나의 직사각형을 구성하는 기본적 정보는 무엇일까? 여기서는 직사각형의 대각선에 위치하는 두 꼭지점을 속성으로 갖도록 한다. 두 꼭지점 point1, point2는 점(Point) 클래스의 객체를 사용하며, 항상 직사각형을 생성할 수 있는 대각선상에 있는 두 꼭지점이 주어진다고 가정한다. 클래스 Rectangle의 다음과 같은 메서드들을 완성하여라.

메서드	수행 동작
__init__(self, p1,p2)	Rectangle 객체를 생성하는 생성자 p1, p2는 Point 객체로 대각선상의 두 점을 의미한다.
__str__(self)	"[(1, 1), (4, 5)]"와 같은 형태로 두 꼭지점이 출력되도록 한다.
get_min_x(self)	직사각형의 꼭지점 가운데 가장 크기가 작은 x 좌표값을 반환한다.
get_min_y(self):	직사각형의 꼭지점 가운데 가장 크기가 작은 y 좌표값을 반환한다.
get_max_x(self):	직사각형의 꼭지점 가운데 가장 크기가 큰 x 좌표값을 반환한다.
get_max_y(self):	직사각형의 꼭지점 가운데 가장 크기가 큰 y 좌표값을 반환한다.
contains(self, p3):	점 객체 p3가 직사각형 선 위 혹은 내부에 포함되어 있으면 True를 반환하고 그렇지 않으면 False를 반환한다.
area(self):	직사각형의 면적을 계산하여 반환한다.
isEqual(self, other):	매개변수로 입력받은 사각형이 자신과 동일한 좌표상에 위치하는 지를 판단하는 부울 메서드

풀이 단계

01   클래스를 정의하고 메서드를 정의하는 과정이 어렵다고 느껴진다면, 이는 복잡하거나 까다로워서라기보다는 익숙하지 않기 때문이다. 각 메서드들을 차근차근 채워가면서 클래스를 정의하는 문법에 좀 더 익숙해지기 바란다. 먼저 클래스부터 정의하자. 이때 사각형의 대각선상의 두 점을 **Point** 객체로 사용하기 위해서 이전에 정의한 **Point** 클래스를 import한다.

```
from Point import Point  ──────▶  앞의 Point는 Point.py 파일 이름이고, 뒤의 Point는
                                   파일에 저장된 Point class를 의미한다
class Rectangle:
```

02   생성자 함수는 **__init__()**으로 이름이 정해진 메서드로서 모든 클래스에서 객체를 생성할 때 자동으로 호출된다. 매개변수로 입력받은 **Point** 객체들을 클래스의 속성 변수로 대입한다. 클래스의 속성 변수는 반드시 앞에 **self.**이 붙는다.

```
def __init__(self, p1, p2):
    self.p1 = p1
    self.p2 = p2
```

03   **print()** 함수에서 객체를 출력할 때, 사람들이 이해하기 쉽도록 문자열로 표현해주는 **__str__()** 역시 이름이 정해져 있는 메서드다. **p1**과 **p2** 역시 **Point** 클래스의 객체이므로 **Point** 클래스에서 정의된 **__str__()** 메서드를 호출하여 사용할 수 있다. 문자열 사이의 연결은 **+** 연산자를 활용한다.

```
def __str__(self):
    return "[" + self.p1.__str__() + "," + self.p2.__str__() + "]"
```

04   4개의 게터 메서드 get_min_x(), get_min_y(), get_max_x(), get_max_y()에서는 **p1**과 **p2** 객체의 게터 메서드인 getX()와 getY()를 호출하여 사용한다. 이처럼 어떤 객체의 속성을 사용할 때는 직접 속성 변수를 접근하지 말고 적절한 게터 메서드를 호출하는 것이 좋은 프로그래밍 습관이다. min()과 max()는 매개변수 값 중에서 최솟값, 최댓값을 반환하는 파이썬 내장 함수다.

```
def get_min_x(self):
    return min(self.p1.getX(), self.p2.getX())


def get_min_y(self):
    return min(self.p1.getY(), self.p2.getY())
```

```python
    def get_max_x(self):
        return max(self.p1.getX(), self.p2.getX())


    def get_max_y(self):
        return max(self.p1.getY(), self.p2.getY())
```

05 앞에서 정의한 메서드 get_min_x(), get_min_y(), get_max_x(), get_max_y()를 활용하여 매개변수로 전달된 점 객체가 사각형에 포함되는지를 점검하자. 파이썬에서는 x가 a와 b 사이에 존재하는지를 a<=x<=b와 같은 비교문 형태로 한번에 판단할 수 있다.

```python
    def contains(self, p3):
        return self.get_min_x() <= p3.getX() <= self.get_max_x() and \
                self.get_min_y() <= p3.getY() <= self.get_max_y()
```

06 사각형의 면적은 가로와 세로의 길이를 구해서 곱해주면 된다.

```python
    def area(self):
        width = self.get_max_x() - self.get_min_x()
        height = self.get_max_y() - self.get_min_y()
        return width * height
```

07 마지막으로 자신과 또 다른 직사각형이 동일한 좌표상에 위치하는지를 확인하는 메서드를 작성한다. 예를 들어 r1, r2가 다음과 같을 때 r1.isEqual(r2)는 True를 반환한다.

```python
r1 = Rectangle ( Point(5,0) , Point(2,3) )
r2 = Rectangle ( Point(2,0) , Point(5,3) )
```

이는 앞에서 정의한 메서드 get_min_x(), get_min_y(), get_max_x(), get_max_y()를 활용하면 쉽게 비교할 수 있다.

```python
    def isEqual(self, other):
        return self.get_min_x() == other.get_min_x() and \
                self.get_max_x() == other.get_max_x() and \
                self.get_min_y() == other.get_min_y() and \
                self.get_max_y() == other.get_max_y()
```

08 최종 프로그램과 이를 수행한 결과는 다음과 같다. 이처럼 테스트해야 할 내용이 길어지는 경우, 하나의 독립된 함수로 정의하고 나서 맨 마지막에서 테스트 함수를 호출하면 프로그램이 읽기 쉬워진다.

> 📁 Chap14 Step by Step   Chap14_P00.py

```python
01   from Point import Point
02
03   class Rectangle:
04       def __init__(self, p1,p2):
05           self.p1 = p1
06           self.p2 = p2
07
08       def __str__(self):
09           return "[" + self.p1.__str__() + "," + self.p2.__str__() + "]"
10
11       def get_min_x(self):
12           return min(self.p1.getX(), self.p2.getX())
13
14       def get_min_y(self):
15           return min(self.p1.getY(), self.p2.getY())
16
17       def get_max_x(self):
18           return max(self.p1.getX(), self.p2.getX())
19
20       def get_max_y(self):
21           return max(self.p1.getY(), self.p2.getY())
22
23       def contains(self, p3):
24           return self.get_min_x() <= p3.getX() <= self.get_max_x() and \
25                   self.get_min_y() <= p3.getY() <= self.get_max_y()
26
27       def area(self):
28           width = self.get_max_x() - self.get_min_x()
29           height = self.get_max_y() - self.get_min_y()
30           return width * height
31
32       def isEqual(self, other):
33           return self.get_min_x() == other.get_min_x() and \
34                   self.get_max_x() == other.get_max_x() and \
```

```
35              self.get_min_y() == other.get_min_y() and \
36              self.get_max_y() == other.get_max_y()
37
38    ##################################################
39    def test():
40        p1, p2, p3, p4 = Point(1,1), Point(4,5), Point(5,0), Point(2,3)
41        p5, p6, p7, p8 = Point(4,3), Point(0,0), Point(2,0), Point(5,3)
42        r1, r2, r3 = Rectangle(p1,p2), Rectangle(p3,p4), Rectangle(p7,p8)
43        print(r1, r2, r3)
44        print(r1.area())
45        print(r2.area())
46        print(r3.area())
47        print(r1.contains(p4))
48        print(r1.contains(p5))
49        print(r2.contains(p6))
50        print(r1.isEqual(r3))
51        print(r2.isEqual(r3))
52        print(r1.isEqual(r1))
53
54    test()     # 테스트 함수 호출
```

```
[(1,1),(4,5)] [(5,0),(2,3)] [(2,0),(5,3)]
12
9
9
True
True
False
False
True
True
```

연습문제

❶ 2차원 좌표상에서 원을 나타내는 클래스 Circle을 생성하고, 원 클래스에 필요한 메서드들을 주어진 조건에 따라 생성하여라. 같은 디렉터리에 Point 클래스를 정의한 Point.py가 있다고 가정한다.

1-1 __init__() 메서드를 구현하여라.

원을 나타내는 Circle 클래스를 정의하고 객체를 생성할 수 있는 생성자 함수를 작성하여라. 하나의 원을 구성하는데 필요한 기본 정보는 무엇인가? 바로 원의 중심점(center)과 반지름(radius) 정보다. 원의 중심점은 코드 14-7에서 작성한 점(Point) 클래스의 객체를 사용한다. 이를 위해 코드 맨 앞에 import 구문을 포함해야 하며 math.pi 값을 사용하기 위해 math 모듈도 import해야 한다. 입력 매개변수는 self와 center 값을 나타내는 Point 객체인 c, 반지름 값을 나타내는 정숫값 r과 같이 세 개이고 반환값은 없다.

1-2 객체를 출력하는 __str__() 메서드를 구현하여라.

원을 ((중심점 좌표), 반지름) 형태로 출력하기 위한 문자열을 반환한다. 입력 매개변수는 self이고, 반환값은 "((0,1), 5)"와 같은 형태의 문자열이다.

1-3 원의 면적을 구하는 area 메서드를 구현하여라.

입력 매개변수는 self이고 반환값은 원의 면적이다. π 값은 math 모듈의 math.pi를 이용한다.

1-4 반지름 속성값을 반환하는 getRadius 메서드를 구현하여라.

입력 매개변수는 self이고 반환값은 원의 반지름 속성값이다.

1-5 원의 중심점을 반환하는 getCenter 메서드를 구현하여라.

입력 매개변수는 self이고 반환값은 원의 중심점을 Point 객체 형태로 반환한다.

1-6 원의 반지름 값을 수정하는 세터 메서드인 `setRadius`를 구현하여라.
입력 매개변수는 self와 새롭게 변경할 반지름 값 r이고 반환값은 없다.

1-7 입력되는 (x，y) 좌표를 원의 새 중심점이 되도록 원을 이동하는 메서드인 `moveTo`를 구현하여라.
입력 매개변수는 self와 새 중심점의 x, y 좌표를 나타내는 두 정숫값이고 반환값은 없다.

1-8 원의 위치를 현재에서 dx, dy만큼 이동하는 메서드인 `move`를 구현하여라.
앞에서 구현한 메서드 moveTo는 원의 현재 위치와 상관없이 항상 (x，y)를 새로운 원의 중심점이 되도록 원을 이동하는 것이고, move 메서드는 현재 위치를 기준으로 dx, dy만큼 이동하는 메서드다. 입력 매개변수는 self와 이동할 거리인 dx, dy이고 반환값은 없다.

📁 Circle 클래스 코드 템플릿   Chap14_P01.py

```python
from Point import Point
import math        # for math.pi

class Circle:
    def __init__(self, c, r):
        pass
        # pass 부분을 지우고 적절한 코드를 생성하세요!

    def __str__(self):
        pass

    def area(self):
        pass

    def getRadius(self):
        pass

    def getCenter(self):
        pass

    def setRadius(self, v):
        pass
```

```python
        def moveTo(self, x, y):
            pass

        def move(self, dx, dy):
            pass

def test():
    p0 = Point (0,0)
    c1 = Circle(p0,3)
    print(c1)
    print(c1.area())
    print(c1.getRadius())
    print(c1.getCenter())
    c1.setRadius(5)
    print(c1)
    print(c1.area())
    c1.moveTo(3,4)
    print(c1)
    c1.move(1,1)
    print(c1)

if __name__ == '__main__': test()      # import된 경우가 아니고 직접 실행될 때만 수행하라는 의미
```

```
((0,0) , 3)
28.274333882308138
3
(0,0)
# ((0,0) , 5)
78.53981633974483
((3,4) , 5)
((4,5) , 5)
```

❷ 유리수(rational number)는 두 정수 사이의 비율을 나타내는 수이다. $\frac{2}{3}$에서 2는 분자(numerator)라하고 3을 분모(denominator)라 한다. 물론 7과 같은 정수 역시 유리수인데 이때 분모 값은 1이다. 유리수를 표현하는 클래스 Rational을 정의하고 관련된 메서드들을 구현하여라.

2-1 생성자 __init__() 메서드를 구현하여라.

유리수를 나타내는 Rational 클래스를 정의하고 객체를 생성할 수 있는 생성자 함수를 작성하여라. 하나의 유리수를 결정하는 속성값에는 무엇이 필요한가? 바로 분자와 분모를 나타내는 두 개의 정숫값이다. 입력 매개변수는 self, 분자 값 n과 분모 값 d이고 반환값은 없다.

2-2 유리수를 출력하는 __str__() 메서드를 구현하여라.

유리수를 분자/분모 형태로 출력하기 위한 문자열을 생성한다. 입력 매개변수는 self이고 반환값은 "7/24"와 같은 문자열이다.

2-3 유리수를 실수(float) 자료형으로 변환하여 반환하는 toFloat 메서드를 구현하여라.

입력 매개변수는 self이고 반환값은 0.29166666과 같은 실수형이다.

2-4 유리수의 부호를 반대로 변환하는 negate 메서드를 구현하여라.

분자 값의 부호를 반대로 하여 처리할 수 있다. 입력 매개변수는 self이고 반환값은 없다.

2-5 유리수의 분자와 분모를 바꿔주는 invert 메서드를 구현하여라.

분자와 분모 속성을 교환하여 처리할 수 있다. 입력 매개변수는 self이고 반환값은 없다.

2-6 유리수를 약분하는 reduce 메서드를 구현하여라.

4/8와 2/4, 1/2은 모두 동일한 유리수이다. 분자와 분모의 최대공약수를 이용하여 각각을 약분하여 처리할 수 있다(gcd() 함수 사용). 입력 매개변수는 self이고 반환값은 없다.

2-7 두 유리수를 더하는 add 메서드를 구현하여라.

입력 매개변수는 self와 다른 유리수 r이고 반환값은 self와 r의 합을 나타내는 유리수 객체(반드시 덧셈 결과를 최대공약수로 약분할 것)다. 자신이 변하지 않는 pure function 형태의 메서드이므로 self와 r은 변경되지 않는다.

2-8 두 유리수를 곱하는 `mul` 메서드를 구현하여라.

입력 매개변수는 self와 다른 유리수 r이고 반환값은 self와 r의 곱을 나타내는 유리수 객체(반드시 곱셈 결과를 최대공약수로 약분할 것)다. 자신이 변하지 않는 pure function 형태의 메서드이므로 self와 r은 변경되지 않는다.

📁 **코드 템플릿**   Chap14_P02.py

```python
def gcd(a, b):
    if b > a:
        a, b = b, a
    while b > 0:
        a, b = b, a%b
    return a


class Rational:
    def __init__(self, n, d):
        pass
        # pass 부분을 지우고 적절한 코드를 생성하세요!

    def __str__(self):
        pass

    def toFloat(self):
        pass

    def negate(self):
        pass

    def invert(self):
        pass

    def reduce(self):
        pass

    def add(self, r):
        pass

    def mul(self, r):
```

```
        pass

def test():
    r1 = Rational(12,16)
    r2 = Rational(9,6)
    print(r1, r2)
    r1.reduce()
    r2.reduce()
    print(r1, r2)
    r1.negate()
    print(r1)

    r1.negate()
    print(r1)
    r1.invert()
    print(r1)
    r3 = r1.add(r2)
    r4 = r1.mul(r2)
    print(r3)
    print(r4)
    print(r3.toFloat())
    print(r4.toFloat())

if __name__ == '__main__': test()
```

```
12/16   9/6
3/4   3/2
-3/4
3/4
4/3
17/6
2/1
2.8333333333333335
2.0
```

 핵심 노트

✱ 클래스는 틀, 설계도이고 객체는 클래스에서 정의한 대로 생성된 속성과 동작을 수행하는 집합체

✱ 클래스 정의와 생성자 메서드

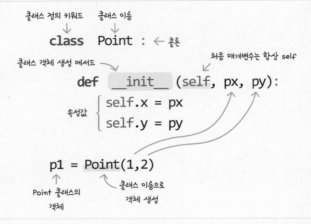

클래스 정의 키워드　　클래스 이름

class　Point : ← 콜론

클래스 객체 생성 메서드　　　　　　　처음 매개변수는 항상 self

def　__init__ (self, px, py):

속성값 { self.x = px
　　　　 self.y = py

p1 = Point(1,2)

Point 클래스의　　클래스 이름으로
객체　　　　　　　객체 생성

✱ 객체의 출력: print(객체)를 할 때 사람이 이해하기 쉬운 문자열로 출력하려면 __str__() 메서드
를 정의해야 한다.

✱ Getter 메서드는 속성값을 읽는 메서드

✱ Setter 메서드는 객체의 속성을 새로운 값으로 수정하는 메서드

✱ 메서드 정의와 호출 시 self는 객체 자신을 나타냄

def distance(self, p)　　　메서드 정의

p1.distance(p2)　　　　　호출

✱ if __name__=='__main__':은 이 프로그램이 import되는 경우에는 실행하지 않고 독립적으로
수행할 때만 실행하라는 의미

chapter 15

튜플

 학습목표

- 튜플 자료형을 정의할 수 있다.

- 튜플 자료형의 연산자와 함수를 이해하고 사용할 수 있다.

- 리스트 자료형과 튜플 자료형의 차이점을 이해하고, 형변환 함수를 이용하여 타입을 변경할 수 있다.

- 튜플 자료형의 자동 패킹과 언패킹 과정을 이해한다.

15.1 튜플의 생성

● **튜플은 수정할 수 없는 리스트**

이번 장에서는 파이썬의 자료구조 가운데 튜플(tuple)에 대해 배운다. 튜플의 특징을 잘 나타내는 표현 중 하나는 '수정할 수 없는 리스트(immutable list)'라는 표현이다. 즉, 리스트와 매우 비슷한 특징을 갖지만 리스트 자체를 변화시키는 모든 메서드는 튜플에서 수행할 수 없다.

$$tupleVar = (\ 2,\ 4,\ 2,\ 9,\ 5\ )$$

변수 이름   튜플의 항목들은 쉼표(,)로 구분

그림 15-1 튜플 변수 정의

● **튜플을 생성하는 구분자는 괄호가 아니라 쉼표**

튜플 자료형의 데이터의 생성은 쉼표(,)로 이루어진다. 다음 예를 살펴보자.

```
a = 2, 4, 2, 9, 5
print (a, type(a))            # (2, 4, 2, 9, 5) <class 'tuple'>
b = (1) ;  print(b, type(b))   # 1 <class 'int'>
c = (1,) ; print(c, type(c))   # (1,) <class 'tuple'>
d = 1, ;   print(d, type(d))   # (1,) <class 'tuple'>
```

보통 튜플을 나타낼 때는 괄호를 사용하고 각 항목을 구분하는 쉼표를 추가하여 (1, 2, 3)과 같이 사용하는 것이 일반적이다. 하지만 사실 튜플을 생성하는 것은 괄호가 아니고 쉼표(,)라는 것을 앞의 예를 통해 알 수 있다. 즉, 우리가 괄호를 생략하더라도 파이썬에서 자동으로 괄호로 묶어주는(packing) 것을 볼 수 있다. 또한 항목 1개짜리 튜플을 나타내기 위해서도

괄호가 아니라 쉼표를 이용하여 정의한다는 것을 기억하자.

● 튜플은 모든 자료형을 구성 요소로 포함할 수 있다

튜플은 리스트를 포함하여 어떠한 자료형의 값도 구성 항목으로 사용할 수 있다. 즉, a=(3, (1, 2), ("abc", 3.5), [(4, 5), [7, (8, 9), 10]])과 같이 정수, 실수, 문자열뿐 아니라 다른 튜플과 리스트도 튜플의 구성 요소가 될 수 있다.

● 리스트와 튜플의 비교

리스트와 튜플의 동작을 비교하여 살펴보자.

[리스트]

```
a = [ 2,4,2,9,5 ]
print (type(a))    # <class 'list'>

sum = 0
for i in range (len(a)):
    sum += a[i]
for x in a:
    sum += x
a[1] = 10    # legal
```

[튜플]

```
a = ( 2,4,2,9,5 )
print (type(a))    # <class 'tuple'>

sum = 0
for i in range (len(a)):
    sum += a[i]
for x in a:
    sum += x
a[1] = 10    # error
```

리스트와 튜플의 작동 방식이 정말 비슷하다는 것을 한눈에 확인할 수 있다. 그러나 맨 마지막 코드처럼 튜플의 항목을 수정하려고 하면 builtins.TypeError: 'tuple' object does not support item assignment와 같은 오류가 발생한다. 즉, '튜플 객체는 항목에 대한 수정을 허용하지 않는다'는 의미다.

15.2 튜플의 연산과 함수

● **튜플에서 사용 가능한 연산과 함수**

표 15-1을 통해 튜플에서 허용되는 연산과 함수 사용법을 살펴보자.

표 15-1 튜플 연산과 함수

연산자	의미	예 a=(0, 1, 2, 3)
+	결합(concatenate)	a+a → (0,1,2,3,0,1,2,3)
*	반복(repeat)	a*2 → (0,1,2,3,0,1,2,3)
a[i:j]	슬라이싱(slicing)	a[:2] → (0,1) a[1:2] → (1,)
a[i]	인덱스를 이용한 접근(읽기만 가능)	a[1] → 1
in	소속 여부 판단(membership)	2 in a → True 7 in a → False
for	반복문의 iteration	for x in a: print(x, end=" ") → 0 1 2 3
len()	튜플의 항목 개수	len(a) → 4
min()	최솟값	min(a) → 0
max()	최댓값	max(a) → 3
sum()	항목들의 총합	sum(a) → 6

● **튜플 타입에서 사용할 수 없는 메서드**

다음은 변수 a가 튜플 자료형일 때 허용되지 않는 동작들이다. 튜플은 값을 수정할 수 없는 객체 타입이기 때문이다.

```
a[i] = x, a.append(), a.reverse(), a.sort(), a.extend(), a.insert(), a.remove(),
a.pop()
```

● **튜플 타입의 자동 언패킹**

튜플 형식의 데이터를 for 구문과 함께 사용할 때는 자동으로 튜플의 언패킹(unpacking)이 수행된다. 이때 반드시 대입 기호 양쪽의 항목 개수는 동일해야 한다.

📁 **코드 15-1**: 튜플의 패킹/언패킹   Chap15_L01.py

```
01    a = [(1,2,"abc"), (3,4,(5,6)), (7,True,[8,9]), ('x','y','z')]
02    for (x,y,z) in a:
03        print(z, end= " ")
```

```
abc (5, 6) [8, 9] z
```

코드 15-1에서 리스트 a의 길이는 4이고, 리스트의 각 항목은 세 개의 값으로 이루어진 튜플이다. 즉, 반복 가능한 객체인 리스트를 for 구문에 사용하여 반복문을 수행하게 되면, 리스트의 각 항목인 튜플들이 반복문을 돌 때마다 한 번씩 (x, y, z) 변수에 대입된다. 따라서 첫 번째 for 문에서 x의 값은 1이고 y의 값은 2, 그리고 z의 값은 "abc"가 된다. 이처럼 하나의 튜플 내의 항목 값들이 순서에 따라 각각의 변수들에 대입되는 것을 언패킹이라고 한다. 코드 15-1의 결과는 반복할 때마다 변수 z에 대입된 값들을 출력한 것이다.

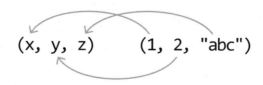

그림 15-2 튜플의 자동 언패킹

15.3 리스트와 튜플의 형변환

● **형변환 함수를 활용하여 튜플 데이터 정렬하기**

리스트와 튜플 형태의 데이터는 형변환 함수를 활용하여 서로의 자료형으로 변환할 수 있다.

```python
s1 = [2, 3, 5]        # list
print(tuple(s1))      # (2, 3, 5)


s2 = (2, 3, 5)        # tuple
print(list(s1))       # [2, 3, 5]
```

다음의 코드 15-2는 함수 list()와 tuple()을 이용하여 수정이 불가능한 튜플 데이터를 정렬하는 예를 보여준다. 즉, 값을 변경할 수 없는 튜플 객체를 정렬해야 할 필요가 있을 때 이를 리스트 타입으로 형변환하여 정렬을 수행하고, 그 결과를 다시 튜플 타입으로 형변환하면 정렬된 튜플 객체를 얻을 수 있다. 물론 이때 새로 만들어진 정렬된 튜플은 이전의 튜플과는 독립된 다른 객체다.

📁 **코드 15-2**: 형변환을 이용한 튜플의 정렬   Chap15_L02.py

```python
01   a = (6, 1, 4, 3)    # 튜플은 수정을 허용하지 않으므로 a.sort()는 수행할 수 없음
02   b = list(a)          # 리스트로 바꾸어 정렬을 수행함
03   b.sort()
04   c = tuple(b)
05   print (a,b,c)
```

(6, 1, 4, 3) [1, 3, 4, 6] (1, 3, 4, 6)

● 튜플의 변하지 않는 특성이 꼭 필요한 경우가 있다

자, 지금까지 튜플의 특징과 사용 방법을 배웠다. 그런데 튜플은 리스트와 비슷하고 오히려 리스트는 튜플에서는 불가능한 수정 및 삭제가 가능한데 왜 튜플이라는 자료구조가 필요한 것일까? 하는 의문이 생길 수 있다. 프로그램을 수행하다 보면 무결성(integrity)와 영속성(persistence)을 위해서 데이터 자체가 한번 생성되면 절대 변경되지 않는 특성이 필요한 경우가 있다. 예를 들어 다음 장에서 배우게 되는 딕셔너리 자료구조의 키값은 한번 정해지면 중간에 수정할 수 없는 특징을 갖는데, 이러한 경우에 리스트 대신 튜플을 사용할 수 있다.

 아하, 그렇군요 16 여러 개 값의 반환은 튜플 객체

함수에서 반환을 수행할 때 다음의 예와 같이 한 개의 값이 아닌 여러 개의 값을 한 번에 반환하는 것을 본 적이 있을 것이다.

```
def f(x):
    return  x+1, x**2, "Python"


a, b, c = f(10)
print(a)        # 11
print(b)        # 100
print(c)        # Python
```

그렇다. 눈치 챘겠지만 사실 이때 반환되는 값은 세 개의 값이 각각 반환되는 것이 아니라 하나의 튜플 객체인 (11, 100, "Python")이 반환되는 것이다. 결국 함수는 한 개의 튜플을 반환한다. 이와 같이 쉼표로 연결된 데이터들이 하나의 튜플 타입으로 처리되는 과정을 자동 패킹(packing)이라 한다.

처음 파이썬을 배울 때 다중 대입문을 보면서 참 편리하다는 생각을 했을 것이다. 즉, 다음 예와 같이 다중 대입을 사용하여 여러 개의 변수 초기화를 한꺼번에 수행할 수도 있고, 변수들의 값을 한 줄의 코드로 교체(swapping)할 수도 있다.

```
a, b, c = 1, 2, 4
b, c, a = c, a, b


if a < b:
    a, b = b, a


while b != 0:
    a, b = b, a%b
```

사실 이러한 문장이 수행될 때 파이썬 내부에서는 변수들의 패킹/언패킹이 이루어진다. 즉, 다중 대입은 곧 튜플의 대입 문장이다. 그러므로 반드시 다중 대입에서 왼쪽과 오른쪽 항목의 개수는 동일해야 한다. 또한 왼쪽 항목은 반드시 변수여야 하며 표현식 등은 올 수 없다.

```
(a, b) = (1,2,3) # builtins.ValueError: too many values to unpack (expected 2)
(a, b+1) = (1,2) # Syntax Error: can't assign to operator:
```

이와 같은 오류는 양변의 개수가 맞지 않거나 좌변에 b+1과 같은 표현식이 오는 경우에 발생한다.

다음의 코드들은 모두 자동으로 튜플로 변환되어 대입되고 해석되는 예다.

```
x, y, z = 1, 2, 3
a, b, c = x, y, z        # 괄호가 있거나 없거나 무관
a, b, c = (x, y, z)
(a, b, c) = x, y, z
(a, b, c) = (x, y, z)


t = (x, y, z)            # t는 3개의 항목을 갖는 튜플 형식으로 해석됨
a, b, c = t
t = x, y, z              # 자동 패킹
(a, b, c) = t            # 자동 언패킹
```

Step by Step

정수들로 이루어진 튜플을 입력받아 튜플 내에 들어 있는 값들 중 중복된 항목을 제거하고 서로 다른 정숫값이 한 번씩만 포함된 새로운 튜플을 반환하는 함수 `noDuplicate`를 작성하여라.

풀이 단계

01 튜플 자료형은 리스트와 매우 비슷하지만 값을 변경할 수 없는 자료형이다. 그러므로 튜플 자료형을 변경하려면 먼저 리스트 자료형으로 변환해야 한다. 이후, 수정할 부분을 처리하고 최종 결과를 다시 튜플 자료형으로 변환하는 단계를 수행한다. 먼저 함수의 머리 부분을 작성하고 입력받은 튜플을 리스트 자료형으로 변환한다.

```
def noDuplicate(a):
    listA = list(a)
```

02 리스트에서 중복된 값을 제거할 때 일반적으로 많이 사용하는 알고리즘은 다음과 같다. 먼저 비어 있는 새로운 리스트를 생성하고, 중복이 포함된 원래 리스트 항목들을 정렬한다. 그리고 인덱스를 이용하여 순회하면서 중복이 아닌, 즉 이전 값과 같지 않은 경우에만 새 리스트에 항목을 추가한다(append). 이때 리스트의 마지막 항목은 인덱스 -1 값으로 접근할 수 있다.

```
listA.sort()
noDup = [listA[0]]    # 항상 첫 항목은 포함되므로 첫 항목만을 갖는 새로운 리스트를 생성한다

for i in range(1, len(listA)) :    # 인덱스 0번 항목이 이미 포함되었으므로 1부터 시작
    if (listA[i] != noDup[-1]):    # 새로 읽은 값이 이미 noDup에 포함되지 않은 경우에만
        noDup.append(listA[i])
```

03   최종 결과는 다시 튜플 자료형으로 변경하여 반환한다.

```
return tuple(noDup)
```

04   최종 프로그램과 이를 수행한 결과는 다음과 같다.

📁 Chap15 Step by Step   Chap15_P00.py

```
01   def noDuplicate(a):
02       listA = list(a)
03       listA.sort()
04       noDup = [listA[0]]
05       for i in range(1, len(listA) ) :
06           if (listA[i] != noDup[-1]):
07               noDup.append(listA[i])
08       return tuple (noDup)
09
10   print(noDuplicate((1,2,3,4,5,6,7,8,9,0,2,4,6,8)))
11   print(noDuplicate((8,4,6,5,7,8,3,1,4,4,6,4,8,7,6,9)))
```

```
(0, 1, 2, 3, 4, 5, 6, 7, 8, 9)
(1, 3, 4, 5, 6, 7, 8, 9)
```

05   참고로 이 문제는 17장에서 배울 집합 자료구조를 사용하면 다음과 같이 한 줄로도 작성할 수 있다.

```
def noDuplicate(a):    # set을 이용하는 방법
    return tuple(set(a))
```

이처럼 파이썬의 기본 자료구조와 적절한 함수를 잘 알고 있으면 프로그램을 효율적으로 작성하는 데 도움이 된다.

연습문제

❶ 정수들로 이루어진 튜플을 입력받아 튜플 내에 들어 있는 값들 중 중복으로 포함된 값들로 이루어진 새로운 튜플을 생성하여 반환하는 함수 duplicate를 작성하여라.

❶ **힌트** 튜플은 값을 변경할 수 없으므로 정렬이 필요한 경우 리스트로 형변환을 수행하여 처리할 수 있다.

```
def duplicate(a):                                          (Chap15_P01.py)
    # ADD ADDITIONAL CODE HERE!

print(duplicate ((1,2,3,4,5,6,7,8,9,0,2,4,6,8)))
print(duplicate ((8,4,6,2,5,7,8,0,1,2,4,6,2,4,8,7,6,9,0)))
```

```
(2, 4, 6, 8)
(0, 2, 4, 6, 7, 8)
```

❷ 정수들로 이루어진 튜플을 입력받아 튜플 내에 들어 있는 값들 중 중복되어 포함된 값을 제거한 새로운 튜플을 반환하는 함수 deleteDup를 작성하여라. (즉, 중복이 있는 항목은 포함되지 않고 처음 인수에 한 번씩만 등장하는 항목들로 구성된 새로운 튜플을 생성한다.)

```
def deleteDup(a):                                          (Chap15_P02.py)
    # ADD ADDITIONAL CODE HERE!
print(deleteDup ((1,2,3,4,5,6,7,8,9,0,2,4,6,8)))
print(deleteDup ((8,4,6,2,5,7,8,0,1,2,4,6,2,4,8,7,6,9,0)))
```

```
(1, 3, 5, 7, 9, 0)
(5, 1, 9)
```

❸ (연도, 월별 강수 일수)로 이루어진 튜플들의 리스트를 입력받아 해당 기간 내의 계절별 평균 강수 일수를 출력하는 함수 `monthlyRainyDay`를 작성하여라. 이때 12, 1, 2월은 겨울, 3, 4, 5월은 봄, 6, 7, 8월은 여름, 9, 10, 11월은 가을로 처리한다.

```
def monthlyRainyDay(a) :                                          (Chap15_P03.py)
    # ADD ADDITIONAL CODE HERE!

rainlyDays = [(2012, 6  ,4  ,8  ,8  ,7  ,4  ,17  ,16  ,11  ,6  ,13  ,10 ), \
              (2013, 7  ,8  ,8  ,15  ,10  ,9  ,25  ,12  ,9  ,4  ,12  ,9), \
              (2014, 5  ,5  ,6  ,5  ,9  ,11  ,12  ,16  ,7  ,6  ,9  ,10 ), \
              (2015, 7  ,7  ,4  ,11  ,6  ,11  ,14  ,10  ,4  ,7  ,14  ,9 ), \
              (2016, 4  ,8  ,5  ,10  ,9  ,8  ,17  ,11  ,7  ,9  ,11  ,10 ) , \
              (2017, 8  ,5  ,5  ,9  ,5  ,7  ,20  ,14  ,5  ,6  ,8  ,10 ),\
              (2018, 7  ,4  ,9  ,11  ,11  ,10  ,9  ,15  ,11  ,6  ,6  ,5 ), \
              (2019, 0  ,6  ,5  ,9  ,3  ,10  ,16  ,13  ,10  ,6  ,7  ,13 ), \
              (2020, 6  ,10  ,5  ,3  ,12  ,11  ,16  ,19  ,11  ,0  ,9  ,4 ), \
              (2021, 9  ,5  ,9  ,9  ,17  ,13  ,8  ,13  ,8  ,11  ,6  ,9 ),\
              (2022, 7  ,5  ,9  ,7  ,4  ,1  ,0  ,0  ,0  ,0  ,0  ,0  )]

monthlyRainyDay (rainlyDays)

봄의 월별 강수 일수 평균은 7.97일이다.
여름의 월별 강수 일수 평균은 11.76일이다.
가을의 월별 강수 일수 평균은 7.24일이다.
겨울의 월별 강수 일수 평균은 6.73일이다.
```

❹ 함께 생각해보기 (연도, 월별 강수 일수)로 이루어진 튜플들의 리스트를 입력받아 해당 기간 내의 평균 강수 일수가 가장 많은 연도부터 순위를 매겨 "순위 / 연도 / 연간 강수 일수의 합"을 출력하는 함수 monthly RainyDayRank를 구현하고 출력 결과를 다음과 같이 작성하여라.

```
def monthlyRainyDayRank(a) :                                    (Chap15_P04.py)
    # ADD ADDITIONAL CODE HERE!

rainlyDays = [(2012, 6  ,4  ,8  ,8  ,7  ,4  ,17 ,16 ,11 ,6  ,13 ,10 ), \
              (2013, 7  ,8  ,8  ,15 ,10 ,9  ,25 ,12 ,9  ,4  ,12 ,9), \
              (2014, 5  ,5  ,6  ,5  ,9  ,11 ,12 ,16 ,7  ,6  ,9  ,10 ), \
              (2015, 7  ,7  ,4  ,11 ,6  ,11 ,14 ,10 ,4  ,7  ,14 ,9 ), \
              (2016, 4  ,8  ,5  ,10 ,9  ,8  ,17 ,11 ,7  ,9  ,11 ,10 ), \
              (2017, 8  ,5  ,5  ,9  ,5  ,7  ,20 ,14 ,5  ,6  ,8  ,10 ), \
              (2018, 7  ,4  ,9  ,11 ,11 ,10 ,9  ,15 ,11 ,6  ,6  ,5 ), \
              (2019, 0  ,6  ,5  ,9  ,3  ,10 ,16 ,13 ,10 ,6  ,7  ,13 ), \
              (2020, 6  ,10 ,5  ,3  ,12 ,11 ,16 ,19 ,11 ,0  ,9  ,4 ), \
              (2021, 9  ,5  ,9  ,9  ,17 ,13 ,8  ,13 ,8  ,11 ,6  ,9 ), \
              (2022, 7  ,5  ,9  ,7  ,4  ,1  ,0  ,0  ,0  ,0  ,0  ,0 )]

monthlyRainyDayRank (rainlyDays)


순위      연도      연간 강수 일수의 합
----------------------------------
 1 위 : 2013년도  -   128일
 2 위 : 2021년도  -   117일
 3 위 : 2012년도  -   110일
 4 위 : 2016년도  -   109일
 5 위 : 2020년도  -   106일
 6 위 : 2018년도  -   104일
 7 위 : 2015년도  -   104일
 8 위 : 2017년도  -   102일
 9 위 : 2014년도  -   101일
10 위 : 2019년도  -    98일
11 위 : 2022년도  -    33일
```

 **핵심 노트**

★ tuple은 수정할 수 없는 리스트

$$tupleVar = (\ 2, \ 4, \ 2, \ 9, \ 5 \ )$$

↑   ↓

변수 이름   튜플의 항목들은 쉼표(,)로 구분

★ 리스트처럼 +, *, 슬라이싱, 인덱스, in, for, len() 등이 모두 가능하지만 수정이 필요한 것

(append, pop 등)은 사용할 수 없음

★ 튜플의 자동 패킹과 언패킹

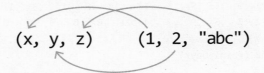

(x, y, z)   (1, 2, "abc")

★ 튜플은 변경이 불가능하므로 list()로 형변환해서 수정한 후 다시 tuple()로 변경하는 방법을 이

용하여 정렬 등의 작업 수행 가능

chapter 16

딕셔너리

 학습목표

- 딕셔너리 자료형의 특징을 이해하고 생성할 수 있다.

- 키값을 이용하여 딕셔너리 자료형을 삽입, 삭제, 수정할 수 있다.

- 딕셔너리 자료형의 연산과 메서드를 이해하고 사용할 수 있다.

- dict_keys, dict_values, dict_items 자료형의 의미를 이해하고 사용할 수 있다.

- 딕셔너리 자료형에 순서가 없음을 이해하고 리스트 형변환을 통해 정렬된 순서로 출력할 수 있다.

● 딕셔너리는 일반화된 키를 갖는 리스트

파이썬으로 응용 프로그램을 작성할 때 사용하는 많은 자료구조 중에 가장 자주 쓰는 강력한 자료구조를 뽑으라면 리스트와 더불어 딕셔너리(dictionary)를 들 수 있다. 다른 언어의 배열(array)과 비교할 때 파이썬의 리스트는 다양한 자료형의 데이터를 하나의 리스트 안에 저장할 수 있고, 리스트 중간 위치에 데이터를 삽입하거나 삭제할 수 있는 등 강력한 위력을 보여준다. 그러나 리스트에 접근하는 인덱스는 항상 0부터 리스트 길이-1까지의 연속된 정숫값으로 한정된다.

딕셔너리는 **(key, value)로 이루어진 쌍(pair)의 집합**이라고 생각할 수 있다. 이때 key가 바로 리스트의 인덱스처럼 작용하여 딕셔너리 내의 데이터에 키를 통해서 접근(검색, 삽입, 삭제, 수정)할 수 있게 해준다. 그래서 딕셔너리를 일반화된 키(key)를 갖는 리스트라고 표현하기도 한다. 또한 딕셔너리는 검색에서 매우 효율적인 성능을 보여주는 자료구조이기도 한다. 만약 여러분의 프로그램에서 빠른 검색 속도가 필요하다면 딕셔너리가 좋은 후보가 될 것이다.

16.1 딕셔너리의 생성

● 중괄호 안에 키:값의 쌍을 나열하여 딕셔너리 생성하기

딕셔너리는 d={키1:값1, 키2:값2, 키3:값3, ...}과 같은 형태로 생성한다. 즉, 중괄호 {}를 이용하여 키와 값의 쌍을 나열하면 된다.

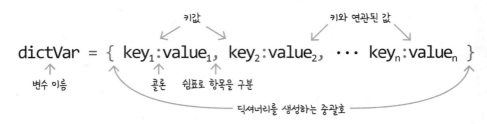

그림 16-1 딕셔너리 변수의 초기화

● immutable 자료형 키값으로 딕셔너리 값에 접근하기

리스트에서는 0, 1, 2, ...와 같은 정수만 인덱스로 사용할 수 있지만, 딕셔너리에서는 다양한 자료형(정수, 문자열, 튜플 등 값이 변하지 않는 모든 자료형이 가능)을 키로 하여 연관된 값에 바로 접근할 수 있다. 예를 들어 capital={'Korea':'Seoul', 'USA':'Washington DC', 'Peru':'Lima', 'France':'Paris'}와 같이 정의된 딕셔너리 capital은 나라 이름을 키로 하여 해당 국가의 수도에 직접 접근할 수 있다. 즉, print(capital['Korea'])의 결과는 'Seoul'이 출력된다.

capital

'Korea'	→	'Seoul'
'USA'	→	'Washington DC'
'Peru'	→	'Lima'
'France'	→	'Paris'

그림 16-2 딕셔너리 키와 값의 대응

● 딕셔너리의 키와 값에 사용 가능한 자료형

딕셔너리의 항목은 다음과 같이 다양한 자료형의 **키:값** 쌍을 항목으로 포함할 수 있다.

📁 **코드 16-1**: 딕셔너리의 키:값   Chap16_L01.py

```
01   d = { 2:["a","bc"], (2,4):27, "xy":{4:2.5, "a":3} }
02   print(d[2])
03   print(d[(2,4)])        # 튜플 타입을 키로 사용
04   print(d["xy"])         # {4:2.5, 'a':3} 딕셔너리가 "xy"라는 키에 대응하는 '값'으로 사용됨
05   print(d["xy"][4])      # d["xy"]의 결과가 {4:2.5, 'a':3}이므로 해당 딕셔너리에 대해
06                          # 키값 4에 대응하는 값 2.5를 반환함, 즉 앞에서부터 차례로 두 번 키값 적용
```

```
['a', 'bc']
27
{4: 2.5, 'a': 3}
2.5
```

키(key)로는 정수, 튜플, 문자열 등과 같이 값이 변하지 않는 자료형을 사용한다. 딕셔너리의 값(value)에는 리스트나 정수뿐 아니라 다른 딕셔너리 타입 등 모든 종류의 자료형을 사용할 수 있다.

딕셔너리의 수정

● **비어 있는 딕셔너리 생성**

초기에 아무 값도 가지지 않는 빈 딕셔너리를 생성하는 방법은 {}를 사용하거나 dict()를 이용한다.

```
d={ } 혹은  d=dict()
```

● **딕셔너리에 새로운 키:값 쌍을 삽입하기**

이렇게 생성된 딕셔너리 d에 새로운 (key, value) 쌍을 삽입하는 방법은 다음과 같다.

```
d[key] = value
```

● **딕셔너리에 존재하는 키에 새로운 값으로 수정하기**

만약 이때 key 값이 이미 딕셔너리 안에 존재하는 경우라면 해당 key에 연관된 값을 수정하는 문장이 된다. 즉, 동일한 d[1]=10 문장이라도 딕셔너리 안에 키값으로 1이 없을 때는 새로운 키값 1에 10이라는 값을 삽입하는 문장이고, 이미 키값이 1인 항목이 존재하는 경우라면 기존의 값을 **10**으로 수정하는 문장이 된다. 이는 한 딕셔너리 내에서는 동일한 키를 갖는 두 개의 서로 다른 값이 존재할 수 없다는 뜻이다.

● **딕셔너리의 키:값 쌍을 삭제하기**

딕셔너리 안에 이미 있는 항목을 삭제할 때는 키를 이용하여 **del d[key]**를 수행한다. 만약 딕셔너리 안의 모든 항목을 지우려면 **d.clear()**를 수행한다.

📁 **코드 16-2**: 딕셔너리 수정   Chap16_L02.py

```
01   d = { }
02   d[1] = 10          # 딕셔너리에 키가 1이고 값이 10인 새로운 항목을 추가하기
03   d["xy"] = 20
04   d[(1, 2, 3)] = ["Python", "is", "easy"]
05   d[1] = 1           # 키값이 1인 항목이 이미 존재하므로 딕셔너리 항목을 수정하는 문장임
06   del d["xy"]        # 존재하는 키값을 이용한 딕셔너리 항목 삭제
07   print(d)
```

```
{1: 1, (1, 2, 3): ['Python', 'is', 'easy']}
```

초기 d = { }   d

d[1] = 10   d   1   →   10
d["xy"] = 20   "xy"   →   20   삽입
d[(1, 2, 3)] = ["Python", "is", "easy"]   (1,2,3) →   ["Python", "is", "easy"]

d[1] = 1   d   1   →   10 ← 1   수정
del d["xy"]   "xy"   →   20   삭제
                                                              (1,2,3) →   ["Python", "is", "easy"]

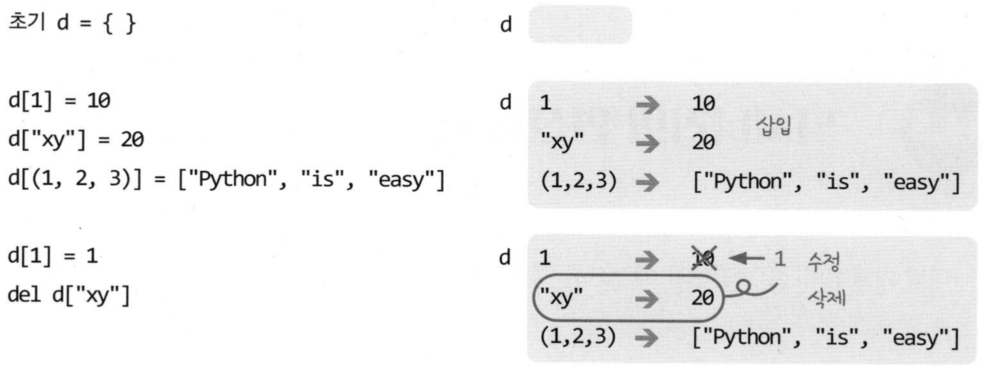

그림 16-3 딕셔너리의 삽입과 수정, 삭제

● **딕셔너리 키값으로 사용할 수 없는 자료형**

앞선 예에서 살펴보았듯이 딕셔너리의 키값으로는 정수, 실수, 문자열, 튜플 등과 같은 자료형을 사용할 수 있다. 그러나 딕셔너리의 키값으로 리스트나 집합(set)은 사용할 수 없다. 다음 예와 같이 리스트나 집합 타입의 객체를 딕셔너리의 키값으로 사용하려고 시도하면 unhashable type이라는 오류 메시지를 볼 수 있는데, 이는 딕셔너리가 내부적으로 해시(hash)라는 자료 구조를 사용하는데 해시 구조에서 키값은 변할 수 없는(immutable) 자료형만 허용하기 때문이다. 반면 딕셔너리의 값에는 모든 자료형의 데이터를 사용할 수 있다.

```
d [ [12] ] = 1        # builtins.TypeError: unhashable type: 'list'
d [ {1,2,3} ] = 2     # builtins.TypeError: unhashable type: 'set'
```

따라서 이러한 오류들은 모두 값이 변할 수 있는 리스트나 집합 객체들을 딕셔너리에서 사용하는 해시 구조에서 키값으로 사용할 수 없기 때문에 발생하는 오류다.

다시 한번 정리하면 하나의 딕셔너리 안에 키값은 중복될 수 없고, 숫자나 문자열과 같이 변할 수 없는 자료형만 키로 사용 가능하며, 딕셔너리의 값에는 리스트를 포함하여 모든 자료형을 사용할 수 있다. 물론 중복된 값이 여러 번 나올 수도 있다.

16.3 딕셔너리의 연산과 메서드

딕셔너리 자료형의 주요 연산과 메서드를 정리하면 표 16-1과 같다.

표 16-1 딕셔너리 연산과 메서드

연산	설명	사용 예

`d[key]`	정수, 문자열과 같이 변할 수 없는 자료형의 key를 딕셔너리에 접근하는 인덱스로 활용	`d = { }`
		`d[1] = "abc"`
		`d["파이썬"] = [1,2,3]`

`len(d)`	딕셔너리에 포함된 (key-value) 쌍의 수	`len(d) → 2`
`key in d`	key 값이 딕셔너리에 포함되었는지를 체크 이때 value의 포함 여부가 아닌 것에 주의	`1 in d    → True` `"abc" in d  → False`

`d.keys()`	딕셔너리에 속한 모든 key 값들을 'dict_keys' 자료형으로 반환	`d.keys()   → dict_keys([1, '파이썬'])`
		`d.values() → dict_values(['abc', [1, 2, 3]])`
		`d.items()  → dict_items([(1, 'abc'), ('파이썬', [1, 2, 3])])`

`d.values()`	딕셔너리에 속한 모든 value 값들을 'dict_values' 자료형으로 반환	
`d.items()`	딕셔너리에 속한 모든 key-value 쌍을 (key, value) 튜플 형태의 'dict_items' 자료형으로 반환	

● **딕셔너리의 특별한 메서드 - keys(), values(), items()**

딕셔너리를 활용하여 프로그램을 작성할 때 자주 사용하는 메서드로 **d.keys()**, **d.values()**, **d.items()**가 있다. 이름에서 알수 있듯이 **d.keys()**는 딕셔너리를 구성하는 키값들을, **d.values()**는 딕셔너리를 구성하는 값들을, 그리고 **d.items()**는 키값과 대응되는 값을 함께 차례대로 반환한다. 파이썬 버전 2에서는 세 가지 메서드 모두 리스트 자료형으로 결과를 반환했으나 버전 3으로 바뀌면서 각각 **'dict_keys'**, **'dict_values'**, 그리고 **'dict_items'** 자료형으로 반환하므로 리스트 형태로 작업하려면 코드 16-3과 같이 **list()** 함수를 사용하여 형 변환을 수행해야 한다.

```
01   d = { 1:[1,2,3], "a": (30,40) }
02   a = d.keys()        # 딕셔너리 d의 키값들을 뽑아내면 'dict_keys'가 생성됨
03   print (a , type(a) )
04   print (list(a))     # 'dict_keys' 타입을 list 타입으로 형변환하여 처리할 수 있다
05
06   a = d.values()      # 딕셔너리 d의 값들을 뽑아서 'dict_values' 생성
07   print (a , type(a) )
08   print (list(a))     # 'dict_values' 타입을 list 타입으로 형변환하여 접근할 수 있다
09
10   a = d.items()       # 딕셔너리 d의 (키,값)으로 구성된 'dict_items'가 생성됨
11   print (a , type(a) )
12   print (list(a))     # 'dict_items' 타입을 list 타입으로 형변환하여 (키,값)으로 이루어진 리스트 항목에 접근
```

```
dict_keys([1, 'a']) <class 'dict_keys'>
[1, 'a']
dict_values([[1, 2, 3], (30, 40)]) <class 'dict_values'>
[[1, 2, 3], (30, 40)]
dict_items([(1, [1, 2, 3]), ('a', (30, 40))]) <class 'dict_items'>
[(1, [1, 2, 3]), ('a', (30, 40))]
```

● 딕셔너리의 순회

d.keys(), d.values(), d.items()의 결과는 리스트는 아니지만 마치 리스트처럼 for 구문을
사용하여 하나씩 값을 처리할 수 있다. 따라서 딕셔너리의 모든 값을 처리하는 순회가 필요한
경우 코드 16-4와 같이 사용할 수 있다.

```
01   d = {"a":2, 3:["x","y"], "joe":"smith"}
02   for key in d:
03       print(key, d[key])      # for 문을 돌면서 키값에 대응하는 d[key]로 값을 함께 출력
04
05   for key, val in d.items():  # for 문 안에서 키와 값이 key, val로 대입됨
```

```
06        print(key, val)
07
08    for key in d.keys():        # 딕셔너리의 키를 이용하여 키와 값을 출력
09        print(key, d[key])
10
11    for val in d.values():      # 딕셔너리의 값을 이용해서 키를 찾을 수는 없다
12        print(val)
```

```
a 2
3 ['x', 'y']  ────→   문자열이 리스트 내에 포함된 경우에는
                      ' '를 표기하여 문자열 타입을 표시해줌
joe smith
a 2
3 ['x', 'y']          문자열이 print()의 인수인 경우,
                      출력 결과에는 ' '가 표시되지 않음
joe smith
a 2
3 ['x', 'y']
joe smith
2
['x', 'y']
smith
```

16.4 딕셔너리를 이용한 색인 만들기

딕셔너리를 사용하는 예제 가운데 딕셔너리의 특징과 구조를 잘 설명해주는 좋은 예제가 **코드 16-5**다. concordance는 '색인'을 의미하는 단어인데 보통 책 맨 뒤에 첨부된 색인은 각각의 키워드가 해당 책의 몇 페이지에 등장하는지 알려주는 역할을 한다. concordance.py는 이와 비슷하게 입력된 파일을 읽어서 각각의 단어가 등장한 줄 번호(line number)를 표시해주는 프로그램이다. 코드가 조금 길지만 꼼꼼하게 주석을 참고하며 프로그램을 이해하기 바란다.

존 레논의 노래 'imagine'의 가사를 담은 파일 **imagine.txt**가 왼쪽과 같을 때, 프로그램을 수행한 결과는 오른쪽과 같다.

```
Imagine there's no heaven
It's easy if you try
No hell below us
Above us only sky
Imagine all the people
Living for today, I
Imagine there's no countries
It isn't hard to do
Nothing to kill or die for
And no religion too
Imagine all the people
Living life in peace
```

➡

```
     above:  4,
       all:  5, 11,
       and:  10,
     below:  3,
 countries:  7,
       die:  9,
        do:  8,
      easy:  2,
       for:  6, 9,
      hard:  8,
    heaven:  1,
      hell:  3,
         i:  6,
        if:  2,
   imagine:  1, 5, 7, 11,   (중략)
```

📁 **코드 16-5**: 파일의 단어 색인 생성   Chap16_L05.py

```python
01  def concordance(fileName):
02      words = dict()                    # 빈 딕셔너리 words를 생성
03      file = open(fileName, "r")        # 문자열 파일을 읽기 모드로 열기
04      lineNo = 0
05      for line in file:                 # 파일의 한 줄씩 line으로 읽기
06          lineNo += 1
07          for w in line.split():        # 한 줄을 단어별로 분할
08              word = w.lower()          # 모두 소문자로 변환, 즉 Imagine과 imagine을 같이 취급
09              if word not in words:         # 해당하는 단어가 딕셔너리에 없는 경우에는
10                  words[word] = [lineNo]    # 단어를 key로 하여 새로운 리스트를 추가
11              else:                         # 이미 해당 단어가 딕셔너리에 포함된 경우
12                  if words[word][-1] != lineNo:  # 현재 줄 번호가 리스트의 마지막과 다를 때만
13                      words[word].append(lineNo)   # 현재 줄번호를 추가하기
14                                          # 즉 동일 줄에 두번 이상 같은 단어가 나올 때는 한 번만 표기하게 함
15      return words
16
17  def printConcordance(d):              # 생성된 딕셔너리를 보기 좋게 출력하는 함수
18      keys = list(d.keys())             # key 값인 단어를 기준으로 리스트 생성 후 정렬
19      keys.sort()
20
21      for key in keys:                  # 정렬된 key 값들로 이루어진 리스트를 사용하여
22          print("%20s: " % key, end=" ")  # key 출력 후 줄바꿈 없이 옆으로 계속 출력
```

```
23          for lineNo in d[key]:              # 리스트로 표현된 줄 번호들을 for 이용 반복 출력
24              print("%d," % lineNo, end=" ")
25          print()                            # 하나의 key가 끝나면 줄바꿈 수행
26
27   d = concordance("imagine.txt")            # imagine.txt를 이용하여 딕셔너리 생성
28   print (d)                                 # 딕셔너리 출력
29   printConcordance(d)                       # 보기 좋게 인쇄하기
```

{'imagine': [1, 5, 7, 11], "there's": [1, 7], 'no': [1, 3, 7, 10], … 'in': [12],
'peace': [12]}

```
      above:  4,
        all:  5, 11,
        and:  10,
      below:  3,
  countries:  7,
        die:  9,
         do:  8,
       easy:  2,
        for:  6, 9,
       hard:  8,
     heaven:  1,
       hell:  3,
          i:  6,
         if:  2,
    imagine:  1, 5, 7, 11,   (중략)
```

딕셔너리 자료형의 항목들 사이에는 순서가 없다. 즉, 딕셔너리에서 우리가 입력한 항목들의 순서와 접근하는 key 값의 순서는 동일하지 않다. 이는 딕셔너리를 구현할 때 내부적으로 해시(hash)라는 특별한 자료 구조를 사용하기 때문이다. 그러므로 딕셔너리에서 == 연산자는 리스트와 달리 항목 순서에 무관하다.

```python
d1 = {1:2, "3":"4"}
d2 = {"3":"4", 1:2}
print(d1 == d2)    # True
```

그러므로 딕셔너리의 항목들을 특정 순서대로 정렬하여 출력하기 원한다면, 리스트 자료형으로 변환하여 sort()를 수행한 후에 접근하는 방법을 사용할 수 있다.

```python
def printDictionary(d):
    keys = list(d.keys())    # 딕셔너리 d 내의 모든 key 값을 리스트로 생성
    keys.sort()              # 키값으로 이루어진 리스트를 정렬함
    for key in keys:
        print(key, d[key])   # 정렬된 키값을 이용하여 딕셔너리의 키와 값을 출력


d = { 20: "x", 30:"b", 10:"c"  }
for key in d:                # 딕셔너리를 그냥 출력
    print(key, d[key])
```

```
20 x
30 b
10 c
```

```python
printDictionary(d)           # 키값으로 정렬하여 출력
```

```
10 c
20 x
30 b
```

Step by Step

국가별로 사용하는 공용어를 나타내는 [국가명, 공용어] 쌍으로 이루어진 2차원 리스트 L을 입력받아 국가명을 키(key)로, 공용어를 값(value)으로 하는 딕셔너리 dicNation을 생성하는 함수 makeDict를 작성하여라. 또한 생성된 딕셔너리 dicNation을 이용하여 딕셔너리의 키와 값을 서로 바꾼 새로운 딕셔너리 dicLanguage를 생성하는 reverseDict를 작성하여라. 이때 동일한 언어를 사용하는 나라가 여럿일 수 있기 때문에 국가명은 리스트로 만들어 딕셔너리 값으로 대입한다. 입력되는 리스트의 형태는 다음과 같다.

```
L = [["대한민국", "한국어"], ["이란", "페르시아어"], …,["프랑스", "프랑스어"]]
```

풀이 단계

01 문제는 크게 2차원 리스트를 딕셔너리로 만드는 함수 makeDict와 딕셔너리의 키와 값을 서로 바꾸는 함수 reverseDict를 생성하는 것이다. 먼저 각 함수의 머리 부분을 작성하자.

```python
def makeDict(L):
    pass


def reverseDict(d):
    pass
```

02 2차원 리스트는 [국가명, 공용어]의 쌍으로 이루어져 있다. 그러므로 2차원 리스트를 하나씩 읽어서 변수 i에 저장한다면 i[0]은 국가명을, i[1]은 공용어를 갖게 된다. 빈 딕셔너리를 {}로 생성한 후 for 반복문을 이용하여 리스트를 읽으면서 새로운 키:값을 반복해서 추가하여 makeDict를 작성한다.

```
def makeDict(L):

    dicNation = { }

    for i in L :

        dicNation[i[0]] = i[1]    # 딕셔너리의 키에 값을 대입하는 방법으로 항목 추가

    return dicNation
```

03 딕셔너리의 키와 값을 서로 바꾸는 새로운 딕셔너리 dicLanguage를 생성하기 위해 먼저 비어 있는 새로운 딕셔너리를 생성하고, for 반복문을 이용하여 딕셔너리를 읽으면서 {국가명:공용어}를 {공용어:[국가명 리스트]}로 변경한다. 이때 이미 공용어가 딕셔너리에 키값으로 사용된 경우에는 현재의 값 리스트에 새로운 국가명을 추가해야 한다.
for i in d:와 같은 형식으로 딕셔너리를 순회하면, 반복 변수 i에는 딕셔너리 d 항목의 키값이 대입되므로 해당하는 키에 대응하는 값을 얻으려면 d[i]로 접근하면 된다.

```
def reverseDict(d):

    dicLanguage = { }        # 비어 있는 새로운 딕셔너리 생성

    for i in d :

        # print (i, d[i])  # 프로그램 작성 중에 이처럼 print 문으로 확인하는 것이 좋다

        if d[i] not in dicLanguage :   # d[i] 값은 공용어이며 이 값을 키로 딕셔너리에 추가

            dicLanguage[ d[i] ] = [i]   # 국가명은 리스트로 만들어서 대입

        else :                          # 이미 해당 공용어가 새 딕셔너리의 키인 경우

            pre = dicLanguage[ d[i] ]   # pre 값은 해당 공용어를 사용하는 국가 리스트

            pre.append(i)

            dicLanguage[ d[i] ] = pre   # 동일한 키값에 새 값을 대입하면 기존 값이 수정된다

    return dicLanguage
```

04 최종 프로그램과 이를 수행한 결과는 다음과 같다. dicNation 딕셔너리를 이용하면 해당 국가의 공용어를 찾을 수 있고, dicLanguage 딕셔너리를 이용하면 해당 언어를 공용어로 사용하는 국가명을 찾을 수 있다.

```python
01  def makeDict(L):
02      dicNation = { }
03      for i in L :
04          dicNation[i[0]] =  i[1]
05      return dicNation
06
07  def reverseDict(d):
08      dicLanguage = {}
09      for i in d :
10          # print (i, d[i])
11          if d[i] not in dicLanguage :
12              dicLanguage[ d[i] ] = [i]
13          else :
14              pre = dicLanguage[ d[i] ]
15              pre.append(i)
16              dicLanguage[ d[i] ] = pre
17      return dicLanguage
18
19  def test():
20      L =[["대한민국", "한국어"], ["이란", "페르시아어"], ["영국", "영어"], \
21          ["요르단", "아랍어"], ["포르투갈", "포르투갈어"], ["중국", "중국어"], \
22          ["멕시코", "스페인어"], ["미국", "영어"], ["코트디부아르", "프랑스어"], \
23          ["독일", "독일어"], ["과테말라", "스페인어"], ["오스트레일리아", "영어"], \
24          ["브라질", "포르투갈어"], ["말리", "프랑스어"], ["스페인", "스페인어"], \
25          ["오스트리아", "독일어"], ["프랑스", "프랑스어"]]
26      dicNation = makeDict (L)
27      dicLanguage =reverseDict (dicNation)
28      print(dicNation["이란"])
29      print(dicLanguage["한국어"])
30      print(dicLanguage["스페인어"])
31
32  test()
```

```
페르시아어
['대한민국']
['멕시코', '과테말라', '스페인']
```

351

연습문제

❶

1-1 정수로 이루어진 리스트를 입력받아 리스트에 속해 있는 숫자를 키값으로 하고, 각 숫자들의 등장 횟수를 값으로 하는 딕셔너리를 생성하는 함수 countNumbers를 작성하여라.

```
def countNumbers(numbers):                          (Chap16_P01.py)
    counter = { }
    # ADD ADDITIONAL CODE HERE!
    return counter

print (countNumbers ([1,5,2,7,3,4,2,5,7,7,9,1,2,3]))

{ 1:2, 2:3, 3:2, 4:1, 5:2, 7:2, 9:1 }  ———→ 순서 무관
```

1-2 countNumbers의 결과로 생성된 딕셔너리를 입력으로 받아 key 값의 순서대로 정렬하여 출력하는 함수 sortedPrint를 작성하여라.

```
def sortedPrint(d):                                 (Chap16_P01.py)
    # ADD ADDITIONAL CODE HERE!

d = countNumbers ([1,5,2,7,3,4,2,5,7,7,9,1,2,3])
sortedPrint(d)

1 2
2 3
3 2
4 1
5 2
7 3
9 1
```

1-3 countNumber의 결과로 생성된 딕셔너리를 이용하여 가장 등장 횟수가 많은 숫자를 반환하는 함수 `findMax`를 작성하여라. 만약 빈도수가 동일하면 큰 수를 출력한다.

```
def findMax(d):                                        (Chap16_P01.py)
    # ADD ADDITIONAL CODE HERE!

d = countNumbers ([1,5,2,7,3,4,2,5,7,7,9,1,2,3])
print(findMax(d))

7
```

❷

2-1 [도시명, 국가명] 쌍으로 이루어진 리스트를 입력받아 도시명을 키값으로 하고 국가명을 값으로 하는 딕셔너리를 생성하는 함수 `makeDict`를 작성하여라.

2-2 입력받은 딕셔너리를 이용하여 딕셔너리의 키와 값을 서로 바꾸는 새로운 딕셔너리를 생성하는 `reverseDict`를 작성하여라. 이때 동일한 키에 여러 개의 값이 발생하는 경우, 키에 관련된 값들을 리스트로 만든다.

2-3 `reverseDict`로 생성된 딕셔너리를 국가명 순서로 정렬하여 출력하는 함수 `sortedPrint`를 작성하여라. 한 국가에 여러 개의 도시가 속할 때는 도시명도 정렬하여 출력한다.

> ❶ **힌트** 리스트의 L.sort() 메서드는 리스트 L 자체를 정렬하지만 반환값은 None이다. 이에 반해 sorted(L) 함수는 L의 항목들이 정렬된 새로운 리스트를 생성하여 반환한다.

```
def makeDict(L):                                       (Chap16_P02.py)
    # ADD ADDITIONAL CODE HERE!

def reverseDict(d):
    # ADD ADDITIONAL CODE HERE!

def sortedPrint(d):
    # ADD ADDITIONAL CODE HERE!
```

```
L=[['쉐필드','영국'],['서울','대한민국'],['나폴리','이탈리아'],['광주','대한민국'],['제주','대
한민국'],['도쿄','일본'],['에덴버러','영국'],['사포로','일본'],['대전','대한민국'],['로마','이
탈리아'],['피렌체','이탈리아'],['오사카','일본'], ['부산','대한민국'], ['런던','영국'],['글래
스고','영국']]

d = makeDict (L)
print(d)
rev = reverseDict (d)
print (rev)
sortedPrint (rev)
```

```
{'쉐필드': '영국', '서울': '대한민국', '나폴리': '이탈리아', '광주': '대한민국', '제주': '대한
민국', '도쿄': '일본', '에덴버러': '영국', '사포로': '일본', '대전': '대한민국', '로마': '이탈
리아', '피렌체': '이탈리아', '오사카': '일본', '부산': '대한민국', '런던': '영국', '글래스고':
'영국'}

{'영국': ['쉐필드', '에덴버러', '런던', '글래스고'], '대한민국': ['서울', '광주', '제주', '대
전', '부산'], '이탈리아': ['나폴리', '로마', '피렌체'], '일본': ['도쿄', '사포로', '오사카']}

대한민국 ['광주', '대전', '부산', '서울', '제주']
영국 ['글래스고', '런던', '쉐필드', '에덴버러']
이탈리아 ['나폴리', '로마', '피렌체']
일본 ['도쿄', '사포로', '오사카']
```

❸ 함께 생각해보기

이번 문제에서는 카네기 멜론 대학교에서 생성한 영어 단어의 발음에 관한 파일(진짜 사전인) cmudict.txt를
활용하여 "Think Python2"에서 소개된 Car Talk (http://www.cartalk.com/content/puzzlers) 문제를 해결해
보는 과정을 소개한다. cmudict.txt 파일은 이 책의 자료실에서 내려받은 디렉터리에 템플릿과 함께 포함되
어 있으며, 인터넷에서도 내려받을 수 있는 오픈소스 발음 사전이다. 인터넷에서 파일을 내려받는 방법은 다
음과 같다.

① The CMU Pronouncing Dictionary 사이트(http://www.speech.cs.cmu.edu/cgi-bin/cmudict)에 접속하여
[http://svn.code.sf.net/p/cmusphinx/code/trunk/cmudict]를 선택한다.

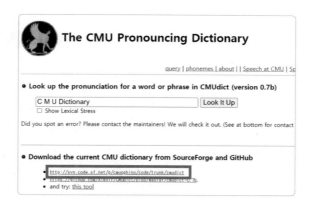

② 이어지는 화면에서 [cmudict-0.7b]를 선택하면 다음 그림과 같은 파일을 확인할 수 있다. 이때 마우스 오른쪽 버튼을 눌러서 [다른 이름으로 저장하기]를 선택하여 이번 문제의 파이썬 템플릿 파일인 **Chap16_P03.py**와 같은 디렉터리에 저장한다.

③ 파이썬 에디터에서 파일을 읽을 때 `builtins.UnicodeDecodeError: 'cp949' codec can't decode byte 0xc9 in position 1692: illegal multibyte sequence`와 같은 오류가 발생한다면 `cmudict-0.7b.txt`로 저장된 파일을 열어서 [다른 이름으로 저장하기]를 선택한 후 인코딩을 [utf-8]로 선택하여 저장하거나, 읽을 때 `f=open(filename, 'r', encoding ='utf-8')`과 같이 인코딩을 설정해준다.

저장된 cmudict-0.7b.txt 파일은 그림에서와 같이 맨 위에 ;;;로 시작하는 설명문이 나오고 뒤이어 영어 단어와 그에 대한 발음을 한 줄씩 담고 있는 텍스트 파일이다. 파일을 읽어서 먼저 단어를 키(key)로 하고 발음을 값(value)으로 하는 파이썬 딕셔너리를 생성하는 프로그램은 다음의 createPronunciationDictionary 함수와 같다. 이를 이용하여 문제를 풀어 보자. 다음에 작성된 createPronunciationDictionary 함수는 딕셔너리를 이해하는 데 매우 좋은 예제다.

```
def createPronunciationDictionary():                          (Chap16_P03.py)
    d = dict()
    f = open("cmudict-0.7b.txt", "r")
    for line in f:
        if line[0] == ";":          # ;로 시작하는 맨 앞의 설명을 모두 없애는 효과
            continue
        words = line.split()
        if words[0].isalpha():      # 글자 맨 앞이 알파벳인 것만 대상으로 함
            d[words[0].lower()] = "".join(words[1:])
    return d

d = createPronunciationDictionary()
print (d["adapt"])
```

키값은 소문자로 바꾸고 값 부분인 발음에서 공백을 모두 없앰

```
AH0DAE1PT
```

여기서 "adapt"에 대한 출력 결과는 AH0DAE1PT이다. 이는 "".join(words[1:]) 구문을 통해서 AH0 D AE1 P T에서 공백을 모두 제거한 후 문자열을 연결(concatenation)한 결과이다. 자, 이제 생성된 딕셔너리 d 를 활용하여 다음 문제들을 풀어보자.

3-1 (단어, 발음)으로 구성된 딕셔너리 d를 입력받아 (발음, 단어 리스트)로 구성된 역사전(InverseDictionary)을 생성하는 함수 inverseDictionary를 작성하여라. 이때 고려할 사항은 하나의 단어는 하나의 발음으로 일대일 매칭이 되지만, 서로 다른 영어 단어가 같은 발음 기호를 갖는 동음어(homophones)가 가능하기 때문에 발음-단어 사전의 값인 단어는 리스트로 표현해야 한다는 점이다. 예를 들어 "be", "bee", "bea"와 "b" 모두 동일한 발음 기호인 "BIY1"을 갖기 때문에 생성될 역사전 f에서는 f["BIY1"]=["be", "bee", "bea", "b"]로 정의된다.

3-2 createPronunciationDictionary로 생성한 단어-발음 사전과 inverseDictionary에서 생성한 발음-단어 사전을 활용하여 동음어의 개수가 입력 매개변수 n개보다 많거나 같은 발음의 개수를 세는 프로그램 homophones를 작성하여라.

3-3 영어 단어 중에는 첫 번째 글자(letter)를 없애도 동일한 발음이 나는 단어들이 있다. 예를 들어 "knight"와 "night"는 같은 발음이다. createPronunciationDictionary를 통해 생성한 단어-발음 사전을 활용하여 이처럼 첫 글자를 없애도 동일한 발음으로 소리나는 단어의 개수를 세는 함수 homophoneRemovingFirst를 작성하여라.

3-4 영어 단어 중에는 첫 번째 글자(letter)를 뺀 단어와 두 번째 글자를 뺀 단어가 원래 단어와 동일한 발음이 나는 단어들이 있다. 예를 들어 세 단어 "scent"와 "cent", "sent"는 모두 발음이 같다. createPronunciationDictionary를 통해 생성한 단어-발음 사전을 활용하여 이처럼 첫 번째 글자나 두 번째 글자를 없애도 동일한 발음으로 소리나는 단어의 개수를 세는 함수 homophoneRemovingSecond를 작성하여라.

```
def P1_InverseDictionary(d):                        (Chap16_P03.py)
    # ADD ADDITIONAL CODE HERE!


def P2_Homophones(n):
    d = createPronunciationDictionary()
    inv = P1_InverseDictionary(d)
    # ADD ADDITIONAL CODE HERE!


def P3_HomophoneRemovingFirst():
    # ADD ADDITIONAL CODE HERE!


def P4_HomophoneRemovingSecond():
    # ADD ADDITIONAL CODE HERE!
```

```
print(P2_Homophones(2))    # 동음어의 수가 2개 이상인 발음의 개수
print(P2_Homophones(8))
print(P2_Homophones(10))
print(P3_HomophoneRemovingFirst())
print(P4_HomophoneRemovingSecond())
```

```
9648
32
7
169
16
```

핵심 노트

✱ 딕셔너리는 키와 값으로 이루어진 쌍의 집합으로 0, 1, 2 같은 숫자가 아닌 일반화된 키값을 갖는 리
스트로 생각할 수 있다.

✱ 딕셔너리 생성

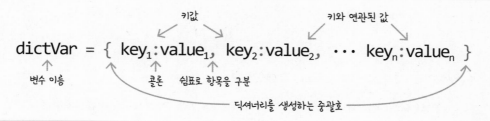

✱ 빈 딕셔너리는 {} 혹은 dict()

✱ 딕셔너리 키값은 변할 수 없는 정수, 실수, 문자열, 튜플은 가능하나 리스트는 안 됨.

d = { }
d[1] = 10   # 딕셔너리에 키가 1이고 값이 10인 새로운 항목을 추가하기
d[1] = 1   # 키값이 1인 항목이 이미 존재하므로 딕셔너리 항목을 수정하는 문장임
del d[1]   # 존재하는 키값을 이용한 딕셔너리 원소 삭제

✱ 딕셔너리의 특별한 메서드 keys(), values(), items()

d = {"a":2, 3:["x","y"], "joe":"smith"}
for key in d:
print(key, d[key])
for key, val in d.items():
print(key, val)

```
for key in d.keys():

    print(key, d[key])

for val in d.values():

    print(val)
```

✱ 딕셔너리를 이용해 단어 색인 만드는 코드 매우 중요‼

```
if word not in words:                    # 해당하는 단어가 딕셔너리에 없는 경우에는

    words[word] = [lineNo]                # 단어를 key로 하여 새로운 리스트를 추가

else:                                      # 이미 해당 단어가 딕셔너리에 포함된 경우

    if words[word][-1] != lineNo:         # 현재 줄 번호가 리스트의 마지막과 다를 때만

        words[word].append(lineNo)        # 현재 줄 추가하기
```

✱ 딕셔너리는 저장된 원소 사이에 순서가 없으므로 정렬하여 출력하고 싶으면 keys()로 키값을 얻어

리스트로 변경하여 정렬한 후 출력해야 한다.

```
def printDictionary(d):

    keys = list(d.keys())        # 딕셔너리 d 내의 모든 key 값을 리스트로 생성

    keys.sort()                  # 키값으로 이루어진 리스트를 정렬함

    for key in keys:

        print(key, d[key])
```

chapter 17

집합

📖 **학습목표**

- 집합 자료형을 생성할 수 있다.

- 집합의 연산자와 메서드를 이해하고 사용할 수 있다.

- 리스트, 집합, 튜플 자료형들의 특징을 이해하고 형변환을 할 수 있다.

● 항목 간에 순서와 중복이 없는 집합

이번 장에서는 파이썬 자료구조 가운데 사용 빈도가 높지는 않지만 특정 문제를 해결하는 데
유용하게 활용할 수 있는 **집합(set)**에 대해 살펴보자. 파이썬의 집합은 수학에서의 집합과 마찬
가지로 항목들 사이에 **순서가 없고(unordered), 동일한 항목을 중복으로 포함하지 않는(distinct)** 특
징을 갖는다. 또한 딕셔너리와 동일하게 내부에 해시 구조를 이용한다.

17.1 집합의 생성

● 집합을 생성하는 두 가지 방법

집합 자료형의 객체는 s={1, 2, 3}과 같이 중괄호 사이에 항목들을 나열하는 방법과 리스트
객체를 형변환 함수인 set()의 인수로 사용하여 정의하는 두 가지 방법으로 생성할 수 있다.

중괄호

$$setVar = \{\ value1,\ value2...\ \}$$

쉼표로 항목을 구분

$$setVar = set\ ([1,2,3])$$

변수 이름   set 형변환 함수

그림 17-1 집합 변수 정의

집합 자료형의 특징이 중복을 허용하지 않고, 순서를 고려하지 않는다고 했으므로 다음의 집합들은 모두 동일하다.

{1, 2, 3, 4} == {1, 1, 2, 3, 4} == {3, 3, 1, 2, 4} == set([1, 2, 3, 4]) == set([1, 2, 3, 4, 1, 2])

17.2 집합의 연산자와 메서드

● **파이썬의 집합 연산은 수학에서와 같다**

파이썬의 집합은 수학에서의 집합과 동일하게 생각하면 된다. 즉, 두 집합 사이에 교집합, 합집합, 차집합 등을 정의할 수 있고, 그 의미는 수학에서의 집합 연산과 동일하다. 또한 어떤 객체가 집합 안에 속해 있는지를 구할 수 있고, 이미 생성된 집합에 새로운 항목을 추가하거나 삭제할 수도 있다.

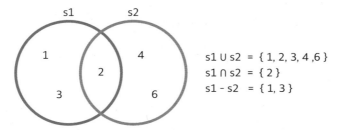

그림 17-2 합집합, 교집합, 차집합

다음 표 17-1은 집합 자료형의 객체에 사용하는 연산자와 메서드의 종류와 사용 예이다.

표 17-1 집합 연산자와 메서드

연산자 메서드	의미	예 s1 = {1, 2, 3} s2 = {2, 4, 6}
| union	합집합 s1 ∪ s2	s1 | s2 → { 1, 2, 3, 4 ,6 } s1.union(s2) → { 1, 2, 3, 4 ,6 }
& intersection	교집합 s1 ∩ s2	s1 & s2 → {2} s1.intersection(s2) → {2}
- difference	차집합 s1 - s2	s1 - s2 → {1,3} s1.difference(s2) → {1,3}
in	항목 포함 여부(membership) x ∈ s	3 in s1 → True
add	항목의 추가	s1.add(5) → s1은 {1 ,2, 3, 5}
remove	항목의 삭제	s1.remove(2) → s1은 {1, 3, 5}
clear	모든 항목 삭제	s1.clear() → s1은 set( )

● 리스트에서 중복 데이터를 제외할 때 집합의 형변환 함수 이용

집합과 리스트 그리고 튜플형 객체는 서로 다른 타입으로 형변환을 수행할 수 있다. 집합의 특징이 동일한 항목을 중복으로 포함하지 않기 때문에 이를 이용하여 리스트 타입의 객체에서 중복을 제외할 때 활용할 수 있다. 즉, 집합 타입으로 형변환을 수행한 다음, 다시 리스트로 변환하는 방법을 사용하기도 한다. 코드 17-1은 세 자료구조 사이의 형변환을 수행하는 예다.

● 빈 집합을 나타낼 때는 { } 대신 set() 이용

마지막으로 집합을 사용할 때, 항목이 하나도 없는 빈 집합(empty set)을 나타내기 위해서는 {} 대신 set() 혹은 set([])을 사용해야 한다. {}는 빈 딕셔너리(empty dictionary)를 나타내도록 약속되어 있기 때문이다.

```python
01    s1 = {2, 3, 5} # set
02    l2 = [2, 3, 5] # list
03    t3 = (2, 3, 5) # tuple
04
05    print(set(l2))          # {2, 3, 5}
06    print(set(t3))          # {2, 3, 5}
07    print(list(s1))         # [2, 3, 5]
08    print(list(t3))         # [2, 3, 5]
09    print(tuple(s1))        # (2, 3, 5)
10    print(tuple(l2))        # (2, 3, 5)
11
12    a = [1,2,3,2,1,4]       # 집합 타입으로 변환하여 중복을 없애기
13    print( list(set(a)) ) # [1, 2, 3, 4]
14
15    print(type ({ }))       # <class 'dict'>
16    print(type (set([ ])))  # <class 'set'>
17    print(type (set( )))    # <class 'set'>
```

```
{2, 3, 5}
{2, 3, 5}
[2, 3, 5]
[2, 3, 5]
(2, 3, 5)
(2, 3, 5)
[1, 2, 3, 4]
<class 'dict'>
<class 'set'>
<class 'set'>
```

Step by Step

사이먼과 가펑클의 유명한 노래인 "Bridge Over Troubled Water"와 비틀즈의 노래 "Yesterday"의 가사가 들어 있는 두 개의 파일 이름("bridge.txt", "yesterday.txt")을 입력 인수로 받아 두 노래에서 공통으로 사용된 단어의 수를 구하는 함수 countCommon을 작성하여라.

[bridge.txt 파일]

```
When you're weary, feeling small,
When tears are in your eyes, I'll dry them all.
I'm on your side,oh, when times get rough,
And friends just can't be found,

Like a bridge over troubled water,
I will lay me down,
Like a bridge over troubled water,
I will lay me down.
```

[yesterday.txt 파일]

```
Yesterday
All my troubles seemed so far away
Now it looks as though they're here to stay
Oh, I believe in yesterday

Suddenly
I'm not half the man I used to be
There's a shadow hanging over me
Oh, yesterday came suddenly

Why she had to go,
I don't know She wouldn't say
I said something wrong
Now I long for yesterday
```

풀이 단계

01 이 문제는 지금까지 배운 많은 내용들을 종합적으로 활용하는 문제다. 어떤 단계가 필요한지 생각해 보자. 먼저 두 개의 파일을 읽어서 단어들을 분리한후 리스트에 저장해야 한다. 또한 공통된 단어를 찾기 위해 쉼표(,)나 마침표(.) 등을 제거하고 모든 단어를 소문자로 변경해야 한다. 마지막으로 이렇게 바뀐 리스트를 집합으로 변경하여 교집합을 구한 후 그 개수를 반환한다. 이러한 과정을 단계별로 하나씩 작성해 보자.

02 우선 읽은 단어에서 알파벳만 남기고 모두 소문자로 변환하는 함수 **onlyLowerAlpha( )**와 단어 리스트를 알파벳 소문자로 바꿔서 집합으로 변환하는 함수 **makeSet( )**을 보조 함수로 선언하고, **countCommon( )** 함수를 포함한 세 함수의 머리 부분을 작성한다.

```
def onlyLowerAlpha(s) :
    pass
def makeSet(words) :
    pass
def countCommon(infile1, infile2) :
    pass
```

03 두 보조 함수가 모두 작성되었다고 가정하고 **countCommon( )** 함수의 몸체 부분을 먼저 작성해 보자. 단계별로 수행해야 하는 작업은 다음과 같다.

- 먼저 두 파일을 읽기 모드로 열어서(open), 파일 내용을 읽고(read), 단어 단위로 쪼개어서(split) 리스트에 저장한다.

```
fin1 = open(infile1, "r")
wordlist1 = fin1.read().split()
```

- 작성된 단어 리스트를 집합으로 변경해야 하는데, 이때 먼저 각 단어를 하나하나 구두점 없는 소문자 알파벳으로 변경해야 한다. 그러므로 단순히 set( ) 함수를 이용하여 변경할 수는 없기 때문에 이를 위해 작성한 보조 함수 makeSet( )을 호출한다.

```
wordSet1 = makeSet(wordlist1)
```

- makeSet( )의 결과는 각 파일의 단어들을 집합으로 되돌려주므로 이를 이용하여 집합의 교집합 연산자(&)를 활용하여 공통으로 포함된 단어 집합을 구할 수 있다.

```
common = wordSet1 & wordSet2
```

- 마지막으로 열었던 파일을 닫고(close) 결괏값으로 두 파일에 공통으로 포함된 단어 수를 반환한다.

```
fin1.close()
return (len(common))
```

04 onlyLowerAlpha() 함수는 단어 하나를 입력받아 구두점을 제외한 순수 알파벳 단어로 변경한 후 소문자로 변경하는 함수다.

```python
def onlyLowerAlpha(s) :
    w = ""
    for i in range(len(s)):
        if s[i].isalpha() :      # 알파벳이 아닌 구두점 등을 제외하는 효과
            w = w + s[i]
    return (w.lower())          # 소문자로 변환함
```

05 makeSet() 함수는 단어 리스트를 입력받아 리스트 각각의 단어마다 onlyLowerAlpha() 함수를 적용한 후 집합 자료형으로 변경하여 반환하는 함수다.

```python
def makeSet(words):
    newList = [ ]
    for i in range(len(words)) :
        newList.append(onlyLowerAlpha(words[i]))
    return set(newList)
```

06 최종 프로그램과 이를 수행한 결과는 다음과 같다.

```
📁 Chap17 Step by Step                                          Chap17_P00.py

01    def onlyLowerAlpha(s) :   # 읽은 단어에서 알파벳만 남기고 모두 소문자로 변환
02        w = ""
03        for i in range(len(s)):
04            if s[i].isalpha() :
05                w = w + s[i]
06        return (w.lower())
07
08    def makeSet(words) :        # 단어 리스트의 각 항목을 알파벳 소문자로 바꾸고, 집합으로 변환
09        newList = []
10        for i in range(len(words)) :
11            newList.append(onlyLowerAlpha (words[i]) )
```

```
12        return set(newList)
13
14   def countCommon( infile1, infile2 ) :
15        fin1 = open (infile1 , "r")
16        fin2 = open (infile2 , "r")
17        wordlist1 = fin1.read().split()
18        wordlist2 = fin2.read().split()
19        wordSet1 = makeSet (wordlist1)
20        wordSet2 = makeSet (wordlist2)
21        common = wordSet1 & wordSet2
22        # print(common)  # {'over', 'im', 'be', 'a', 'all', 'in', 'i', 'me'}
23        fin1.close()
24        fin2.close()
25        return (len(common))
26
27   print(countCommon("bridge.txt", "yesterday.txt"))
```

8

연습문제

각각의 문제에 주석 처리된 # ADD ADDITIONAL CODE HERE! 부분을 지우고 해당 부분을 알맞게 채워서 프로그램을 완성하여라.

❶ 두 개의 정수 리스트 A와 B를 입력받아 A나 B 중 한쪽에만 유일하게 포함된 숫자들의 개수를 세는 함수 countOnly를 작성하여라. 예를 들어 [1, 2, 3, 5, 6]과 [2, 4, 5, 6]이 입력되면 2, 5, 6은 중복되는 숫자이므로 제외하고 1, 3, 4 세 숫자는 각 리스트에 유일하게 등장하므로 답은 3이다. 이때 두 리스트 각자의 내부 항목에는 중복되는 숫자가 없다고 가정한다.

```
def countOnly(a,b)                                    (Chap17_P01.py)
    # ADD ADDITIONAL CODE HERE!

print (countOnly([1,2,3,5,6], [2,4,5,6]))
print (countOnly([1,2,3,4,5,6], [7,8,9,0]))

3
10
```

❷ 두 개의 단어 A와 B를 입력받아 A와 B에 공통으로 포함된 알파벳의 개수와 A에는 포함되지만 B에 포함되지 않은 알파벳의 개수를 구하는 함수 count를 작성하여라. 이때 대소문자는 구분하지 않는다.

❗힌트 print(set('student'))의 결과는 {'t', 'n', 'e', 'u', 's', 'd'}

```
def count(a,b):                                       (Chap17_P02.py)
    # ADD ADDITIONAL CODE HERE!

print (count ("students", "Teachers"))
print (count ("friendship", "Imagination"))

(3,3)
(2,7)
```

❸ 1000보다 작은 두 정수 a, b를 입력받아 1부터 1000 사이의 숫자들 가운데 a, b의 공배수의 개수를 세는 함수 countCommonMultiple을 집합 연산을 활용하여 작성하여라.

```
def countCommonMultiple(a,b) :
    # ADD ADDITIONAL CODE HERE!

print(countCommonMultiple(3,31))
print(countCommonMultiple(10,200))
print(countCommonMultiple(121,53))
print(countCommonMultiple(6,45))
```

(Chap17_P03.py)

```
10
5
0
11
```

✱ 집합의 원소 사이에는 중복과 순서가 없다.

✱ 집합의 생성

중괄호

$$setVar = \{ \ value1, \ value2... \}$$

쉼표로 항목을 구분

$$setVar = set \ ([1,2,3])$$

변수 이름   set 형변환 함수

✱ 집합 연산자

| 합집합, & 교집합, - 차집합

✱ 리스트에서 중복 원소를 제거하고 싶을 때 집합 타입으로 형변환 이용

a=[1,2,3,3,3] → list(set(a)) → [1,2,3]

✱ 빈 집합은 {}이 아니라 set(), {}는 빈 딕셔너리!!

chapter 18

터틀 그래픽

📖 학습목표

- 터틀 모듈을 import할 수 있고, help 함수를 이용하여 모듈에 포함된 클래스와 함수 정보를 찾을 수 있다.

- 반복문, 조건문, 리스트 등 기본 과정에서 배운 자료구조, 알고리즘과 Turtle 클래스를 활용하여 다양한 도형을 그릴 수 있다.

- random 모듈을 활용하여 프로그램에 무작위성을 추가할 수 있다.

- 그래픽에 사용하는 색깔을 지정하기 위해 RGB 색상 지정 방법을 이해하고 활용할 수 있다.

- Turtle 클래스의 객체를 여러 개 생성하여 각각 움직임을 달리함으로써 클래스와 객체의 특성에 대해 이해할 수 있다.

- 간단한 핑퐁 게임 구현을 통해 게임의 구조와 이때 사용하는 객체들 사이의 관계를 설명할 수 있다.

● 어린이를 위한 쉬운 그래픽 툴 - 터틀 그래픽

원래 터틀 그래픽(Turtle Graphic) 프로그램은 아이들에게 프로그래밍을 소개하기 위해 만들어졌으며, 1967년 월리 푸르지그, 시모어 페이퍼트, 신시아 솔로몬이 개발한 로고(Logo) 프로그래밍 언어의 일부였다. 이번 장에서는 파이썬에 기본으로 포함되어 있는 터틀 모듈(turtle module)을 기반으로 재미 있는 그림들을 그려보고 간단한 게임을 만들어 본다. 모듈로 제공되는 거북이(Turtle) 클래스를 이용하여 객체들을 생성하고 다양한 메서드를 사용하는 과정을 통해서 클래스와 객체의 개념에 대해 보다 구체적으로 이해할 수 있게 될 것이다.

18.1 터틀 모듈

파이썬에서 제공하는 모듈은 .py라는 확장자로 표시된 파이썬 파일로 구성되므로, 우리가 사용할 터틀 모듈 역시 파이썬 파일로 확인할 수 있다. IDLE에서 [File]→[Open]을 선택하여 파이썬이 설치된 디렉터리(C:₩Program Files₩Python311)의 하위 디렉터리 [Lib]에 있는 **turtle.py**를 열어보면 그림 18-1과 같이 터틀 모듈이 어떻게 정의되어 있는지 확인할 수 있다.

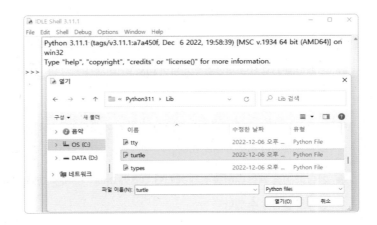

```
turtle.py - C:₩Program Files₩Python311₩Lib₩turtle.py (3.11.1)                    —   □   ×
File  Edit  Format  Run  Options  Window  Help
#
# turtle.py: a Tkinter based turtle graphics module for Python
# Version 1.1b - 4. 5. 2009
#
# Copyright (C) 2006 - 2010  Gregor Lingl
# email: glingl@aon.at
#
# This software is provided 'as-is', without any express or implied
# warranty.  In no event will the authors be held liable for any damages
# arising from the use of this software.
#
# Permission is granted to anyone to use this software for any purpose,
# including commercial applications, and to alter it and redistribute it
# freely, subject to the following restrictions:
#
# 1. The origin of this software must not be misrepresented; you must not
#    claim that you wrote the original software. If you use this software
#    in a product, an acknowledgment in the product documentation would be
#    appreciated but is not required.
# 2. Altered source versions must be plainly marked as such, and must not be
#    misrepresented as being the original software.
# 3. This notice may not be removed or altered from any source distribution.
#

"""
Turtle graphics is a popular way for introducing programming to
kids. It was part of the original Logo programming language developed
by Wally Feurzig and Seymour Papert in 1966.
```

그림 18-1 turtle.py 내의 Turtle 클래스 정의

● 터틀 모듈의 데모 함수

터틀 모듈의 맨 아래에 두 개의 데모 함수가 정의되어 있다. **turtle.py** 파일을 열어서 실행해

보면([Open]→[Run]) 그림 18-2와 같이 그림이 그려지는 것을 확인할 수 있다.

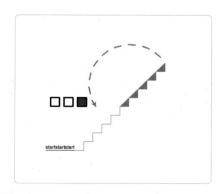
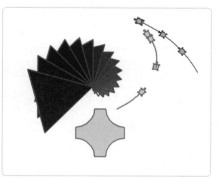

그림 18-2 turtle.py의 데모 결과

자, 그럼 이제부터 터틀 모듈을 이용하여 단계별로 그림을 그려보자.

18.1.1 스크린과 거북이 객체 생성

그림을 그리기 위해서 가장 기본적으로 필요한 것은 종이와 펜이다. 터틀 그래픽 모듈에서 종이와 같은 역할을 하는 것은 스크린(Screen) 클래스의 객체이고, 펜과 같은 역할은 하는 것은 거북이(Turtle) 클래스의 객체다. 즉, 몸 뒤에 작은 구멍이 뚫린 잉크통을 달고 있는 거북이가 종이 위를 움직이면 거북이의 움직임에 따라 잉크 자국이 남아 거북이의 궤적을 그리게 되는 상황이라고 상상하면 된다. 맨 먼저 터틀 그래픽 모듈을 사용하기 위해 turtle 모듈을 import 하고 스크린 객체와 거북이 객체를 생성한다.

📁 **코드 18-1**: 스크린과 거북이 생성   Chap18_L01.py

```
01    from turtle import *        # turtle 모듈을 import
02    scr = Screen()              # 거북이가 그림을 그릴 스크린을 생성하여 변수 scr에 대입
03    scr.setup(400, 500)         # width= 400, height=500으로 크기 조정
04    t = Turtle()                # Turtle 클래스의 객체를 생성하여 변수 t에 할당
05    t.shape("turtle")           # 거북이 모양 변경
```

18.1.2 스크린의 좌표 체계

스크린의 크기는 폭을 400, 높이를 500으로 설정한다. 스크린의 좌표 체계는 가운데를 (0, 0)으로 하고 위로 올라갈수록 y 값이 커지고, 아래로 내려갈수록 y 값이 작아진다. 마찬가지로 오른쪽으로 이동할수록 x 값이 증가하고, 왼쪽으로 갈수록 x 값은 작아지는 일반적인 2차원 좌표와 동일한 좌표 체계를 따른다.

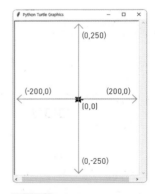

그림 18-3 스크린의 좌표와 거북이

18.1.3 거북이의 모양

t=Turtle()을 이용하여 그림을 그릴 거북이를 생성하고 t라는 변수에 대입하였다. 이때 생성된 거북이의 모양은 **'arrow'**, **'turtle'**, **'circle'**, **'square'**, **'triangle'**, **'classic'** 등과 같이 다양하게 설정할 수 있다. 앞에서 우리는 **t.shape("turtle")**로 거북이 모양으로 설정했으므로 그림 18-3과 같이 (0, 0) 위치에 거북이가 생성된 것을 볼 수 있다(기본값은 **classic**).

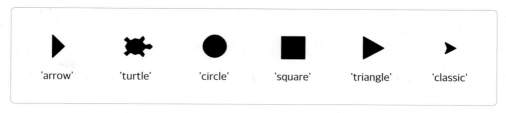

18.1.4 펜과 내비게이터 속성

터틀 모듈을 이용하여 그림을 그리려면 크게 두 가지 그룹의 속성들이 필요하다. 첫 번째는 펜(Pen)과 같은 속성이다. 즉, 그림을 그릴 때는 펜의 색깔과 두께를 결정할 수 있고, 펜을 들어서 그림이 그려지지 않게 하거나, 펜을 내려서 그림을 그릴 수 있도록 하는 등과 관련한 함수들이 필요하다.

두 번째는 어떤 그림을 그리기 위해 어디로 이동할 것인지를 결정해주는 내비게이터(Navigator)의 역할이다. 앞뒤로 원하는 크기만큼 이동할 수 있고, 왼쪽이나 오른쪽으로 방향을 전환할 수 있어야 한다. 또한 특정 위치로 이동하기, 원 그리기 등 다양한 이동과 관련된 함수들이 필요하다. 여기서 생성한 우리의 거북이는 펜과 내비게이터의 속성을 모두 가지고 있다.

18.1.5 정사각형 그리기

이제 가장 간단한 정사각형 그리기부터 시작해 보자.

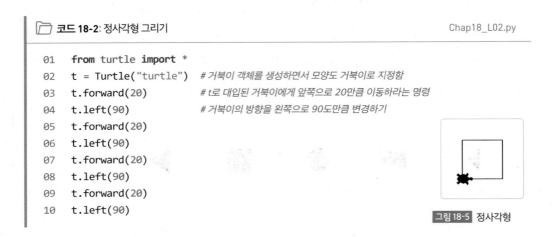

📁 **코드 18-2**: 정사각형 그리기　　　　　　　　　　　　　　　　　　　　　Chap18_L02.py

```
01   from turtle import *
02   t = Turtle("turtle")      # 거북이 객체를 생성하면서 모양도 거북이로 지정함
03   t.forward(20)             # t로 대입된 거북이에게 앞쪽으로 20만큼 이동하라는 명령
04   t.left(90)                # 거북이의 방향을 왼쪽으로 90도만큼 변경하기
05   t.forward(20)
06   t.left(90)
07   t.forward(20)
08   t.left(90)
09   t.forward(20)
10   t.left(90)
```

그림 18-5 정사각형

앞선 코드를 실행하면 거북이가 지난간 자리를 따라 예쁘게 정사각형이 그려지는 것을 볼수 있다. 그런데 **코드 18-2**에는 동일한 코드가 4회 반복된다. 이를 **for** 구문을 이용하여 수정해 보자.

📁 **코드 18-2** 정사각형 그리기 (수정)　　　　　　　　　　　　　　　　　　Chap18_L02.py

```
01   for i in range(4):
02       t.forward(20)
03       t.left(90)
```

이 코드를 자세히 살펴보니 반복 횟수와 각도를 조정하면 정사각형뿐 아니라 정삼각형, 정오각형도 그릴 수 있을 것 같다. 그림 18-6과 같이 그리려면 코드를 어떻게 변경하면 좋을까? 반복 횟수와 각도만 조절하면 될 것이다. 다각형의 외각의 합은 항상 360도다. 이를 이용하여 정삼각형, 정사각형, 정오각형 등 다양한 다각형을 만들도록 코드를 수정해 보자.

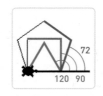

그림 18-6 다각형의 외각

```
for i in range( ?? ):
    t.forward(50)
    t.left( ?? )
```

📁 **코드 18-3**: 정삼각형, 정사각형, 정오각형 그리기   Chap18_L03.py

```
01    from turtle import *
02    t = Turtle("turtle")
03    for i in range(3):         # 정삼각형이므로 3회 반복하기
04        t.forward(50)
05        t.left(120)            # 한 번 그릴 때마다 360/3만큼의 각도 회전
06
07    for i in range(4):
08        t.forward(50)
09        t.left(90)
10
11    for i in range(5):
12        t.forward(50)
13        t.left(72)
```

18.1.6 그림의 색상 속성

자, 이번에는 좀더 다양한 다각형들을 다양한 색을 이용하여 그려보도록 하자. 터틀 모듈에서는 파이썬에서 기본적으로 제공하는 색깔들을 "orange", "red", "blue"와 같이 문자열을 이용하여 지정할 수 있다.

먼저 거북이의 색을 변경하여 보자. **t.color("red")**로 설정하면 거북이의 색이 빨간색으로 변하고 이때 움직이는 궤적도 빨간색으로 표시된다. 선의 굵기도 **t.pensize(2)**와 같은 방법으로 조절할 수 있다.

```
01  from turtle import *
02  scr = Screen()
03  scr.setup(800, 800)   # 스크린의 크기를 좀 더 크게 조절
04  color = [ "brown", "orange", "red", "blue", "pink", "yellow" ,"purple", "green" ]
05  angle = [ 3,4,5,6,8,9,10,15,18,20,24,36,40,45,60,72,90,120 ]   # 삼각형부터 120각형까지
06
07  t = Turtle("turtle")
08  t.penup()            # 거북이를 움직이지만 궤적이 그려지지 않도록 펜을 들어 올림
09  t.goto(0,-250)       # 거북이를 아래로 250만큼 이동
10  t.pendown()          # 펜을 내려서 그림이 그려지도록 함
11
12  for i in range(len(angle))  :
13      t.color(color[i % len(color)])    # 거북이의 색을 color 리스트의 색 가운데 번갈아 가면서 선택
14      t.pensize( (i+1)/2 )              # 펜의 두께를 결정
15      for j in range (angle[i]):        # i 값이 0부터 시작하는 인덱스이므로
16          t.forward(20)
17          t.left(360/angle[i])          # 다각형의 N이 늘어나면 거의 원처럼 보임
```

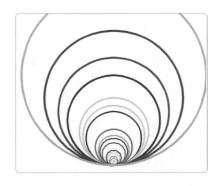

그림을 크게 그리기 위해서 스크린의 크기를 (800, 800)으로 변경하고 t.goto(0, -250)을 수행하여 시작하는 위치를 이동하였다. 그런데 위치를 이동하기 전에 t.penup()은 어떤 의미일까? 바로 거북이의 위치는 이동하지만 궤적이 그려지지 않도록 펜을 들어 올리라는 의미다. 이제 위치를 잡았으니 다시 궤적이 표시되도록 펜을 내려놓는 t.pendown()을 수행한다.

터틀 모듈에서 색을 변경할 때는 다양한 함수를 사용할 수 있는데, 앞의 예처럼 거북이 색을 변경하면서 동시에 선의 색상도 변경하려면 t.color()를 사용하고, 거북이 색은 변경하지 않고 선의 색만 변경하려면 t.pencolor()를 수행하면 된다. 펜의 두께도 점점 굵어지도록 변화시키기 위해 t.pensize()를 조정하였다.

다양한 색과 각도를 설정하기 위해 맨 위에 **color**와 **angle** 리스트를 설정하였고 **for** 반복문을 수행하면서 인덱스에 따라 다른 색깔과 각도를 이용하여 다각형을 그렸다.

 아하, 그렇군요 18 **컴퓨터의 색상(color)**

여러분 모두 초등학교 때 삼원색에 대해 들어 보았을 것이다. 빛과 같이 섞을수록 더 밝아지는 것을 가산 모델(Additive Model)이라 한다. 사람의 눈은 빨간색, 초록색, 파란색의 파장에 가장 민감하게 반응한다는 점에 기반하여 이러한 세 가지 파장을 기본으로 빛을 합성하여 여러 가지 색을 표현하는 것을 RGB(Red, Green, Blue) 컬러 모델이라 한다.

이와는 달리 잉크와 같이 색을 섞을수록 더 어두워지는 것을 감산 모델(Subtractive Model)이라 한다. 시안, 마젠타, 노란색으로 기본으로 하는 CMY(Cyan, Magenta, Yellow) 모델은 컬러 인쇄 등에 사용되는 색을 만들어 낸다.

파이썬에서 색을 표현하는 방법으로는 "red", "blue"와 같이 문자열을 사용할 수도 있고, 0부터 255까지의 숫자로 나타내는 (Red, Green, Blue) 값의 튜플로도 표현할 수 있다. 즉, (0, 0, 0)은 검은색을 나타내고 (255, 255, 255)는 흰색을 나타낸다. 표 18-1은 파이썬에서 사용하는 색에 관한 문자열과 그에 대응하는 RGB 튜플의 값을 보여준다.

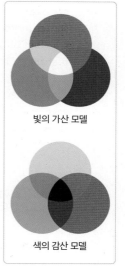

빛의 가산 모델

색의 감산 모델

(출처: https://ko.wikipedia. org/wiki/색)

표 18-1 색상별 RGB 값

black	RGB(0,0,0)	mint	RGB(189,252,201)
blue	RGB(0,0,255)	orange	RGB(255,128,0)
brown	RGB(165,42,42)	red	RGB(255,0,0)
coral	RGB(255,127,80)	violet	RGB(238,130,238)
gray	RGB(128,128,128)	white	RGB(255,255,255)
green	RGB(0,255,0)	yellow	RGB(255,255,0)

다음의 코드는 **Turtle** 모듈을 사용하여 간단한 그러데이션을 수행한 결과다. 빨간색, 주황색, 노란색, 초록색, 파란색, 남색, 보라색의 일곱 가지 색들의 RGB 값을 연속으로 변화시키면서 무지개 색깔띠를 생성하였다. 다양한 그러데이션을 수행해 보면서 파이썬에서 색을 지정하는 방법에 대해 이해해 보자.

```
01    from turtle import *
02    def interpolate(t, color1, color2) :    # 두 개의 색을 보간하는 함수
03        r1,g1,b1 = color1
04        r2,g2,b2 = color2
05        return (int((1-t)*r1+t*r2), int((1-t)*g1+t*g2), int((1-t)*b1+t*b2))
06
07    scr = Screen()
08    scr.setup(1400, 400)
09    scr.colormode(255)    # RGB 컬러를 표시할 때 0~255 사이 값으로 설정
10    t = Turtle()
11    t.shape("circle")
12    t.left(90)
13    x, y = -700 ,100
14    move = -200
15    color_array = [(255,0,0),(255,97,3),(255,255,0),(0,128,0), \
                     (0,0,255),(75,0,130),(238,130,238)]
16                        # 빨주노초파남보
17    t.penup()
18    t.goto (x,y)
19    t.pendown()
20
21    for c in range (6):        # 7가지 무지개 색에 대해 두 가지 색깔씩 선택하여 반복
22        color1 =  color_array [c]
23        color2 =  color_array [c+1]
24        for i in range(100):    # 100단계로 색깔을 그러데이션한다
25            a = i/100
26            (r,g,b) = interpolate (a , color1, color2)
27            move  *= -1                # 아래와 위로 한 번씩 방향을 바꿈
28            t.color((r,g,b))
29            t.goto (t.xcor()+1,t.ycor())    # x축으로 한 칸씩 옮기기
30            t.forward(move)                # y축으로 move 크기만큼 이동
31    t.hideturtle()
32    done()                # 에디터에 따라 실행 후 스크린이 사라지는 것을 방지
```

18.1.7 random 모듈

이번에는 random 모듈과 RGB 색상 지정을 이용하여 좀 더 다양하고 재미 있는 다각형들을 그려보도록 하자. random 모듈은 파이썬에 기본으로 포함된 모듈로, 원하는 범위 내에서 임의의 수를 생성할 수 있다. 예를 들어 random.randint(1, 10)을 수행하면 1부터 10 사이의 정숫값 중 임의의 값을 그때 그때 선택하여 반환한다. 보통 게임이나 확률과 같이 데이터의 임의성이 필요할 때 random 모듈을 사용한다.

Turtle 모듈에서 색깔을 지정할 때 문자열을 이용할 수도 있지만, 좀 더 다양한 색을 만들수 있는 방법으로 RGB 값을 직접 지정하는 방법을 사용할 수 있다. 즉, 0~255까지의 정수로 이루어진 (Red, Green, Blue) 값의 조합을 이용하여 t.color((100, 200, 4))와 같은 형식으로 색상을 지정할 수 있다. 또한 다각형을 그릴 때 t.begin_fill()을 수행하면 내부를 채울수 있다. 코드 18-5는 random 모듈을 사용하여 10개의 임의의 크기의 다각형을 임의의 색으로 그려주는 코드다.

📁 **코드 18-5** 임의의 색깔로 여러 개의 다각형 그리기   Chap18_L05.py

```
01   from turtle import *
02   import random
03
04   scr = Screen()
05   scr.setup(800, 800)
06   scr.colormode(255)
07   t = Turtle("turtle")
08
09   def draw_polygon(n,s):    # 한 변의 size가 s인 n각형을 만드는 함수
10       for i in range(n):
11           t.forward(s)
12           t.left(360/n)
13
14   for i in range(10) :      # 다각형의 시작 위치와 몇각형인지, 길이는 얼마인지,
15                             # 색의 (R,G,B) 값은 얼마인지 무작위로 결정하고 그리기 반복
16       x = random.randint(-300,300)    # 다각형 시작점의 x좌표
17       y = random.randint(-300,300)    # 다각형 시작점의 y좌표
```

```
18        n = random.randint(3,10)        # 정 N각형을 생성
19        s = random.randint(10,40)       # 다각형 한 변의 길이 설정
20        r,g,b = random.randint(0,255),random.randint(0,255), \
                  random.randint(0,255) # 색깔 결정
21
22        t.penup()
23        t.goto (x,y)                    # 생성된 임의의 x, y 좌표로 이동
24        t.pendown()
25        t.color((r,g,b))
26        t.begin_fill()                  # 다각형을 그린 후 내부를 채우겠다고 표시
27        draw_polygon(n,s)               # 다각형 그리기 보조 함수 호출
28        t.end_fill()
29
30    t.penup()        # 모든 작업을 끝내고 (0, 0)으로 거북이 이동
31    t.goto (0,0)
32    t.pendown()
```

결과는 그때그때
다르게 생성된다

18.1.8 여러 마리 거북이 생성

이번에는 **turtle.py**의 데모처럼 거북이를 두 마리 생성해서 두 마리의 거북이들이 서로의 정보를 이용하여 프로그램을 수행하는 방법에 대해 살펴보자. 처음 생성된 검은색 거북이는 **t1**이라 하고, 새롭게 주황색에 파란 테두리를 한 거북이는 **t2**라고 하자. while 구문을 반복하면서 **t2** 거북이는 오른쪽 아래 방향으로 3.5의 속도로 이동하고, **t1** 거북이는 매 단계에서 **t2**를 향해서 방향을 변경하면서 4의 속도로 따라간다. 각각의 거북이는 중간 중간에 stamp()를 이용하여 궤적에 거북이 흔적을 남긴다. 반복문을 수행하다가 두 거북이 **t1**과 **t2**의 거리가 4보다 작거나 같아지면 "잡았다"를 스크린에 기록하고 프로그램을 종료한다.

잡았다!

    거북이 **t1**이 **t2**를 향해 방향을 변경하려면 **t1.setheading(t1.towards(t2))**를 호출한다.

함수의 호출이 중첩되어 있는 경우에는 안쪽에 있는 함수부터 구한 후, 그 결괏값을 이용하여 바깥쪽 함수를 수행하게 된다. 따라서 먼저 t1 거북이로부터 t2까지의 각도를 t1.towards(t2)를 통해 구하고, t1 거북이의 방향을 해당 각도만큼 변경하기 위해 t1.setheading()을 호출한다. 마지막에 스크린에 글씨를 쓰는 메서드는 write()이다.

📁 **코드 18-6** 두 마리 거북이의 추격전　　　　　　　　　　　　　　　　　Chap18_L06.py

```
01   from turtle import *
02   t1 = Turtle()                        # 검은색 기본 거북이
03   t1.shape("turtle")
04   t2 = Turtle("turtle")
05   t2.color("blue","orange")    # 테두리는 파란색, 안은 주황색으로 채워진 거북이 생성
06   t2.penup()                           # 궤적을 그리지 않고 (0,300) 위치로 t2 이동하기
07   t2.goto(0,300)
08   t2.pendown()
09
10   count = 1
11   while t1.distance(t2) > 4:    # 두 거북이 사이의 거리가 4 이상일 때는 계속해서 추격하기
12       t2.forward(3.5)
13       t2.right(0.6)
14       t1.setheading(t1.towards(t2))    # t1 거북이가 t2 거북이를 향하도록 방향 전환
15       t1.forward(4)
16       if count % 20 == 0:          # 20회 반복마다 stamp를 찍기
17           t1.stamp()
18           t2.stamp()
19       count += 1
20
21   t1.write("잡았다!", font=("Arial", 16, "bold"), align="right")
```

18.1.9 　터틀 모듈의 다양한 메서드

지금까지 터틀 모듈을 이용하여 재미 있는 그림들을 그려보았다. 사실 터틀 모듈에서는 수많은 메서드를 제공하고 있다. 표 18-2는 펜과 관련된 속성들, 이동과 관련된 속성들, 스크린과

키보드 입력 등 중요한 메서드들을 간단히 소개한 것이다. 각 메서드에 대한 자세한 설명은
import turtle 이후 help()를 이용하여 확인할 수 있다.

그림 18-7 help()를 이용한 모듈 함수 설명 보기

표 18-2 turtle 모듈의 클래스와 메서드

구분	사용 예	의미
Screen	scr = Screen()	스크린 클래스 생성 후 scr 변수에 할당하기
	scr.setup(400,500)	화면 크기를 width=400, height=500으로 설정
	scr.colormode(255)	(R, G, B) 값의 조합으로 색을 표현할 때 colormode를 255로 설정하면 RGB 값의 범위가 0~255 사이 값으로 한정됨
		즉, 기본값인 1.0을 사용하면 (0.0, 1.0, 0.933333) 같은 형태로 표현되는데, 이보다는 (0, 255, 238)과 같이 정숫값으로 표현하기 위해 colormode를 255로 설정함
	scr.listen()	키 이벤트를 받기 위해서 scr에 focus를 설정함
	scr.onkeypress(fun,key)	키보드의 키에 함수를 연결함
		scr.onkeypress(f, "Up")은 위쪽 화살표를 누르는 경우 f라는 함수를 수행하라는 의미임
		"a", "space", "Up", "Right" 등의 키를 사용할 수 있음

Turtle 기본	t = Turtle()	거북이 객체를 생성하여 **t** 변수에 할당하기
	t.shape("turtle")	거북이의 모양을 설정하기 'arrow', 'turtle', 'circle', 'square', 'triangle', 'classic' 등 6가지 가능 거북이 크기는 기본이 20×20
	t.write("잡았다!")	거북이 위치에서 글쓰기 t.write("잡았다! ", font=("Arial", 16, "bold"), align="right")와 같이 폰트와 정렬 방법도 설정 가능
	t.clear()	거북이가 지금까지 그린 그림을 지우기
Turtle 이동 (Navigation) 관련	t.forward(50)	앞으로 50만큼 이동하기 이때 -50을 하면 뒤로 이동함
	t.backward(50)	뒤로 50만큼 이동하기 t.forward(-50)과 t.backward(50)은 동일함
	t.left(90)	90도 각도만큼 왼쪽으로 돌기
	t.right(30)	30도 각도만큼 오른쪽으로 돌기
	t.goto(10,-20)	t를 (10,-20) 위치로 이동시킴
	t.xcor()	t의 x 좌표값을 반환
	t.ycor()	t의 y 좌표값을 반환
	t.distance(10,20)	매개변수가 x, y 값이면 거북이 t의 현재 위치로부터 (x, y)까지의 거리를 반환함 t.distance(s)와 같이 매개변수가 다른 거북이 객체일 경우 두 거북이 사이의 거리를 반환함
Turtle 펜 (Pen) 관련	t.penup()	이동 시 궤적이 그려지지 않도록 펜을 들어 올림
	t.pendown()	펜을 내려서 그림이 그려지도록 함
	t.hideturtle()	거북이 모양 자체를 보이지 않도록 감추기
	t.showturtle()	거북이 모양이 보이도록 드러내기
	t.begin_fill()	다각형을 그리는 경우 내부 채우기
	t.end_fill()	다각형 내부 채우기를 마침

t.color("blue","orange")	색은 "red"와 같이 문자열을 쓰거나 t.color((100,20,0))과 같이 RGB 값으로 설정 가능 매개변수가 2개인 경우는 테두리와 내부를 채우는 색을 각각 의미
t.pensize(2)	펜의 굵기(width)를 2로 설정
t.speed(0)	거북이 속도는 0~10까지 정수로 설정 가능 0은 가장 빠른(fastest) 속도를 의미하며, 1(slowest)~10(fast)까지 점점 빨라짐
t.shapesize(0.5,5)	거북이 모양이 사각형('square')인 경우 기본 크기는 20×20 t.shapesize(0.5,5)를 수행하면 높이를 기본의 반으로 줄이고 너비를 기본의 5배로 만든다는 의미이므로, 그 결과 (높이×너비)가 (10×100)인 사각형 모양으로 변경함

18.2 터틀 그래픽을 이용한 핑퐁 게임 만들기

지금까지 배운 내용들을 기반으로 이제 재미 있는 핑퐁 게임을 구현해 보자.

● 우리가 만들 핑퐁 게임의 모습

우리가 만들 핑퐁 게임은 위에서 내려오는 빨간 공(ball)을 밑에 있는 파란색 막대기(bar)로 막아서 바닥으로 떨어지지 않도록 하는 게임이다. 빨간 공은 왼쪽, 오른쪽, 위쪽 벽에 닿거나 막대기에 맞는 경우에 현재의 진행과 반대로 방향이 전환된다. 막대기는 키보드의 화살표 키를 이용하여 좌우로 움

그림 18-8 핑퐁 게임 화면

직인다. 처음 게임을 시작할 때 세 개의 공이 주어지며, 공이 하나씩 밑으로 떨어질 때마다 공의 개수를 줄이다가 더 이상 공이 남아 있지 않으면 게임을 종료한다.

프로그램을 코딩하기에 앞서서 전체적으로 어떻게 프로그램을 설계할 것인지 생각해 보아야 한다. 첫 번째 단계는 게임에 필요한 요소들을 결정하는 것이다. 두 번째는 이들의 초기 속성값들과 필요한 움직임을 결정해야 한다. 마지막으로 세 개의 공이 모두 밑으로 빠져서 게임이 끝날 때까지 반복하면서 게임을 진행시킨다. 이를 단계적으로 구현해 보자.

① 게임의 요소 정의하기 - 속성값 지정
② 행동을 수행하는 함수 정의 - 공과 막대기의 움직임 제어
③ 게임의 메인 프로세스 생성하기

18.2.1 게임의 구성 요소 생성

맨 먼저 게임에 필요한 요소들을 찾아보자. 실행 화면을 보니 눈에 보이는 것들은 빨간 공, 파란 막대기, 게임의 상태를 보여주는 메시지, 그리고 이들을 담고 있는 스크린이 있다.

● 스크린 생성

우선 스크린의 크기를 결정하고 스크린의 배경색을 지정한 후 제목을 "핑퐁 게임"으로 설정한다.

📁 **코드 18-7** 핑퐁 게임 - 스크린 생성   Chap18_L07.py

```
01    from turtle import *
02    #### screen 만들기 ####
03    scr = Screen()
04    scr.setup(500, 700)            # 스크린의 크기는 너비 500 × 높이 700
05    scr.bgcolor ("lightyellow")    # 배경색을 lightyellow로 설정
06    scr.title("핑퐁 게임")          # 창의 제목 붙이기
```

● 공(탁구공)의 생성

이제 스크린 위에 공과 막대기 그리고 게임의 상황을 알려주는 메시지를 생성한다. Turtle 객체를 생성할 때 움직이는 turtle의 모양은 거북이 모양뿐 아니라 원("circle")이나 사각형("square") 등이 가능하다. 즉, 빨간 공은 바로 원형 거북이라 보면 된다. 공 모양의 거북이 하나를 생성하고 빨간색으로 설정한 후 **(0, 270)** 위치로 이동한다.

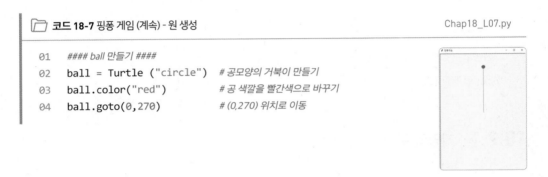

```
01    #### ball 만들기 ####
02    ball = Turtle ("circle")      # 공모양의 거북이 만들기
03    ball.color("red")             # 공 색깔을 빨간색으로 바꾸기
04    ball.goto(0,270)              # (0,270) 위치로 이동
```

아…, 그런데 공이 이동하면서 빨간 궤적을 그리게 된다. 이를 어떻게 수정하면 좋을까? 공의 이동 궤적을 그리지 않으려면 펜을 들어주면 된다. 또한 이동하는 공의 모습도 보이지 않도록 하자.

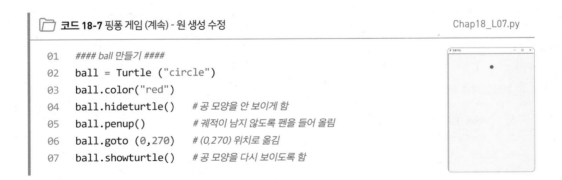

```
01    #### ball 만들기 ####
02    ball = Turtle ("circle")
03    ball.color("red")
04    ball.hideturtle()          # 공 모양을 안 보이게 함
05    ball.penup()               # 궤적이 남지 않도록 펜을 들어 올림
06    ball.goto (0,270)          # (0,270) 위치로 옮김
07    ball.showturtle()          # 공 모양을 다시 보이도록 함
```

● 막대기(탁구채)의 생성

이번에는 비슷한 방법으로 막대기를 만들어 보자. 막대기는 모양을 **"square"**로 하고 정사각

형 모양을 가로로 길게 변경해야 한다. bar.shapesize(0.5, 5)로 지정하면 원래 모양에서 세로의 길이는 반으로 줄어들고 가로의 길이는 5배로 늘어나는 긴 막대기 모양이 된다. 공과 마찬가지로 막대기도 움직이는 궤적이 나오지 않도록 펜을 들어 올린 후, (0, -270) 위치로 옮겨준다.

📁 **코드 18-7** 핑퐁 게임 (계속) - 막대기 생성

Chap18_L07.py

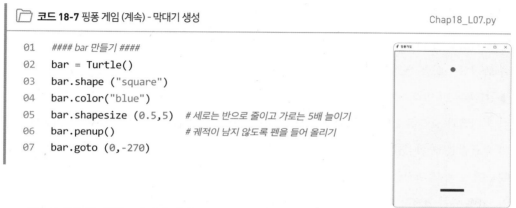

```
01    #### bar 만들기 ####
02    bar = Turtle()
03    bar.shape ("square")
04    bar.color("blue")
05    bar.shapesize (0.5,5)    # 세로는 반으로 줄이고 가로는 5배 늘이기
06    bar.penup()              # 궤적이 남지 않도록 펜을 들어 올리기
07    bar.goto (0,-270)
```

● **게임 상태를 알려주는 메시지 생성**

이제 게임 상태를 나타내는 메시지를 생성한다. Turtle 모듈에서 메시지는 거북이 객체의 write() 메서드를 통해서 글을 스크린에 출력할 수 있다. write() 메서드는 나타낼 문자열과 정렬 방법, 폰트 등을 인수로 지정할 수 있다.

📁 **코드 18-7** 핑퐁 게임 (계속) - 메시지 생성

Chap18_L07.py

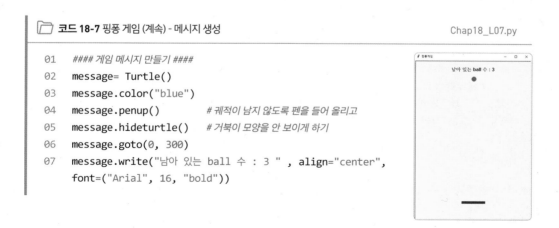

```
01    #### 게임 메시지 만들기 ####
02    message= Turtle()
03    message.color("blue")
04    message.penup()          # 궤적이 남지 않도록 펜을 들어 올리고
05    message.hideturtle()     # 거북이 모양을 안 보이게 하기
06    message.goto(0, 300)
07    message.write("남아 있는 ball 수 : 3 " , align="center",
      font=("Arial", 16, "bold"))
```

18.2.2   행동을 수행하는 함수 정의

이제 기본 객체들을 모두 생성하였다. 다음 단계로 공과 막대기의 움직임을 제어하는 함수들을 작성해 보자.

● 화살표를 이용한 막대기 이동 함수

먼저 키보드의 화살표 키 [◀], [▶]를 통해 막대기를 좌우로 움직이도록 해보자. 키보드의 왼쪽 화살표 [◀]를 누르면 아래의 막대기가 왼쪽으로 20만큼 움직이고 반대로 오른쪽 화살표 [▶]를 누르면 막대기가 오른쪽으로 20만큼 움직이는 함수 left()와 right()를 생성한다. 그런데 왼쪽과 오른쪽으로 마냥 갈수는 없고 벽에 닿으면 더 이상 움직이면 안 된다. 공과 막대기의 좌표값은 중심점을 기준으로 하고, 막대기의 크기를 bar.shapesize(0.5, 5)로 조정했기 때문에 현재 막대기의 너비는 100픽셀이 된다. 즉, 막대기가 벽에 닿는 순간은 bar.xcor() 값이 -200 혹은 200이 되는 순간이다. 그러므로 막대기의 x 좌표값을 bar.xcor()로 받아서 해당 값이 -200보다 작거나 200보다 큰 경우에는 더 이상 전진할 수 없도록 한다.

📁 **코드 18-7** 핑퐁 게임 (계속) - bar의 움직임을 위한 함수 만들기   Chap18_L07.py

```
01   ### right() 함수: 화살표 키로 bar를 오른쪽으로 움직이기
02   def right():
03       if bar.xcor() < 200 :
04           bar.forward(20)
05
06   ### left() 함수: 화살표 키로 bar를 왼쪽으로 움직이기
07   def left():
08       if -200 < bar.xcor() :
09           bar.backward(20)
```

● 키 이벤트와 함수 연결

이제 정의한 함수를 키보드의 키값과 연결해야 한다. 이처럼 사용자로부터 키를 입력받을 때

는 프로그램에서 다른 작업을 수행하는 중이더라도 언제나 사용자가 키를 누르면(key-in 이벤트 발생) 바로 연결된 함수를 실행해야 한다. 이러한 과정은 Screen 클래스의 **listen()** 메서드를 통해 수행한다.

📁 **코드 18-7** 핑퐁 게임 (계속) - 키 입력과 함수 연결   Chap18_L07.py

```
01    #### bar를 움직이는 키보드 입력 세팅 ####
02    scr.listen()                        # 사용자의 동작을 계속 기다림
03    scr.onkeypress(right, "Right")      # "Right" 키를 누를 때 right 함수를 수행하도록 연결
04    scr.onkeypress(left, "Left")        # "Left" 키를 누를 때 left 함수를 수행하도록 연결
```

이렇게 코드를 작성하고 나서 프로그램을 실행해 보면, 화살표 키를 누를 때마다 막대기가 좌우로 움직이는 것을 확인할 수 있다.

18.2.3 게임의 메인 프로세스

● **진행 방향이 바뀌는 경우를 포함한 공의 이동**

이제 게임에서 공의 이동에 대해 생각해 보자. 게임을 시작하면 초기에 공은 오른쪽 아래 방향(＼)으로 내려오다가 왼쪽이나 오른쪽 벽에 부딪치면 x축 이동 방향을 반대로 전환하고, 위쪽 벽이나 막대기에 부딪치면 y축 이동 방향을 반대로 전환하게 된다. 만약 공이 막대기 아래로 빠지게 되면 남아 있는 공의 개수를 한 개 줄이고 다시 게임을 시작하는데, 모든 공을 다 잃은 경우에는 게임을 종료한다.

● **while 문 내에서 수행하는 게임의 진행 방법**

이를 구현하고자 **while** 반복문을 한 번 수행할 때마다 다음과 같은 세부 진행 사항을 수행한다.

- 공이 왼쪽이나 오른쪽 벽에 닿으면 x축 이동 방향을 반대로 전환
- 공이 위쪽 벽이나 막대기에 닿으면 y축 이동 방향을 반대로 전환
- 공의 다음 위치를 계산한 후 이동하기
- 만약 공이 아래로 빠진 경우에는 ① 남아 있는 공이 있으면, 남아 있는 공의 수를 하나 줄이고 메시지를 수정한 후 공의 시작 위치로 이동하기, ② 남아 있는 공이 없으면, 게임이 끝났음을 메시지에 남기고 while 반복문을 빠져나가기

● 공과 막대기의 충돌 검사 함수

게임의 진행을 위해 공이 막대기와 닿았는지를 검사하는 부울 함수를 하나 추가하자. 공의 반지름은 10이고 막대기의 중심점의 y 좌표는 -270이며 막대기의 크기는 (100×10)이다. 그러므로 정확하지는 않지만 대략적으로 공의 y 좌표가 -264~-251 사이이고 x 좌표가 막대기의 중심으로부터 좌우로 60 이내에 있는 경우 막대기와 만난다고 가정하고 프로그램을 작성할 수 있다.

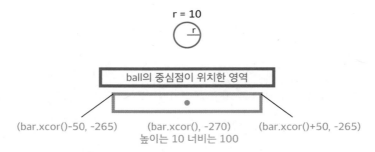

그림 18-9 공(ball)이 파란 막대기(bar)와 부딪친다고 판단되는 영역

📁 **코드 18-7** 핑퐁 게임 (계속) - 공이 막대기에 닿았는지 검사   Chap18_L07.py

```
01    # ball이 bar와 닿았는지 체크
02    def hit_bar() :
03        if(-264<ball.ycor()<-251) and (bar.xcor()-60<ball.xcor()<bar.xcor()+60):
04            return True
05        return False
```

● 게임의 메인 루프

게임의 메인 루프는 다음과 같다.

```
01    #### 게임의 main loop ####
02    game_on = True          # while 반복문을 무한히 돌면서 게임을 진행시킴
03    x_move = 5              # 한 번 움직일 때 공의 x축 이동 단위
04    y_move = -5             # 한 번 움직일 때 공의 y축 이동 단위. 따라서 초기 이동 방향은 오른쪽 대각선
05    game_count = 3          # 초기에 세 개의 공이 주어짐
06
07    while game_on :         # while True의 형태로 게임의 주된 반복 수행문
08        if ball.xcor() <= -235 or ball.xcor() >= 235 :   # 양쪽 옆 벽에 닿는 경우 방향 전환
09            x_move *= -1
10
11        if ball.ycor() >= 345 :    # 위 벽에 닿는 경우 방향 전환
12            y_move *= -1
13
14        if hit_bar() :                  # bar에서 맞춰서 방향 전환
15            y_move *= -1
16
17        new_x = ball.xcor() + x_move    # 다음 번 공의 x 좌표 계산
18        new_y = ball.ycor() + y_move    # 다음 번 공의 y 좌표 계산
19        ball.goto(new_x, new_y)
20
21        if ball.ycor() <= -355 :   # 아래 방향으로 볼이 빠진 경우
22            if game_count > 1 :    # 아직 남아 있는 게임이 있으면 다시 시작하기
23                game_count -= 1
24                message.clear()        # message 객체에 의해 쓰인 글을 화면에서 지우고 다시 쓰기
25                message.write("남아 있는 ball 개수: "+str(game_count), \
26                    align="center", font=("Arial", 16, "bold"))
27                ball.hideturtle()
28                ball.goto(0,270)
29                ball.showturtle()
30
31            else:                       # game_count가 0이 되어 게임이 끝나야 하는 경우
32                message.clear()
33                message.write("게임이 끝났습니다.", align="center", \
```

```
34                        font=("Arial", 16, "bold"))
35               game_on = False    # 전체 while 반복문을 끝내는 상태 변수 설정
```

● **핑퐁 게임의 다양한 변형**

드디어 핑퐁 게임을 완성했다. 사실 우리가 작성한 프로그램에는 몇 가지 수정할 부분들이 있다. 대표적으로 공과 막대기가 만나는 함수를 좀 더 정교하게 수정할 수 있다. 또한 이 프로그램을 바탕으로 여러 개의 공과 여러 개의 막대기를 갖도록 게임을 디자인하거나, 막대기로 공을 칠 때마다 점수가 올라가도록 디자인할 수도 있고, 공의 방향이 좀 더 다양하게 변화하는 등 여러 가지 게임의 요소를 포함하는 프로그램으로 수정할 수 있다.

● **최종 핑퐁 게임 코드**

최종적으로 완성된 핑퐁 게임의 코드는 다음과 같다.

📁 **코드 18-7** 핑퐁 게임 (전체)   Chap18_L07.py

```
01   #-----------------------------------
02   # 핑퐁 게임 만들기
03   #-----------------------------------
04   from turtle import *
05   #-----------------------------------
06   # 게임 요소 만들기
07   #-----------------------------------
08   #### screen 만들기 ####
09   scr = Screen()
10   scr.setup(500, 700)
11   scr.bgcolor ("lightyellow")
12   scr.title("핑퐁 게임")
13
14   #### ball 만들기 ####
15   ball = Turtle ("circle")
16   ball.color("red")
17   ball.hideturtle()        # 거북이 모양을 안 보이게 한 후
18   ball.penup()             # 궤적이 남지 않도록 펜을 들어 올림
```

```python
19    ball.goto (0,270)       # (0,270) 위치로 옮김
20    ball.showturtle()       # 공 모양을 다시 보이도록 함
21
22    #### bar 만들기 ####
23    bar = Turtle ()
24    bar.shape ("square")
25    bar.color("blue")
26    bar.shapesize (0.5,5)    # 단위 1이 약 20픽셀, 그러므로 10*100짜리 막대기가 생김
27    bar.penup()
28    bar.goto (0,-270)
29
30    #### 게임 메시지 만들기 ####
31    message= Turtle()
32    message.color("blue")
33    message.penup()          # 궤적이 남지 않도록 펜을 들어 올리고
34    message.hideturtle()     # 거북이 모양을 안 보이게 하기
35    message.goto(0, 300)
36    message.write("남아 있는 ball 수 : 3 ", align="center", \
37                font=("Arial", 16, "bold"))
38
39    #-------------------------------------
40    #  함수 만들기
41    #-------------------------------------
42    # right() 화살표 키로 bar 오른쪽 움직이기
43    def right():
44        if bar.xcor() < 200 :
45            bar.forward(20)
46
47    # left() 화살표 키로 bar 왼쪽 움직이기
48    def left():
49        if -200 < bar.xcor() :
50            bar.backward(20)
51
52    # ball이 bar와 만나는지 체크
53    def hit_bar() :
54        if(-264<ball.ycor()<-251) and (bar.xcor()-60<ball.xcor()<bar.xcor()+60):
55            return True
56        return False
57
58    #### bar를 움직이는 키보드 입력 세팅 ####
```

```
59    scr.listen()
60    scr.onkeypress(right, "Right")
61    scr.onkeypress(left, "Left")
62
63    #--------------------------------------
64    # 게임의 main loop
65    #--------------------------------------
66    game_on = True
67    x_move = 5
68    y_move = -5
69    game_count = 3
70
71    while game_on :        # while True 형식임
72        if  ball.xcor() <= -235 or   ball.xcor() >= 235 : # 양쪽 옆 벽에 닿는 경우 방향 전환
73            x_move *= -1
74
75        if  ball.ycor() >= 345 :      # 위 벽에 닿는 경우 방향 전환
76            y_move *= -1
77
78        if hit_bar() :                # bar에 맞춰서 방향 전환
79            y_move *= -1
80
81        new_x = ball.xcor() + x_move
82        new_y = ball.ycor() + y_move
83        ball.goto(new_x, new_y)
84
85        if ball.ycor() <= -355 :      # 아래 방향으로 볼이 빠진 경우
86            if game_count > 1 :       # 아직 남아 있는 게임이 있으면 다시 시작하기
87                game_count -= 1
88                message.clear()
89                message.write("남아 있는 ball 수 : " + str(game_count) , \
90                    align="center",  font=("Arial", 16, "bold"))
91                ball.hideturtle()
92                ball.goto (0,270)
93                ball.showturtle()
94            else:
95                message.clear()
96                message.write("게임이 끝났습니다.", align="center", \
97                            font=("Arial", 16, "bold"))
98                game_on = False
```

큐브 데미

 학습목표

● 현실 문제를 이해하고 이를 프로그램을 통해 해결하기 위해 필요한 정보가
  무엇인지 선별할 수 있다.

● 공간상의 물체를 다차원 리스트로 표현하기 위한 적절한 기준 축을 설정할
  수 있다.

● 다양한 방법으로 문제를 해결하는 알고리즘을 작성할 수 있다.

● 프로그램상으로 존재할 수 있지만 현실 세계에서 존재할 수 없는 상황을 고
  려할 수 있다.

● 토론을 통하여 여러 사람의 생각을 종합하고 최선의 방법을 도출할 수
  있다.

★ 이번 장의 내용은 ICPC(국제 대학생 프로그래밍 대회)의 Seoul Nationalwide
  Internet Competition 2008의 J번 문제를 기반으로 재구성되었다
  (https://www.acmicpc.net/category/detail/1085).

● 쌓여 있는 정육면체의 개수

초등학교 6학년 수학 문제 중에 쌓여 있는 정육면체의 개수를 구하는 문제가 있다. 잠시 초등학생으로 돌아가서 그림 19-1에 속한 정육면체들의 개수를 세어 보자.

   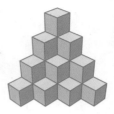

그림 19-1 여러 가지 정육면체 더미

이 문제는 2차원으로 표시된 그림을 통해 3차원 공간상의 구조를 유추하고, 눈에 보이는 면뿐 아니라 보이지 않는 면의 구조를 함께 고려할 수 있는 공간 지각력을 활용하는 과제이다.

● 다차원 리스트를 활용한 3차원 큐브 표현

이번 장에서는 3차원상에 쌓여 있는 큐브 더미에 대한 2차원 투영도 문제를 파이썬의 다차원 리스트를 이용하여 해결하는 과정을 다룬다. 이를 통해 다차원 리스트의 활용 능력을 키워보도록 하자.

큐브의 투영도 문제는 크게 두 가지로 나눠서 생각할 수 있다.

첫 번째는 3차원 공간상에 정육면체의 큐브들이 쌓여 있을 때, 이 모습을 위에서(top view), 앞에서(front view), 그리고 오른쪽에서(right view) 보는 2차원 투영도(projection view)를 생성하는 문제다. 두 번째는 이와 반대의 과정으로 위, 앞, 오른쪽 투영도를 이용하여 3차원 큐브 모양을 역으로 생성해내는 문제다.

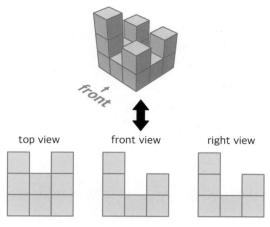

top view   front view   right view

그림 19-2 3차원 큐브 더미와 2차원 투영도

19.1 3차원 큐브 더미로 세 개의 2차원 투영도 만들기

자, 이제 머리를 맑게 하고 차근차근 생각해 보자. 3차원 공간상에 큐브가 쌓여 있는 정보를 파이썬에서는 어떻게 표현하면 좋을까? 우리가 배운 자료구조 가운데 이러한 상황을 잘 표현할 수 있는 것으로 다차원 리스트가 있다. 즉, 해당하는 위치에 큐브가 있으면 1 값을, 비어 있으면 0 값을 갖는 3차원 리스트로 표현할 수 있다.

● 3차원 큐브의 축 설정하기

이때 3차원 리스트 P를 표현하기 위해서는 축의 기준을 세워야 한다. 즉, P[0][0][0]의 위치를 어디로 잡을지 결정해야 한다.

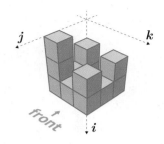

그림 19-3 3차원 큐브의 축

그림 19-3과 같이 축을 잡고 이를 기준으로 위, 앞, 오른쪽에서 보는 투영도를 그려 본다고 가정해 보자. 그러면 다음 그림 19-4와 같은 세 개의 2차원 단면 모양이 보일 것으로 예상할 수 있다.

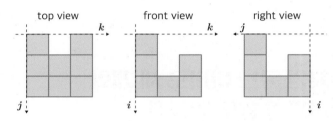

그림 19-4 2차원 큐브의 리스트 표현

이때 각 2차원 단면의 i, j, k 축은 그림 19-4와 같이 결정되어야 하는 것을 알 수 있다. 즉, i는 층을 구분하고, j는 위에서 볼 때 행을, k는 위에서 볼 때 열을 나타낸다. 세 가지 view를 2차원 리스트로 나타낸 결과는 다음과 같다.

```
[ [1,0,1],
  [1,1,1],
  [1,1,1] ]
```

```
[ [1,0,0],
  [1,0,1],
  [1,1,1] ]
```

```
[ [0,0,1],
  [1,0,1],
  [1,1,1] ]
```

이때 위(top)와 앞(front)에서 보는 경우는 우리에게 익숙한 좌표 축의 형태인데 반해 오른쪽(right)에서 보는 경우는 j의 인덱스가 오른쪽에서 왼쪽으로(←) 가면서 증가하는 것을 볼 수 있다. 즉, 3차원의 원점을 어디에 두는가에 따라 2차원의 투영도의 원점 및 인덱스 증가 방향이 달라지는 것을 이해하고 이를 프로그램에 적절하게 적용해야 한다.

● 큐브 더미의 윗면, 앞면, 옆면의 2차원 리스트 표현

이제 큐브 더미를 표현하는 3차원 리스트 P[i][j][k]를 이용하여 top[j][k]와 front[i][k], right[i][j]를 생성해 보자.

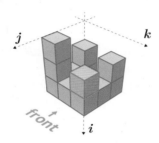

3차원 큐브 더미에서 하나의 큐브 표현

그림 19-5와 같이 P[1][2][2] 위치에 큐브(주황색)가 존재할 때, 2차원 투영도 역시 위에서 보는 top[2][2]와 앞에서 보는 front[1][2] 그리고 오른쪽에서 보는 right[1][2] 모두 큐브가 존재하도록 표시되어야 한다. 이는 3차원의 큐브 더미 중 한 줄에 있는 3개의 큐브 가운데 한 개의 큐브만 있어도 2차원 투영도 상에서는 해당 자리에 큐브가 보이기 때문이다.

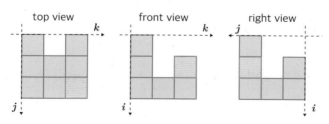

그림 19-6 2차원 투영도상의 한 큐브 표현

앞에서 살펴본 내용을 바탕으로 파이썬 코드를 작성해 보자. 3차원 리스트 P를 입력받아 위에서 보는 top view를 반환하는 함수 topView()는 코드 19-1과 같다.

📁 **코드 19-1: 큐브를 위에서 보기**   *Chap19_L01.py*

```
01   def topView(P):
02       assert len(P) == len(P[0]) == len(P[0][0])   # P의 층, 행, 열의 크기가 모두 동일해야만 함
03       n = len(P)
04       V = [ [0]*n  for i in range(n) ]     # 모두 0으로 초기화
05       for j in range(n):
06           for k in range(n):
07               for i in range(n):          # i 값을 0~2까지 변화하면서 하나라도 1이 있으면
08                   if P[i][j][k] == 1:
09                       V[j][k] = 1          # top view에서도 보이도록 한다
10                       break
11       return V
```

---

top[j][k]의 2차원 리스트를 생성하기 위해서 먼저 V=[[0]*n for i in range(n)]을 통해 리스트의 각 값을 0으로 초기화한다. 위에서 보는 top view이므로 인덱스 j와 k를 for 반복문을 돌면서 채워가면 되는데, 이때 인덱스 i, 즉 3개의 층 가운데 하나라도 큐브가 존재하면 V[j][k]는 1로 채우도록 한다. V[j][k]=1이 수행되면 더 이상 V[j][k]에 대해서는 검사할 필요가 없으므로 break 문을 수행하여 가장 안쪽의 for 문(즉 인덱스 i에 대한 루프)을 빠져나간다.

같은 방법으로 함수 frontView()와 rightView()를 완성해 본 후 결과를 확인해 보자.

📁 **코드 19-2: 큐브를 앞과 오른쪽에서 보기 템플릿**   *Chap19_L01.py*

```
01   def frontView(P):
02       pass
03
04   def rightView(P):
05       pass
06
```

```
07    P1 = [ [ [0,0,0], [0,0,0], [1,0,0] ] , [ [1,0,1], [0,0,0], [1,0,1] ] , \
             [ [1,0,1], [1,1,1], [1,1,1] ] ]
08
09    print(topView(P1))    # [[1,0,1], [1,1,1], [1,1,1]]
10    print(frontView(P1))  # [[1,0,0], [1,0,1], [1,1,1]]
11    print(rightView(P1))  # [[0,0,1], [1,0,1], [1,1,1]]
```

아하, 그렇군요 19   assert

```
def numDays(year, month):

    assert (1 <= month <= 12)

    if month == 1 or month == 3 or month == 5 or month == 7 or \
        month == 8 or month == 10 or month == 12:

        return 31

    …
```

assert의 사전적인 의미는 '~을 주장하다. ~을 표명하다'이다. 파이썬 프로그램에서 assert는 '조건식이 반드시 True일 것을 가정한다'는 의미이다. 어떤 프로그램을 수행할 때 반드시 특정 조건이 맞는 경우에만 코드가 제대로 작동하는 경우가 있다. 예를 들어 연도와 월을 입력받아 해당 월의 날짜수를 계산하는 함수를 작성한다면, 이때 입력받는 월 값의 범위는 1부터 12 사이의 값이어야 한다. 이처럼 어떤 프로그램이 의미 있는 결과를 내기 위해서 반드시 특정 조건을 만족해야만 하는 경우에 이를 프로그램에서 표현하는 방법이 assert 문이다.

assert 문이 프로그램에 명시되어 있을 때, 해당 조건을 만족하는 경우에는 아무런 영향을 미치지 않는다. 하지만 assert 문의 조건을 만족하지 않는 경우에는(즉, 앞에서 인수로 month에 적절하지 않는 13과 같은 값이 들어오는 경우) "builtins.AssertionError"와 같은 오류를 발생시켜서 개발자로 하여금 논리적 오류에 빠지지 않고 쉽게 디버깅할 수 있도록 도와준다.

19.2 2차원 투영도 세 개로 3차원 큐브 더미 만들기

● **세 개의 2차원 투영도로 생성 가능한 여러 가지 큐브 더미**

이번에는 세 개의 2차원 리스트 윗면, 앞면, 옆면(top view/front view/right view)을 이용하여 3차원 큐브를 구성해 보자. 그런데 2차원 투영도 세 개로 생성 가능한 3차원 큐브의 종류는 한 가지가 아니다. 예를 들어 그림 19-7과 같은 top view/front view/right view가 있다고 가정해 보자.

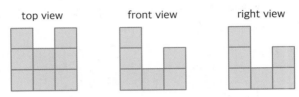

그림 19-7 2차원 큐브 투영도

이때 생성할 수 있는 3차원 큐브는 여러 가지 종류가 가능하고, 그중에 가장 많은 큐브로 이루어지는 더미는 총 13개의 큐브로 구성되는 그림 19-8의 중간에 있는 주황색 큐브 더미와 같다. 왼쪽 그림과 같이 점선으로 표시된 위치에 큐브가 없더라도 2차원 투영도에는 변화가 없다. 또한 자세히 보면 맨 오른쪽과 같이 이론적으로는(우주 공간에서) 가능하나 실제로는 중력 때문에 불가능한 모양도 존재한다.

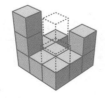 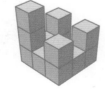 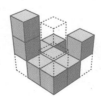

그림 19-8 여러 가지 3차원 큐브 더미

여기서 우리는 가능한 많은 큐브로 구성된 3차원 큐브 더미를 생성하는 알고리즘에 대해 밀어내기와 채워넣기 두 가지 방법으로 생각해 보자.

● **밀어내기 방법을 사용한 큐브 더미 생성**

첫 번째는 모든 큐브가 다 채워져 있는 3차원 큐브를 생성한 후에 기다란 막대기로 비어 있는 큐브 위치를 쑥~ 밀어서 제거하는 밀어내기 방법이다.

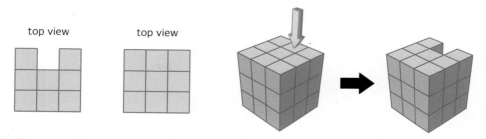

그림 19-9 top view를 활용한 밀어내기 방법의 3차원 큐브 생성

아하! 위에서 보았을 때 비어 있다는 것은 세 개 층 모두 해당 위치에 큐브가 없다는 것이니 관련된 위치의 큐브들을 모두 제거하면 된다. 이를 코드로 구현하면 다음과 같다.

```python
# top view
for j in range(n):
    for k in range(n):
        if top[j][k] == 0:
            for i in range(n):
                P[i][j][k] = 0
```

front view도 비슷한 방법으로 구현할 수 있다. 그림 19-10에서 front view가 맨 왼쪽 그림과 같다면 주황색 위치의 큐브 블록을 모두 제거한 결과는 맨 오른쪽과 같다.

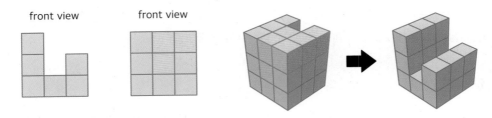

그림 19-10 front view를 활용한 밀어내기 방법의 3차원 큐브 생성

　　right view도 비슷한 방법으로 구현할 수 있다. 즉, right view가 그림 19-11의 맨 왼쪽과 같다면 주황색 위치의 큐브 블록을 모두 제거한 결과는 맨 오른쪽 모양과 같다. 그 결과 최종적으로 남아 있는 큐브 더미는 총 13개의 큐브로 구성된다.

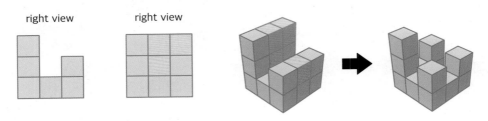

그림 19-11 right view를 활용한 밀어내기 방법의 3차원 큐브 생성

　　이렇게 2차원 투영도 세 개로 3차원 큐브 더미를 만들 수 있다.

● 세 개의 2차원 투영도의 교집합을 이용한 큐브 더미 생성

그런데 이런 방법 말고 다른 방법은 없을까? 곰곰이 생각해 보면 3차원 큐브 더미에 어떤 큐브가 존재하려면 세 개의 2차원 투영도에서 해당하는 위치에 큐브가 모두 존재해야 한다. 이러한 특성을 이용해서 코드를 좀더 간단하게 만들 수 있다. 즉, `top[j][k]==front[i][k]==right[i][j]==1`인 경우에만 `P[i][j][k]=1`이고 하나라도 조건을 만족하지 않으면 `P[i][j][k]=0`이다. 이처럼 3차원상에 큐브가 존재할 수 있는 조건을 모두 만족할 때만 큐브를 채워넣는 방법으로 구현하면 코드 19-3과 같다.

```
01   for i in range(n):
02       for j in range(n):
03           for k in range(n):        # (i,j,k) → top[j][k], front[i][k], right[i][j]
04               if top[j][k] == front[i][k] == right[i][j] == 1:
05                   P[i][j][k] = 1
06               else:
07                   P[i][j][k] = 0
```

19.3 잘못 입력된 2차원 투영도의 판별

정확한 입력이 주어지면 앞에서 살펴본 두 가지 방법을 통해 세 개의 2차원 투영도로부터 3차원 큐브 더미를 생성할 수 있다. 그런데 만약 잘못된 입력이 들어온다면 어떻게 이를 판별할 수 있을까? 예를 들어 살펴보자.

● 존재할 수 없는 형태의 투영도

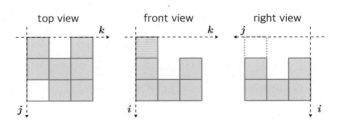

그림 19-12 생성이 불가능한 2차원 큐브 투영도 구성

만약 그림 19-12와 같은 top view, front view, right view 입력이 들어왔다고 가정해 보자. top[2][0]이 비어 있기 때문에 P[0][2][0], P[1][2][0], P[2][2][0] 위치에는 모두 큐브가 존재할 수 없다. 또한 right view에서 첫 번째 행, 즉 right[0][0], right[0][1], right[0][2]가 모두 비어 있으므로 첫 번째 층에는 큐브가 하나도 존재할 수 없는 모양이다. 그런데 front view에서 보았을 때 front[0][0]에 큐브가 존재한다고 표시되어 있다. 결국 주어진 입력과 같은 3차원 큐브의 모습은 그림 19-13과 같이 현실에서 존재할 수 없는 3차원 큐브 형태를 띠게 된다.

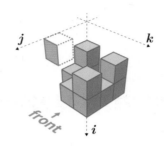

그림 19-13 존재할 수 없는 3차원 큐브 형태

● **잘못 입력된 투영도 판별하기**

그러므로 이런 형태의 입력 오류를 찾아내는 방법을 고려해야 한다. 즉, 2차원 투영도 top view, front view, right view를 입력받아 3차원 큐브 더미를 생성하되, 앞서와 같이 오류가 있는 입력을 찾아내려면 어떻게 해야 할까?

이러한 오류 입력을 해결하기 위해서 먼저 세 개의 2차원 리스트를 이용하여 3차원 큐브 더미를 생성한다. 그리고 이렇게 생성한 3차원 큐브 더미를 이용하여 세 개의 투영도, 즉 top view, front view, right view를 다시 생성해 본다. 마지막으로 이렇게 투영에 의해 생성된 2차원 리스트의 결과가 처음 입력된 세 개의 2차원 리스트와 같은지 비교해서 동일한 경우에는 올바른 입력이라고 판단하고, 만약 입력과 다르다면 잘못된 입력이라고 판단한다.

● 입력 오류 판단을 포함한 큐브 더미의 최대 개수 세기

오류 판단을 포함하여 최종적으로 3차원 큐브 더미를 생성하는 프로그램은 코드 19-4와 같다. 코드에서 count 값은 생성 가능한 여러 가지 경우 가운데 큐브의 개수가 최대인 큐브 더미에 속해 있는 큐브의 개수를 의미한다.

📁 **코드 19-4**: 큐브의 최대 개수 세기   Chap19_L02.py

```python
01    def countCubes(top, front, right):
02        assert len(top)==len(top[0])==len(front)== \
03               len(front[0])==len(right)==len(right[0])
04        n = len(top)
05        count = 0
06        P = [ [ [None]*n  for i in range(n) ] for j in range(n) ]
07
08        for i in range(n):
09            for j in range(n):
10                for k in range(n):
11                    # (i,j,k) → top[j][k], front[i][k], right[i][j]
12                    if top[j][k] == front[i][k] == right[i][j] == 1:   # 채워넣기 방법
13                        P[i][j][k] = 1
14                        count += 1
15                    else:
16                        P[i][j][k] = 0
17        # 각각의 view에 대한 신뢰성(feasibility) 점검
18        if top == topView(P) and front == frontView(P) and right == rightView(P):
19            return count
20        else:
21            return None
```

Error 메시지와 친해지기

프로그래밍을 처음 배우는 학생들 중에는 오류가 났을 때 그냥 손을 놓고 선생님을 부르는 경우가 많다. 이때 저자가 늘 하는 말은 바로 이것이다.

"제발 오류 메시지를 읽으세요!!!"

오류 메시지는 컴퓨터가 사용자에게 알려주는 **오류 수정에 중요한 열쇠**가 되는 힌트다. 사실 오류 메시지를 이해하고 이를 이용하여 프로그램 오류를 수정할 수 있는 기술이야말로, 프로그래밍을 할 때 첫 번째로 여러분이 넘어야 하는 문턱이라고 볼 수 있다.

여기 부록에서는 Python의 다양한 오류 가운데 여러분이 자주 만나게 되는 대표적인 오류 메시지에 대해 설명하고, 이 책의 예제 중에 해당 오류가 발생한 곳을 알려준다(각 오류 옆의 page 표시). 다음 각각의 코드에서 왜 오류가 발생하는지 잘 살펴보고 원인을 이해하도록 하자. 프로그래밍을 수행하면서 실제로 오류가 발생할 때 스스로 오류 메시지를 참고하여 오류를 수정하고 프로그램을 완성하는 과정을 통해서 여러분의 프로그래밍 실력이 쑥쑥! 향상될 것이다.

Python의 대표적인 오류 (abc순)

1. AssertionError :

Assertion이란 해당하는 프로그램 코드가 의미를 갖기 위해서 반드시 지켜져야 하는 기본 조건을 의미한다. 이런 조건을 프로그램 안에 명시하는 구문이 **assert** 구문이며 해당 조건이 만족하지 않는 경우 `AssertionError`가 발생한다.

(p405)

AssertionError :

```
def f1(a) :
    assert ( 1 <= a <= 12)
    print (a)
f1(3)
f1(30)  Error
```

assert 조건이 맞는 경우에는 프로그램
수행에 아무 영향을 미치지 않는다

```
3
builtins.AssertionError
```
→ 30이 assert 구문 조건에 맞지 않아서 오류 발생

2. AttributeError :

attribute란 클래스의 메서드나 속성 변수를 의미한다. 그러므로 어떤 클래스의 속성이 아닌 것을 해당 클래스의 객체에서 호출하려고 할 때 **AttributeError**가 발생한다. 또한 특정 모듈에 포함되지 않은 함수를 호출하는 경우에도 **AttributeError**가 발생한다.

많은 경우에 AttributeError: 'NoneType' object has no attribute ~~~와 같이 **NoneType**과 관련한 **AttributeError**를 볼 수 있다. 이는 함수의 반환값이 정수형이나 문자열 자료형이라 예상하고, 반환받은 결과에 특정 연산을 수행하려 하는 상황에서 **None** 값이 반환되는 경우에 발생한다. **None** 타입에는 관련 속성이 없기 때문이다. 이런 경우에는 함수에서 반환되는 값을 출력하여 함수 자체에서 왜 **None** 값이 반환되었는지 원인을 찾아 해결해야 한다.

AttributeError :

```
import math
class Point:
    def __init__(self, px, py):
        self.x = px
        self.y = py
p1 = Point(1,2)
print (p1.x)          # 1
print (math.ceil(4.5)) # 5
print (p1.xxx)   Error
```

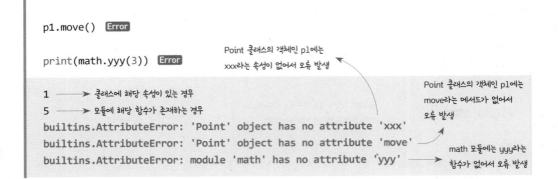

```
p1.move()  Error

print(math.yyy(3))  Error
```

Point 클래스의 객체인 p1에는
xxx라는 속성이 없어서 오류 발생

Point 클래스의 객체인 p1에는
move라는 메서드가 없어서
오류 발생

1 ── ▶ 클래스에 해당 속성이 있는 경우
5 ── ▶ 모듈에 해당 함수가 존재하는 경우
```
builtins.AttributeError: 'Point' object has no attribute 'xxx'
builtins.AttributeError: 'Point' object has no attribute 'move'
builtins.AttributeError: module 'math' has no attribute 'yyy'
```

math 모듈에는 yyy라는
함수가 없어서 오류 발생

3. FileNotFoundError :

파이썬에서는 기본적으로 프로그램(.py 확장자)이 있는 위치를 기준으로 파일을 찾는다. 그래서 반드시 프로그램을 실행하기 전에 프로그램을 저장하여 위치를 확정해야 한다. 프로그램에서 파일을 열 때(open), 파이썬 프로그램과 동일한 디렉터리에 있는 파일은 이름만으로도 접근할 수 있지만, 다른 디렉터리에 있을 때는 파일 이름과 함께 경로를 명시해야 한다. 존재하지 않는 파일이나 디렉터리에 접근하려 할 때는 **FileNotFoundError** 오류가 발생한다.

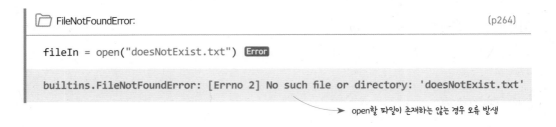

📁 FileNotFoundError: (p264)

```
fileIn = open("doesNotExist.txt")  Error

builtins.FileNotFoundError: [Errno 2] No such file or directory: 'doesNotExist.txt'
```

▶ open할 파일이 존재하지 않는 경우 오류 발생

4. IndentationError :

파이썬의 프로그램 구조는 들여쓰기에 의해 구분된다. 이때 들여쓰기를 잘못하는 경우에 **IndentationError**가 발생하게 된다. 예를 들어 함수의 정의나 **if-else** 등의 구문에서 몸체를 시작하는 부분에 들여쓰기가 안 되어 있는 경우 오류가 발생한다. 또한 [Space key]로 들여쓰기를 하는 경우 공백 개수가 다른 경우에도 **IndentationError**가 발생할 수 있으므로 주의해야 한다.

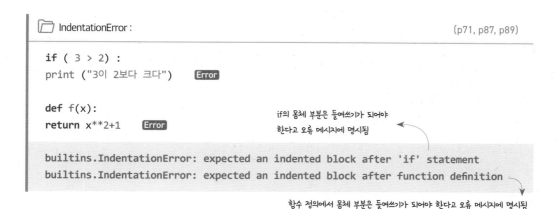

📁 IndentationError : (p71, p87, p89)

```
if ( 3 > 2) :
print ("3이 2보다 크다")     Error

def f(x):
return x**2+1     Error
```

if의 몸체 부분은 들여쓰기가 되어야
한다고 오류 메시지에 명시됨

```
builtins.IndentationError: expected an indented block after 'if' statement
builtins.IndentationError: expected an indented block after function definition
```

함수 정의에서 몸체 부분은 들여쓰기가 되어야 한다고 오류 메시지에 명시됨

5. IndexError :

리스트나 문자열에서 유효하지 않은 인덱스 값을 참조할 때 **IndexError**가 발생한다. 만약 리스트 a의 길이가 **10**이라면 유효한 인덱스의 범위는 **-10**에서 **9**까지다. 그러므로 a[10]을 참조하려고 하면 **IndexError**가 발생한다.

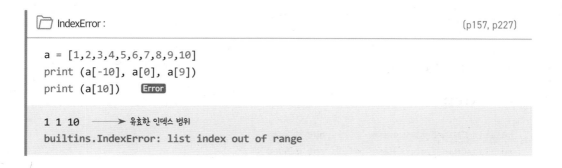

📁 IndexError : (p157, p227)

```
a = [1,2,3,4,5,6,7,8,9,10]
print (a[-10], a[0], a[9])
print (a[10])     Error
```

```
1 1 10          유효한 인덱스 범위
builtins.IndexError: list index out of range
```

6. KeyError :

주로 딕셔너리 자료구조를 사용할 때, 존재하지 않는 키에 접근할 때 KeyError가 발생한다.

```
d = {1: "a",  2:"b", 3 :"c"}
print (d[1])
print (d[4])  Error
```
```
a
builtins.KeyError: 4  ──────▶ 4라는 키가 없는데 접근하므로 키 오류 발생
```

7. NameError :

변수 이름을 찾을 수 없는 경우, 즉 사용하려는 변수가 없을 때 NameError가 발생한다. 파이썬에서는 변수를 따로 선언할 필요 없이 바로 사용할 수 있지만, 변수에 값이 대입되기 전에 참조하려고 하면 ~ is not defined와 같은 오류가 발생한다. 특히 a=a+1을 줄인 형태인 a+=1과 같은 문장은 수행 전에 반드시 a에 대한 초기화가 선행되어야 한다.

(p64)

```
a, b = 1, 2
print (c)  Error

e += 1  Error
```
```
builtins.NameError: name 'c' is not defined
builtins.NameError: name 'e' is not defined
```

8. SyntaxError :

SyntaxError는 다양한 문법 오류가 발생했다는 의미로, 보통 오류가 발생한 위치를 IDLE에서 ^ 모양으로 표시해 준다. 그러나 오류 메시지가 항상 정확한 이유와 위치를 보여주지는 못한다. 가끔씩 선행 줄에서 발생한 오류인데 후행 줄에서 문제가 발생했다고 표시되기도 한다. 그러므로 SyntaxError가 발생하면 먼저 해당 줄을 확인한 후, 문제 발생 가능 범위를 위쪽으로 확대하면서 확인해 보아야 한다.

📁 SyntaxError :   (p90, p114, p330)

```
if (a = b ) :    Error
    pass

while (a == b)    Error
    pass

print ("Error )    Error

a + b = 3    Error

print "hello"    Error
```

if 조건문에서 == 대신 =를 사용한 경우, 이와 같이 오류문에 예상 가능한 오류 원인이 표시됨

Syntax Error: invalid syntax. Maybe you meant '==' or ':=' instead of '='?:
Syntax Error: expected ':': ──→ while 구문의 머리 부분의 끝에 :이 빠진 경우
Syntax Error: unterminated string literal ──→ 문자열을 닫는 따옴표가 빠진 경우 문자열이
Syntax Error: cannot assign to expression here.   끝나지 않았다고 메시지가 표시됨
Syntax Error: Missing parentheses in call to 'print' ──→ 함수 호출 시 괄호가 빠진 경우

➤ 대입 연산자 왼편에 표현식이 나온 경우 표현식에는 대입할 수 없다는 메시지 표시

9. TypeError :

타입 오류는 값이나 변수의 타입이 요청되는 연산자(operator)를 수행할 수 없는 경우에 발생한다. 예를 들어 **1+'a'**를 수행하려고 하면 정수형과 문자열로 이루어진 피연산자(operand)는 '+' 연산자를 수행할 수 없으므로 타입 오류가 발생한다. 특정 객체에서 정의되거나 허가되지

않은 연산을 수행하려고 시도하거나, 정수 타입의 인수가 요구되는 연산에서 실수나 문자열 등이 인수로 대입되는 경우 등, 많은 오류가 TypeError에 속하는데 오류 메시지를 잘 보면 충분히 수정할 수 있다. 특히 함수를 호출한 후 반환된 값을 이용하여 연산을 수행할 때 타입 오류가 나는 경우에는 반환되는 값을 출력하여 타입을 확인하는 것이 오류를 해결하는 좋은 방법이다.

📁 TypeError Error :   (p47, p68, p97, p219, p234, p325, p342)

```
a = input("숫자를 넣으세요")
print (a - 10)   Error


a= [1,2,3]
a.extend (4)   Error


a = "abcdefg"
a[2] = 'x'      Error


a = (1,2,3)
a[2] = 'x'      Error


a = { 1:'a', [2,3]:"bc" }     Error


a = "abcdefg"
print(a[0.1])   Error
```

input으로 입력받은 결과는 비록 숫자 10을 넣었어도
문자열 "10"으로 입력되므로 문자열과 정수형 객체는
빼기 연산(-)을 못한다는 의미의 타입 오류 발생

```
builtins.TypeError: unsupported operand type(s) for -: 'str' and 'int'

builtins.TypeError: 'int' object is not iterable

builtins.TypeError: 'str' object does not support item assignment

builtins.TypeError: 'tuple' object does not support item assignment

builtins.TypeError: unhashable type: 'list'

builtins.TypeError: string indices must be integers
```

리스트의 extend() 메서드는 리스트나 문자열과
같이 반복 가능한 타입의 인수가 요청되는데
정숫값 4가 들어와서 타입 오류 발생

문자열 객체는 수정이 불가능한 immutable 객체인데 수정을 시도하였으므로 타입 오류 발생

튜플 객체는 수정이 불가능한 immutable 객체인데 수정을 시도하였으므로 타입 오류가 발생

딕셔너리나 집합과 같이 해시(hash)
자료구조를 사용하는 경우에는 리스트처럼
변경 가능한 값은 키값으로 사용할 수
없다. 이 경우 unhashable type이라는
타입 오류 발생

인덱스 값은 반드시 정수형이어야 한다. 계산한 값으로
인덱스를 결정한다면 결과가 정수형인지 확인 필요

10. ValueError :

값이 잘못되었을 때 발생하는 오류다. 값이 잘못되었다는 의미는 부적절한 값이 인수로 들어왔다는 뜻이다. 예를 들어 정수 타입으로 형변환하는 함수에서 정수로 바뀔 수 있는 값이 아닌 문자열 값(예: "abc")이 인수로 주어지는 등의 경우에 ValueError가 발생한다.

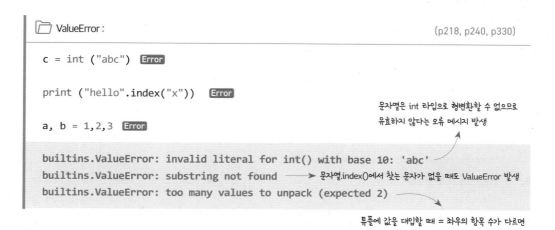

📁 ValueError :   (p218, p240, p330)

```
c = int ("abc")  Error

print ("hello".index("x"))  Error

a, b = 1,2,3  Error
```

> 문자열은 int 타입으로 형변환할 수 없으므로 유효하지 않다는 오류 메시지 발생

```
builtins.ValueError: invalid literal for int() with base 10: 'abc'
builtins.ValueError: substring not found ──→ 문자열.index()에서 찾는 문자가 없을 때도 ValueError 발생
builtins.ValueError: too many values to unpack (expected 2)
```

> 튜플에 값을 대입할 때 = 좌우의 항목 수가 다르면 unpack을 수행할 수 없어서 오류 발생

11. ZeroDivisionError :

숫자를 0으로 나누려고 시도하는 경우에 ZeroDivisionError가 발생한다.

📁 ZeroDivisionError :

```
a = 10/0  Error
```

```
builtins.ZeroDivisionError: division by zero
```

참고문헌

1. Allen Downey, *Think Python: How to Think Like a Computer Scientist 2nd Edition*, O'Reilly, 2016

2. Goldwasser, Letscher, *Object-Oriented Programming in Python*, Pearson, 2008

3. John V. Guttag, *Introduction to Computation and Programming Using Python*, The MIT Press, 2013

4. John Zelle, *Python Programming: An introduction to Computer Science*, Franklin, Beedle & Associates Inc., 2010

5. Paul Barry, *Head First Python*, O'Reilly, 2011

6. Paul Gries, Jennifer Campbell, Jason Montojo, *Practical Programming: An Introduction to Computer Science Using Python 3rd edition*, Pragmatic Bookshelf, 2017

7. Robert Sedgewick, Kevin Wayne, Robert Dondero, *Introduction to Programming in Python: An Interdisciplinary Approach*, Pearson, 2015

8. Thomas H. Cormen, Charles E. Leiserson, Ronald L. Rivest and Clifford Stein, *Introduction to Algorithms*, MIT Press. 2009

9. William F. Punch, Richard Enbody, *The Practice of Computing Using Python 2nd Edition*, Pearson, 2012

10. Y. Daniel Liang, *Introduction to Programming Using Python*, Pearson. 2012

11. 박동규, 강영민, *으뜸 파이썬*, 생능 출판, 2020

12. 윤인성, *혼자 공부하는 파이썬*, 한빛미디어, 2022

13. http://www.cartalk.com/content/puzzlers

14. https://cs101.kaist.ac.kr/

15. https://docs.python.org/3/library/functions.html

16. https://docs.python.org/3/library/turtle.html

17. https://github.com/AllenDowney/ThinkPython2/blob/master/code/

18. https://data.kma.go.kr/

찾아보기

421

한글